내일은
마다가스카르

내일은 마다가스카르

현직 외교관이 들려주는
생생한 마다가스카르 이야기

초 판 1쇄 2025년 03월 26일

지은이 성화수
펴낸이 류종렬

펴낸곳 미다스북스
본부장 임종익
편집장 이다경, 김가영
디자인 윤가희, 임인영
책임진행 이예나, 김요섭, 안채원, 김은진, 장민주

등록 2001년 3월 21일 제2001-000040호
주소 서울시 마포구 양화로 133 서교타워 711호
전화 02) 322-7802~3
팩스 02) 6007-1845
블로그 http://blog.naver.com/midasbooks
전자주소 midasbooks@hanmail.net
페이스북 https://www.facebook.com/midasbooks425
인스타그램 https://www.instagram.com/midasbooks

ⓒ 성화수, 미다스북스 2025, *Printed in Korea*.

ISBN 979-11-7355-175-8 03930

값 21,000원

미다스북스는 다음세대에게 필요한 지혜와 교양을 생각합니다.

내일은
마다가스카르

현직 외교관이 들려주는
생생한 마다가스카르 이야기

성화수 지음

MADAGASCAR

미다스북스

마다가스카르에서 한국으로 돌아온 뒤, 미처 아버지를 찾아뵙지도 못한 채

갑작스레 아버지께서 돌아가셨다는 슬픈 소식을 들었다.

언제나 나를 위해 기도하셨던 나의 사랑하는 아버지,

성장점께 이 책을 바친다.

아무리 열정적인 외교관이라도 주재지마다 그곳에 관한 책을 펴낼 리는 없다. 하지만 마다가스카르는 예외다. 그 아름다운 생물 다양성과 신비로운 문화에 매료되는 데에는 그리 긴 시간이 필요하지 않다. 비록 지금은 세계 최빈국 중 하나지만, 지켜보시라! 그리 머지않은 장래에 숨겨진 가치를 인정받는 귀한 나라가 될 것이다. 바오밥나무와 100종이 넘는 여우원숭이에 오스트로네시아와 아프리카의 혈통과 전통이 한데 어우러져 빚어낸 다양성은 귀중한 인류 자산이다. 세계는 곧 마다가스카르의 다양성을 주목하게 될 것이다. 우리나라는 최근 마다가스카르와 남다른 관계를 맺기 시작했다. 이 책이 두 나라의 우정에 친절한 길잡이가 될 것이다.

– 최재천(이화여대 에코과학부 석좌교수, 생명다양성재단 이사장)

원시의 바다와 바오밥나무를 품은 동화의 섬 마다가스카르. 〈태어난 김에 세계일주〉를 통해 작게나마 그 아름다움을 전하려 했지만 부족한 자료와 짧은 일정 탓에 아쉬움을 많이 느꼈다. 이 책은 그 부족함을 200% 채워주는 책이다. 마다가스카르 대사관에서 근무하며, 〈태계일주〉 제작에도 큰 도움을 준 성화수 참사관님의 저서에는 깊이 있는 지식과 현지 문화에 대한 애정이 듬뿍 담겨있다. 책을 통해 현지인들이 늘 쓰던 단어 '무라무라'의 의미를 알 수 있었고, 얽히고설킨 민족들의 관계와 식민 지배 과정을 통해 스스로 만들어간 정체성을 이해할 수 있었다. 바오밥나무, 여우원숭이, 제부 소싸움 혹은 〈태어난 김에 세계일주〉. 무엇을 통해서든 마다가스카르에 관심이 생기기 시작했다면, 이 책을 강력히 추천한다.

－ 김지우 (〈태어난 김에 세계일주〉 PD)

나는 2005년 처음 마다가스카르에 갔었다. 사진작가로 살아오면서 많은 나라들을 여행했지만 사실 아프리카에 대한 관심은 적었던 것이 사실이다. 우연한 기회에 마다가스카르 정부로부터 초대를 받게 되었는데 마다가스카르에 대해 아무런 정보가 없던 시절이었다. 그렇게 나의 아프리카에 대한 첫 여정의 시작이 마다가스카르였던 것이다. 이번에 책을 집필한 성화수 참사관으로부터 추천사에 대한 부탁과 원고를 받았다. 일단 방대한 자료에 대해 놀라움을 금치 못했다. 외교관의 시선으로 본 마다가스카르의 모습뿐만 아니라 역사와 문화 관광까지, 모든 것이 총망라한 보물과도 같은 내용들로 채워져 있다. 요즘 한국에서 마다가스카르 여행에 대해 많은 사람들이 관심을 갖고 있는데 이 책이 필독서가 됐으면 좋겠다. 이 나라를 사랑하는 마음들이 녹여져서 이 귀한 한 권의 책이 만들어졌다. 책을 집필한 작가에게 깊은 감사를 드린다. 마다가스카르를 사랑하는 독자들에게 사랑받는 책이 되길 간절히 바란다.

– 신미식(사진가)

아프리카와 아시아의 문화가 교차하는 신비로운 섬, 마다가스카르. 마다가스카르를 단순한 여행지가 아닌, 역사와 문화, 생태, 그리고 정치가 얽힌 거대한 퍼즐로 풀어낸 한 권의 책이 당신을 찾아간다.

『내일은 마다가스카르』는 외교관으로서의 깊이 있는 통찰과 방대한 자료 조사를 바탕으로, 해적들의 전설에서부터 왕국의 흥망성쇠, 18개 부족의 전통, 현대 정치와 경제까지 폭넓게 조명한다. 하마 대신 여우원숭이가 가득한 섬, 『어린 왕자』의 바오밥나무가 자라는 곳, 쿠데타와 식민 지배의 흔적이 남아 있는 땅, 마다가스카르의 A to Z를 담고 있다.

이 책은 마다가스카르의 과거와 현재를 생생하게 풀어내며, 이국적이면서도 낯설지 않은 섬나라의 매력을 깊이 있게 전달한다. 숨겨진 이야기 속에서 마다가스카르가 품은 진짜 얼굴을 만나보길 권한다.

— 황인경(소설가, 소설 『목민심서』, 『독도』, 『팀코리아』 출간,
주한리투아니아 명예영사, 글로벌ESG협회장, ㈜아이넴 회장, CBS시청자위원회 부위원장)

　샹젤리제의 화려한 거리나 피라미드처럼 웅장한 유적지가 선사하는 아름다움에 감탄하는 이들도 있지만, 나는 그보다 더 깊은 곳, 때 묻지 않은 자연경관에서 느끼는 자유로움과 고요함을 좋아한다. 그 고요함을 마다가스카르에서 찾을 수 있다. 마다가스카르에는 외부 세상과 단절된 채로 전기도 없이 자가 발전으로만 돌아가는 고립된 여행지들이 많다.

　마다가스카르의 동쪽에 위치한 생마리섬은 그런 고요함과 순수함을 온전히 간직한 곳이다. 3만 명 남짓 거주하는 한적한 섬으로, 길게 뻗은 섬 전체가 하나의 해안 도로로만 연결되어 있다. 울퉁불퉁한 해안 도로를 에메랄드빛 바다를 따라 툭툭으로 한 바퀴 도는 데 두 시간가량 걸린다.

　섬에 도착하자 처음 눈에 들어온 건 바다와 맞닿을 듯 낮게 드리운 하늘과 끝없이 펼쳐진 바다였다. 호텔로 향하는 길에는 사람들이 드문드문 보였지만, 거리는 적막할 정도로 조용했다. 쓰레기 하나 없이 깨끗하게 뻗은 길은 마치 다른 세상처럼 깔끔했다. 낮에는 호텔에서 자전거를 빌려 차 한 대조차 다니지 않는 좁은 도로를 따라 식당을 찾았다. 파도가 넘실대는 해안가를 바라보며 누워 책을 읽고 바닷새의 노래를 들으며 시간을 보냈다. 해가 저물면 칠흑 같은 어둠이 섬을 감쌌고, 그저 느긋하게 저녁을 즐겼다. 그 모든 시간이 지루하거나 따분하지 않았다. 환경이 허락하는 대로, 마음이 가는 대로 움직이면 그만이었다.

생마리섬에서 조그마한 나룻배로 10여 분만 가면 만날 수 있는 또 다른 작은 섬, '일오나트'. 이 섬의 해안에는 바닥이 훤히 보일 정도로 맑고 투명한 바다가 펼쳐져 있다. 살랑거리는 파도를 따라 나룻배로 섬 전체를 도는 데는 약 한 시간이 걸린다. 섬을 도는 동안, 은빛 사각형 모양의 물고기 떼가 바닷속을 가로지르며 유유히 헤엄치는 모습이 눈앞에 생생히 펼쳐진다.

그렇게 바닷속의 신비를 만끽한 뒤, 해안가에 파라솔을 펴고 앉아 코코넛 열매와 생선구이로 점심을 즐겼다. 주변은 고요하고 평화로웠다. 식당을 나설 때 뼈마디가 앙상한 개 한 마리가 나무 빗장이 채워진 입구 문 사이로 쏙 빠져나왔다. 잠깐 산책을 가는가 싶어 대수롭지 않게 여겼다. 그런데 그 개는 꼬리를 흔들며 한참을 따라왔다. 목말라 보이기에 손에 물을 담아 건네주자, 신나게 손을 핥았다. 개와 함께 한참을 올라 산꼭대기에 도착하니 하얀색 건물의 전망대가 나타났다. 에메랄드빛 바다를 내려다보는 풍경은 숨이 탁 트일 만큼 아름다웠다. 생마리섬으로 돌아가려고 선착장으로 향했을 때, 개는 여전히 떨어질 줄 모르고 따라왔다. 개는 한참 앞서 나가다가도 뒤를 보고 다시 멈춰 서서 기다렸다. 마치 외로운 섬에서 자신을 어디론가 데려다줄 구세주를 만난 것처럼. 선착장에서 배를 기다리며 개를 끌어안고 사진을 찍었다. 개는 물끄러미 나를 바라보며 떨어지지 않았다. 헤어지려니 마음 한 켠이 아릿하게 저려왔다. 배가 도착하고 개는 뭔가 잘못된 걸 직감한 듯 꼬리를 흔들며 애타게 나를 바라봤다.

'너와 같이 갈 수 없어. 이제 집으로 돌아가야 해.'

배가 선착장을 떠나가는데도 개는 그 자리에 서 있었다. 배가 도저히 돌아갈 수 없는 거리까지 미끄러져 나간 뒤에야, 자기네 집 쪽으로 터벅터벅 돌아갔다. 짧지만 강렬한 이별이었다. 다시 생마리섬을 방문해 그 식당에

간다면, 그 개는 또 그렇게 반겨줄까. 시원한 바닷바람과 섬의 느긋한 여유로움에 매료되었던 첫 감동이 여전히 남아 있을까. 관광객이 더 많아지고 도로가 포장된다면 섬의 소박함과 정겨움도 사라지지 않을까.

나는 오늘도 마다가스카르를 꿈꾼다. 생마리섬의 투명한 바닷가 풍경도, 수도 타나의 분주한 거리도 잊을 수가 없다. 길거리에서 커피를 흰 통에 담아 팔던 사람들, 맨발에 반바지 하나만 걸치고 인력거를 끌던 이들, 슬리퍼를 걸치고 먼지 날리는 공터에서 공을 차던 아이들, 논둑 위에 형형색색의 옷을 널어 말리던 아낙네들까지 모두 그립다.
언젠가 이 나라에도 고속도로가 깔리고, 고층 빌딩이 들어서며, 신호등과 육교가 세워지는 날이 올까? 비록 가난하지만, 너무도 순수한 말라가시인들과 끝없이 푸른 하늘, 그리고 그들의 아름다운 문화를 더 많은 사람이 알기를 바라며 이 이야기를 풀어낸다.

2025년 2월, 서울에서

안타나나리보의 골목 풍경

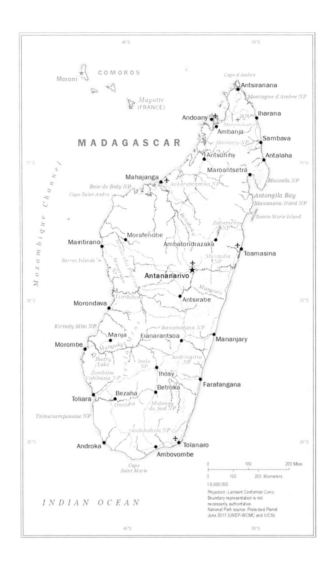

출처: National Geospatial-Intelligence Agency, Public Domain Madagascar
마다가스카르의 주요 도시는 프랑스 식민지 시대의 영향을 받아 말라가시어 명칭과 함께 프랑스식 이름이 혼용되어 사용된다. 저자는 현지에서 외국인이 주로 사용하는 프랑스식 발음을 기준으로 표기했으며, 주요 도시별 말라가시어(프랑스어) 명칭은 다음과 같다.

Antananarivo(Tananarive)/Antsiranana(Diego-Suarez)/Mahajanga(Majunga)/Toamasina(Tamatave)/Tolanaro(Fort-Dauphin)/Toliara(Tulear)

목차

3부 마다가스카르, 구석구석 탐방하기

1장 마다가스카르 버킷리스트 – 놓칠 수 없는 명소들

2장 마다가스카르의 숨은 보물 여행지

여우원숭이 ⓒ anthony

1부

마다가스카르,
신비의 섬에
다가가다

MADAGASCAR

아프리카와
인도양이
만나는 곳

세계에서 네 번째로 큰 섬,
마다가스카르

마다가스카르는 한마디로 '신비한 섬'이다. 아프리카 대륙에서 약 400km 떨어진 인도양 한가운데 자리 잡은 이 거대한 섬은, 마치 지구의 비밀스러운 조각처럼 독특한 매력을 품고 있다. 세계적인 애니메이션 영화 속 '환상의 섬'으로만 알고 있는 사람들이 많지만, 실제로 마다가스카르는 상상 그 이상으로 다양한 자연과 문화를 간직한 곳이다. 거대한 바오밥나무가 우뚝 솟아 있는 풍경은 마치 영화의 한 장면처럼 비현실적이고, 이곳에서만 볼 수 있는 희귀 동물들은 자연 다큐멘터리에서 튀어나온 듯하다. 하지만 이 섬이 단순한 관광지가 아니라 수천 년의 역사를 품은 땅이라는 사실을 아는 사람은 많지 않다.

마다가스카르는 그린란드, 뉴기니, 보르네오에 이어 세계에서 네 번째로 큰 섬으로 그 크기를 자랑한다. 또한, 전 세계 50여 개 섬나라 중에서는 인도네시아에 이어 두 번째로 큰 섬나라이기도 하다. 면적만 해도 587,041㎢

로 한반도의 2.7배에 달하며, 남쪽 끝에서 북쪽까지 비행기로 4시간을 넘게 날아야 할 정도로 광활하다. 그 길고도 긴 해안선은 무려 5,000km에 이르며, 아프리카 대륙의 어떤 나라보다도 길다.

이 섬의 모양은 왼발을 닮았다는 얘기도 있고, 서양에서는 노릇하게 익은 오믈렛 같다고들 말한다. 하지만 무엇보다도 이 섬이 특별한 이유는, 지리적으로는 아프리카에 속하면서도 문화적으로는 아시아와 더 가깝다는 점이다. 이러한 독특한 정체성 덕분에 마다가스카르는 '세계의 여덟 번째 대륙'이라는 별명을 얻었다.

역사적으로도 마다가스카르는 파란만장한 길을 걸어왔다. 19세기 중반까지는 영국의 영향 아래 있었고, 이후 프랑스가 이곳을 차지하며 63년 동안 식민 지배를 이어갔다. 그러나 마다가스카르는 결코 순순히 길들여지지 않았다. 그들은 자신들만의 방식으로 저항했고, 결국 1960년 독립을 이뤄냈다.

이제 마다가스카르는 수도 안타나나리보를 중심으로 빠르게 성장하고 있

타나 골목 ⓒ fifaliana

다. 수도는 식민지 시절의 이름 '타나나리브Tananarive'를 줄여, 간단히 '타나'라고도 불린다. 독립 당시 510만 명에 불과했던 인구는 오늘날 3천만 명을 넘었으며 그중 75% 이상이 30세 이하의 젊은 층이다. 이렇게 젊은 인구는 이 나라의 미래를 밝히는 중요한 자원이다. 비록 마다가스카르는 여전히 세계 최빈국 중 하나이지만, 그 성장 가능성은 무한하다.

마다가스카르는 여전히 세계인들에게는 낯선 땅이다. 연간 관광객이 약 30만 명에 불과하다. 이는 연간 1천만 명 이상이 찾는 한국과 비

교하면 매우 적은 숫자다. 그럼에도 불구하고, 마다가스카르는 독특한 자연과 생명력 넘치는 문화, 그리고 어디에서도 볼 수 없는 생태계를 자랑하며, 인도양의 숨겨진 보석으로 자리 잡고 있다. 이 보석이 세계에 빛을 발할 날이 머지않았다.

생마리섬

마다가스카르의 두 얼굴
– 아프리카? 아시아?

마다가스카르는 아프리카 대륙과 가까이 있지만, 그 속을 들여다보면 동남아시아의 색채가 짙게 배어 있다. 이곳의 사람들, 즉 말라가시인들은 동남아시아계, 특히 말레이-폴리네시아계 혈통을 주로 이어받았다. 그래서 그들의 얼굴 생김새는 아프리카보다는 인도네시아나 말레이시아 사람들과 더 닮아있다. 게다가 마다가스카르에서는 다른 아프리카 국가들과 달리 쌀을 주식으로 삼으며, 우리나라처럼 누룽지를 만들어 먹는 독특한 음식 문화도 존재한다. 아침

시골 마을 길 아이들 ⓒsandy

식사로는 누룽지뿐만 아니라 프랑스 식민지 시절의 흔적으로 바게트를 즐겨 먹는다. 그 외에도 닭고기를 넣은 국물 요리나 설렁탕과 비슷한 국에 밥을 말아 먹는 식습관 등 아시아와 유사성이 돋보인다.

그렇다면, 어떻게 이들은 이 거대한 섬에 도착하게 되었을까?

마다가스카르가 지금의 위치에 자리 잡게 된 건 아주 오랜 시간에 걸친 대륙 이동의 결과였다. 고생대 말, 지구의 모든 대륙은 하나로 연결되어 있었다. 그러나 시간이 흐르면서 판게아라는 초대륙이 여러 조각으로 갈라졌고, 마다가스카르는 인도와 함께 아프리카 대륙에서 점점 멀어졌다. 그리고 약 8천8백만 년 전, 마다가스카르는 완전히 고립된 섬이 되어 독자적인 생태계를 발전시키게 되었다. 이처럼 지리적으로는 아프리카와 가까우면서도 독립적인 길을 걸어온 것이 마다가스카르의 특별한 문화와 인종적 다양성을 만들어낸 결정적인 요인이 되었다.

하지만 수천 년 동안 인류는 인도양을 항해했음에도, 고고학자들은 기원전 이전에 마다가스카르에 인간이 살았다는 증거를 찾지 못했다. 마치 이섬은 오랫동안 사람들의 발길이 닿지 않은 신비로운 땅이었던 것처럼 보인다. 그러던 어느 날, 약 1,500~2,000년 전, 동남아시아에서 출발한 사람들이 거대한 바다를 건너 이곳에 도착했다. 이들은 바로 오스트로네시아인들이었다.

오스트로네시아인들은 바다를 삶의 터전으로 삼은 뛰어난 항해자들이었다. 이들은 원양 항해 기술을 최초로 개발한 민족으로, 작은 아웃리거 카누를 타고 태평양과 인도양을 누볐다. 이들은 인도네시아에서 출발해 남인도를 거쳐 인도양으로 항해했고 마침내 마다가스카르라는 신세계에 도착하게 되었다. 오늘날 마다가스카르의 언어가 인도네시아어 및 폴리네시아어와 유사한 이유도 바로 이 때문이다. 그뿐만 아니라, 그들이 가져온 농업 기술 덕분에 마다가스카르에서는 쌀, 타로, 바나나 같은 동남아시아의 작물들이 자리 잡았다.

이후, 남인도와 동아프리카에서도 인도네시아계 정착민들이 마다가스카르로 들어오기 시작했다. 특히, 아랍 상인들은 홍해와 동아프리카를 잇는 거대한 무역 네트워크를 구축하면서 마다가스카르를 중요한 거점으로 삼았다. 이들은 섬에서 값비싼 향신료뿐만 아니라 쌀, 바나나, 코코넛, 사탕수수 등을 발견하고 이

마다가스카르의 아웃리거 카누 ⓒ Pixabay

를 내륙으로 옮겨 심으며 정착지를 확대해 갔다. 이들은 '은타올로Ntaolo', 즉 '최초의 사람들'이라 불리며 마다가스카르에서 초기 사회를 형성했다.

은타올로는 두 그룹으로 나뉘었다. 한 그룹은 섬 내륙으로 이동하여 '바짐바Vazimba'라 불렸고, 다른 한 그룹은 해안가에 정착하며 '베주Vezo'가 되었다. 바짐바인들은 오늘날 수도가 위치한 중부 고원지대에 터전을 잡았다. 흥미로운 점은 이들은 원래 어업에 종사했지만, 배가 난파되어 마다가스카르 해안에 도착한 후 바다를 등지고 살기로 결심했다는 것이다. 그들은 산속 깊이 들어가 정착하며 소금을 금기시하는 독특한 문화를 만들어갔다. 반면, 베주 종족은 바닷가를 따라 살면서 동아프리카 및 아랍 상인들과 활발히 교류하며 새로운 문화를 받아들였다.

4~5세기경, 마다가스카르는 오스트로네시아 문화와 아프리카 전통이 결합하면서 독특한 사회 구조와 신앙 체계를 형성하기 시작했다. 농경 문화가 정착하면서 조상 숭배 문화가 자리 잡았고, 이는 오늘날까지도 마다가스카르인들의 중요한 가치관으로 남아 있다.

오스트로네시아인들이 수천 km에 달하는 인도양을 건너 마다가스카르에 도착한 것은 인류 역사상 가장 경이로운 항해 중 하나로 손꼽힌다. 재레

드 다이아몬드는 그의 저서『총, 균, 쇠』에서 이를 "전 세계에서 가장 놀라운 인종적 현상 중 하나"라고 평가했다. 그는 이 사건을 마치 콜럼버스가 신대륙에서 백인과 닮은 원주민을 만났을 때 느꼈을 법한 충격과 당혹감에 비유했다.

그렇게 먼 바다를 건너온 이들의 후손들은 오늘날까지도 선조들의 항해 본능을 간직하고 있다. 마다가스카르 사람들은 방향 감각이 뛰어나며 일상에서도 방향을 놀랍도록 구체적으로 표현한다. 어쩌면 이는 미지의 바다를 개척하며 길을 찾아야 했던 선조들의 감각이 흐려지지 않고 이어져 온 증거일지도 모른다.

이처럼 마다가스카르는 단순한 섬이 아니라, 아프리카와 동남아시아, 그리고 아랍과 인도의 문화가 뒤섞이며 탄생한 특별한 문명의 교차점이다. 이곳의 사람들은 먼바다를 건너온 용감한 항해자들의 후손이며, 오늘날까지도 그들의 역사와 문화를 이어가고 있다. 그렇기에 마다가스카르는 그 자체로 하나의 거대한 이야기이자, 여전히 탐험해야 할 신비로운 땅이다.

마다가스카르 국명은
어디서 왔을까?

마다가스카르라는 이름은 그 자체로 신비롭고 이국적인 느낌을 준다. 놀랍게도, 마다가스카르는 프랑스어와 영어에서 동일하게 'Madagascar'로 쓰이는데 이런 사례는 흔치 않다. 그런데 이 이름이 어떻게 탄생했는지에 대해선 아직도 논란이 많다.

유럽인들이 처음 마다가스카르에 발을 디뎠을 때, 이 섬은 현지인들에게 여러 가지 이름으로 불리고 있었다. 어떤 이는 '노신 담보^{Nosin-dambo: '멧돼지 섬'}이라는 뜻'라고 불렀고 또 다른 이들은 '니 아니부니 리아카^{Ny anivon'ny riaka: '움직이는 물 가운데 있는 땅'이라는 뜻}'라는 이름을 사용했다. 심지어 어떤 이들은 섬 전체를 가리켜 단순히 '이자우 레헤차 이자우^{Izao rehetra izao: '이 세상, 전부'라는 뜻}'라고 부르기도 했다.

이처럼 마다가스카르는 현지인들에게 다양한 이름으로 불렸지만, 정작 '마다가스카르'라는 이름 자체는 원주민들 사이에서 자연스럽게 형성된 것이 아니라 외부에서 유입된 것으로 보인다. 더욱이 이 명칭은 말라가시어의 발음 규칙과도 맞지 않는다. 말라가시어에서는 'sc'가 연속으로 오는 단어가 없으며 대부분의 단어는 모음으로 끝난다. 실제 말라가시어 국명인 '마다가시카라^{Madagasikara}'는 바로 이러한 특징을 반영한 것으로, 유럽인들이 사용하던 '마다가스카르'를 현지 발음에 맞춰 변형한 결과라 할 수 있다.

그렇다면 '마다가스카르'라는 이름은 어디에서 유래했을까? 가장 유력한 설은 마르코 폴로의 착각에서 비롯되었다는 것이다.

마르코 폴로는 13세기 말, 실크로드를 여행하며 『동방견문록』을 집필했다. 여기서 그는 마다가스카르섬에 대해 자세히 기록하고 있는데 일반적으로 전해지는 이야기는 그가 마다가스카르를 소말리아의 모가디슈 왕국으로 잘못 이해하고 '마다이가스카^{Madeigascar}'라고 기록했다는 것이다. 당시 모가디슈는 아프리카와 중동을 잇는 중요한 무역항이었으며 현지에서는 '마그도초^{Magdocho}'라고 불리기도 했다. 이러한 명칭의 유사성 때문에 착각했을 가능성도 있지만, 마르코 폴로는 '마다이가스카'를 "지구상에서 가장 풍요롭고 큰 섬"으로 묘사했기 때문에 아프리카 대륙 동쪽에 붙어 있는 모가디슈를 이름 모를 섬나라로 오인했다고 보기에는 다소 의문이 남는다. 그는 이 섬의 둘레가 4,800km에 달한다고 정확히 기록하기도 했다.

그럼에도 불구하고, 모가디슈와 착각했을 가능성을 완전히 배제할 수 없는 이유는 마르코 폴로가 마다가스카르에서는 볼 수 없는 코끼리, 호랑이, 사슴이 이 섬에 살고 있다고 설명하면서 그가 방문하지 않은 미지의 섬에 대해 여러 가지 증명되지 않은 이야기들을 기록하고 있기 때문이다. 어찌되었든, 마르코 폴로의 책이 널리 퍼지면서 '마다가스카르'라는 이름이 정착된 것으로 보인다.

그 후, 마다가스카르에 정식으로 이름을 붙인 것은 포르투갈 탐험가들이었다. 1500년 8월 10일, 포르투갈의 탐험가 디에고 디아스^{Diego Dias}는 남아프리카 케이프타운을 떠나 인도로 향하는 길에 폭풍을 만나게 된다. 그는 유럽인으로서 최초로 마다가스카르에 상륙하는데 처음에는 이곳을 모잠비크로 생각했다. 하지만 북쪽에서 땅이 끝나는 걸 보고 큰 섬을 발견한 것을 깨닫게 된다. 그는 이 섬을 '상 로렌수Sao Lourenco'라고 명명했다. '성인 생로랑의 날'에 섬에 도달했기 때문이다. 하지만 이 이름도 마르코 폴로의 영향 아래 결국 잊혔다.

마르코 폴로의 착각이 아니었다?

프랑스 동식물학자인 알프레드 그랑디디에는 마다가스카르라는 이름의 기원에 대해 새로운 관점을 제시한 인물이었다. 19세기 후반, 그는 평생을 바쳐 마다가스카르를 연구하면서 마르코 폴로가 마다가스카르의 이름을 잘못 기록했다는 기존의 주장을 합리적으로 반박했다.

그랑디디에는 마르코 폴로가 모가디슈를 착각하여 '마다이가스카'라고 한 것이 아니라, 이미 존재하던 지명을 그대로 기록했을 가능성이 크다고 주장했다. 그는 그 기원을 12세기 시칠리아의 지리학자 무하마드 알-이드리시의 지도에서 찾았다. 이드리시는 유럽, 아시아, 아프리카의 방대한 지리 정보를 통합한 세계 지도를 제작했으며 여기에는 마다가스카르로 추정되는 섬이 등장한다.

흥미로운 점은 이드리시의 지도에 영향을 받은 이후 여러 중세 지도에서도 이 섬의 흔적이 남아 있었다는 것이다. 예를 들어, 13세기 영국의 지도 제작자인 리처드 드 할딩햄이 만든 지도에서는 마다가스카르를 '말리추Malichu'로 표기했다. 여기서 '말mal'은 말레이malai의 약어이며, '추chu'는 섬을 의미한다. 즉, '말리추'는 '말레이 섬'으로 번역될 수 있다. 이는 당시 유럽에서 마다가스카르가 말레이시아와 관련된 섬으로 인식되었을 가능성을 시사한다.

다시 이드리시의 지도로 돌아가서, 그랑디디에는 이드리시의 세계 지도에서 말리추 섬, 즉 마다가스카르섬이 있는 곳에 '게시라 알 코모르… 게시라 말라이'라는 섬이 그려져 있는 점을 주목했다. 여기서 '게시라'는 아랍어로 '섬'을, '코모르'는 '달'을 의미하므로, 이는 '달의 섬'으로 해석될 수 있었다. 당시 아랍인들은 코모로 제도를 '달의 섬'이라 불렀는데, 이 명칭이 마다가스카르에도 적용되었을 가능성이 있다.

그랑디디에의 주장에 따르면, 이렇게 마다가스카르로 추정되는 '게시라 말라이'라는 섬이름이 시간이 지나면서 라틴어 체계로 변형되며 '말라이 게시라'로 재배열되었다. 이후 필사 과정에서 '말라이'의 'L'이 'D'로 잘못 표기되며 '마다이'가 되었고, '게시라'는 '가시라'로 변형되다가 '가스크라'로 굳어져 마르코 폴로가 기록한 '마다이가스카'라는 형태로 전해진 것이다.

이 주장이 사실이라면, 마다가스카르라는 이름은 단순한 착각에서 비롯된 것이 아니라, 중세 아랍 및 유럽 지도 제작자들의 기록이 변

말리추 지도(1285) © Histoire des noms anciens de Madagascar

형되면서 만들어진 이름일 가능성이 크다. 결국 마르코 폴로는 '마다이가스카'를 기록할 당시 이미 유럽과 이슬람권에서 통용되던 명칭을 그의 기록에 남긴 것일지도 모른다.

동국제약 마데카솔의 유래

유럽인들이 작성한 초기 지도에는 마다가스카르가 '마다가스' 또는 '마데카스Madecasse' 등 다양한 형태로 기록되었다. 시간이 흐르며 이 이름들은 여러 방식으로 변모했고 오늘날 '마데카스'는 프랑스어에서 '마다가스카르의' 또는 '마다가스카르 사람'을 뜻하는 형용사로 자리 잡았다.

흥미롭게도 한국의 동국제약에서 출시한 상처 치료제 '마데카솔' 역시 마다가스카르와 인연이 깊다. 이 제품의 주요 성분인 '센텔라 아시아티카Centella Asiatica'는 마다가스카르 일대에서 자생하는 식물로, 우리말로는 '병풀'이라 불리며 현지어로는 '딸라페챠카'라고 한다. 마다가스카르인들은 오래전부터 이 식물을 나병이나 피부 질환을 치료하는 민간약으로 사용해 왔다. 이러한 효능에 주목한 동국제약은 마다가스카르의 이름을 따 '마데카솔'이라는 제품명을 만들었다.

이렇듯 마다가스카르라는 이름은 단순한 지명을 넘어 역사와 문화, 그리고 현대 산업에까지 영향을 미치고 있다. 마르코 폴로가 모가디슈를 착각해 기록했든지, 또는 이미 존재하던 '마다이가스카'라는 이름을 전해 들었든지, 마다가스카르라는 명칭이 유럽과 아랍 세계의 오랜 교류 속에서 형성된 것만은 분명하다. 긴 시간 동안 여러 언어와 문화를 거치며 변화해 온 이 이름은 오늘날까지도 다양한 방식으로 그 역사적 흔적을 남기고 있다.

왜 마다가스카르에는
아프리카에 많은 하마가 없는가?

다들 한 번쯤은 드림웍스의 애니메이션 〈마다가스카〉를 들어본 적이 있을 것이다. 뉴욕 동물원의 사자, 얼룩말, 기린, 하마가 우연히 마다가스카르 섬에 표류하면서 벌어지는 이야기. 그런데 재미있게도, 실제로 영화의 배경인 마다가스카르에는 이들 주인공 동물들이 존재하지 않는다. 엄밀히 말하면, 하마는 과거에 마다가스카르에 서식한 적이 있었다. 신생대에 피그미하마나 난쟁이하마 같은 종이 존재했지만, 결국 멸종된 것으로 추정된다. 미국의 대형 애니메이션 제작사가 이런 사실을 몰랐을 리는 없다. 영화 속 네 마리 동물을 주인공으로 선택한 이유는 이들이 아프리카를 대표하는 상징적인 동물들이지만, 마다가스카르에는 살지 않기 때문이다. 하지만 이 질문은 단순한 영화적 설정을 넘어, 학자들 사이에서도 오랫동안 논의된 흥미로운 미스터리다.

그렇다면, 왜 마다가스카르에는 사자나 하마 같은 아프리카 대륙의 대표 동물들이 살지 않는 걸까? 마다가스카르는 그 기원을 정확히 따지기 어려울 만큼 오래된 섬이다. 지질학자들조차도 그 형성 과정을 완벽히 밝혀내지 못했다. 일반적으로, 마다가스카르는 약 1억 6천5백만 년 전 아프리카에서 분리되기 시작했고, 약 8천8백만 년 전 인도와도 완전히 갈라지면서 홀로 남겨진 것으로 전해진다. 이후 마다가스카르는 다시는 아프리카와 연결되지 않았으며, 모잠비크 해협이라는 400km에 이르는 바다를 사이에 두고 독자적인 생태계를 발전시켜 왔다.

이 섬의 기원은 그래서 더욱 특별하다. 화산 활동으로 갑자기 솟아오른 섬들과 달리, 마다가스카르는 본래 대륙의 일부였다가 서서히 떨어져 나와 표류한 대륙 섬이다. 즉 처음에는 아프리카의 동식물들이 함께 존재했을 가능성이 크다. 하지만 시간이 흐르면서 섬의 환경이 변화하고, 대륙과의 연결이 끊기면서 일부 동물들은 멸종하고, 살아남은 종들은 독자적인 방식으로 진화했다. 이처럼 오랜 세월 동안 외부와 단절된 마다가스카르는 점차 '대륙의 축소판'이라 불릴 정도로 독특한 생물 다양성을 갖게 되었다.

지형 역시 이에 걸맞게 변화했다. 섬의 동쪽에는 좁고 길게 이어지는 열대우림이 자리 잡았고, 중앙에는 해발 1,400m에 이르는 고원이 형성되었다. 서쪽으로 가면 넓은 평원과 낮은 고원 지대가 펼쳐지며, 이러한 다양한 지형적 특성이 마다가스카르만의 고유한 자연환경을 만들어냈다.

여우원숭이 ⓒ adam

흥미로운 점은 마다가스카르가 아프리카에서 분리된 시점이 지구상에 영장류가 등장하기 전이라는 사실이다. 약 6천5백만 년 전, 이 섬에는 공룡과 악어류를 포함해 다양한 포유류가 서식했던 것으로 보인다. 그러나 이후 이들의 화석이 발견되지 않는 것으로 보아, 대부분 멸종한 것으로 추정된다. 현재 마다가스카르에서 볼 수 있는 악어 역시 당시 존재했던 악어와는 완전히 다른 종이다.

결국 아프리카 대륙에서 마다가스카르로 건너온 생명체는 대형 포유류가 아니라 종자, 곤충, 조류, 그리고 일부 설치류나 원숭이류 같은 상대적으로 작은 동물들이었을 가능성이 크다. 이 생물들은 마다가스카르의 고유한 환경에 적응하며 독자적인 진화의 길을 걸었다. 그 결과, 여우원숭이를 비롯한 마다가스카르 특유의 동물들이 등장하게 된 것이다.

뗏목 설

그렇다면 마다가스카르의 상징인 여우원숭이는 어떻게 이 섬에 정착하게 되었을까? 여우원숭이는 약 4천만 년 전에 출현한 것으로 추정되는데, 약 8천8백만 년 전 대륙과 완전히 분리된 마다가스카르에서 서식한다는 사실은 이들이 바다를 건너왔음을 의미한다. 가장 유력한 가설은 '뗏목 설'로, 여우원숭이의 조상이 모잠비크 해협에서 떠내려왔다는 것이다.

모잠비크 해협은 여우원숭이가 헤엄쳐서 건너기에는 너무나 방대하고 조류가 거세다. 이에 학자들은 여우원숭이가 자연적으로 형성된 '뗏목'에 올라타 마다가스카르에 도달했을 가능성이 가장 높다고 본다. 홍수로 인해 떠내려온 통나무와 나뭇잎들이 얽혀 뗏목이 만들어지고, 우연히 여우원숭이의 조상이 이 위에 올라탄 후 한 달 이상 걸리는 항해 끝에 마다가스카르에 도착했다는 것이다. 특히 마다가스카르의 포유류 대부분은 동면하는 습성이 있어, 여우원숭이의 조상도 뗏목 위에서 동면을 하며 긴 항해를 버틸 수 있었을 것으로 보인다.

하지만 뗏목 설에는 여러 의문점이 있었다. 모잠비크 해협의 거센 소용돌

이를 감안할 때, 통나무를 탄 채 420km를 이동했다는 것이 현실적으로 가능하냐는 반론이 존재했다. 그러나 최근 지질학 연구에 따르면, 마다가스카르에서 포유류가 처음 등장한 약 6천만 년 전에는 해류의 흐름이 지금과 반대 방향이었다는 사실이 밝혀

피그미하마

졌다. 당시 마다가스카르는 아프리카 대륙보다 남쪽으로 15도, 즉 1,600km 더 낮은 위치에 있었으며, 해류의 방향과 강도 또한 달랐다. 이로 인해 여우원숭이의 조상들이 통나무를 타고 3주 만에 해협을 건널 수 있었을 것으로 추정된다. 이후 2천만 년 전부터 마다가스카르와 아프리카 대륙이 북쪽으로 이동하면서 해류의 방향이 바뀌었고, 마다가스카르는 완전히 고립되며 독특한 생태계를 이루게 되었다.

이러한 자연적 장벽 덕분에 마다가스카르에는 코끼리, 코뿔소, 사자, 호랑이, 표범 같은 육식 포유류가 유입되지 못했다. 원숭이나 유인원과 같은 더욱 진화된 영장류도 마다가스카르에 도달할 수 없었으며, 토끼 같은 흔한 포유류조차 이 섬에는 존재하지 않는다. 심지어 아프리카에서 흔히 볼 수 있는 딱따구리조차 마다가스카르에서는 찾아볼 수 없다.

육식 포유류가 없던 마다가스카르에 고립된 여우원숭이들에게 이곳은 마치 낙원과도 같은 곳이었다. 생태계의 포식자들로부터 완전히 자유로움을 만끽하며, 섬 전체로 퍼져나가 다양한 종들로 분화하고 진화해 나갔다.

하지만 마다가스카르에는 여우원숭이 외에도 한때 피그미하마 같은 포유류 종도 살았다는 점은 주목할 만하다. 하마는 약 2백만 년 전에서 1만 년 전 사이에 마다가스카르에 도달한 것으로 추정되는데, 덩치가 큰 하마가 뗏목을 타고 이동했다는 가설은 다소 설득력이 부족하다. 하마는 다량의 수분

섭취를 필수로 하며 소금물에 취약하기 때문이다. 그럼에도 불구하고, 하마가 폭풍이나 홍수에 휩쓸려 통나무를 붙잡고 모잠비크 해협을 건넜을 가능성을 완전히 배제할 수 없다. 간신히 마다가스카르에 도달한 피그미하마는 독특한 환경에 적응하며 살아남았지만, 인간의 사냥과 서식지 파괴로 인해 약 1천 년 전에 멸종하고 말았다.

육교 설

한편, 일부 학자들은 '육교 설'을 통해 마다가스카르 동물들의 기원을 설명하기도 한다. 여우원숭이와 유사한 종이 아프리카와 아시아에도 존재하는 점을 근거로, 과거 이들 지역이 하나의 육지로 연결되어 있었을 가능성이 제기되었다. 동물학자 필립 스클라터는 이러한 가설을 발전시켜 여우원숭이, 르뮤르Lemur의 이름을 딴 전설의 대륙, '르뮤리아Lemuria'를 제시했다. 그의 주장에 따르면, 한때 마다가스카르에서 인도, 동남아시아까지 이어지는 육지가 존재했으며, 이곳을 통해 여우원숭이의 조상이 이동했다는 것이다.

비록 르뮤리아 대륙이 실제로 존재했다는 증거는 부족하지만, 육교 설은 마다가스카르 동물군의 기원을 설명하는 또 다른 흥미로운 관점을 제공한다. 과연 여우원숭이의 조상들은 파도를 넘어 뗏목을 타고 온 모험가들이었을까, 아니면 과거 잃어버린 대륙의 마지막 생존자들이었을까? 아직 정답이 밝혀지지 않은 이 미스터리는 마다가스카르의 독특한 생태계를 더욱 신비롭게 만든다.

인도양 무역의 요충지,
마다가스카르

마다가스카르는 오랫동안 인간의 발길이 닿지 않은 고립된 섬이었다. 그러나 사람들이 이곳에 정착하면서, 마다가스카르는 중국, 인도네시아, 인도, 아랍, 아프리카, 유럽을 잇는 중요한 해양 무역의 거점으로 떠올랐다. 인도양은 지중해와 중국해를 연결하는 길목이었고, 마다가스카르는 그 중심에서 있었다. 마르코 폴로의 기행에서도 중국과의 무역로에 위치한 나라로 언급될 만큼, 마다가스카르는 수 세기 동안 활발한 교류를 이어왔다.

이 섬에 대한 최초의 역사적 기록은 10세기경 아랍 상인들의 항해에서 비롯된다. 아랍인들은 모잠비크 해협을 지나면서 거대한 섬이 있다는 사실을 전했고, 이를 '달의 섬'이라 불렀다. 이후 아랍 무역상들은 마다가스카르 해안에 무역 거점을 마련했고 해안 지역 왕국들은 무역의 활성화와 함께 번성하기 시작했다.

말라가시 여인들 ⓒ pixabay

11세기경 마다가스카르의 북서부와 중부 고원 지대에서는 환경적 변화가 감지되었다. 동아프리카에서 온 무역상들의 개간과 사냥이 증가하면서 하마와 거대한 거북이 종이 멸종 위기에 처했다. 그러나 한편으로는 중세 온난화로 인해 기온이 상승하고 강우량이 증가하여 농업 생산성이 향상되었다. 이러한 기후 변화는 오스트로네시아인들의 대규모 이주를 촉진했으며 이들은 단지 해안가에 머무르지 않고 강을 따라 내륙 깊숙이 이동해 정착지를 넓혀갔다.

 15세기 말, 마다가스카르는 또 다른 전환점을 맞이한다. 아랍 상인들의 이주가 증가하며, 북동부 · 북서부 지역에는 '안탈라오차Antalaotra', 즉 '바다의 사람들' 또는 '큰 사람'으로 불리는 무역 공동체가 형성되었다. 이들은 아랍과 동아프리카를 잇는 교역망을 구축했으며 현지 주민들과 쌀과 노예를 교환하고 인도에서 들여온 상품들을 유통했다. 아랍 상인들은 마다가스카르에 천문학을 전파했을 뿐만 아니라, 종교적 · 영적인 전통에도 깊은 영향을 미쳤다.

마다가스카르의 해변 ⓒ david

 이어 최초의 유럽인인 포르투갈인들이 마다가스카르에 도착하면서 새로운 시대가 열렸다. 그들은 아프리카 동부의 반투Bantu 족을 이끌고 들어왔으며 이들에 의해 대규모 농업 방식이 전파되었다. 그 결과, 마다가스카르의 중심부인 고원 지대에서도 농업을 중심으로 한 새로운 사회적 변화가 일어났다.

 수 세기에 걸쳐 아시아 · 아프리카 · 유럽의 다양한 문화가 혼합하여 쌓인 이러한 교류의 흔적은 오늘날까지도 마다가스카르의 문화와 전통 속에 고스란히 남아 있다.

마다가스카르를
발견한 유럽인들

1500년 8월 10일, 포르투갈 출신 항해사 디에고 디아스는 태풍에 휩쓸려 이름 모를 땅에 정박했고, 이 지역을 '상 로렌수'라고 명명했다. 이곳이 바로 마다가스카르섬이었다. 디에고 디아스는 마다가스카르 땅을 밟은 최초의 유럽인이었다. 이후 1508년에 로페즈 드 세퀴에라가 마누엘 1세의 지시를 받아 마다가스카르의 향신료와 자원을 발굴하기 위해 섬에 도달했다. 그러나 그가 막상 마다가스카르에 도착해보니, 기대했던 것만큼 향신료가 풍부하지 않았다. 그럼에도 불구하고 그는 바로 돌아가지 않았다. 그는 현지에서 이미 '바다의 사람들'이라 불리며 무역을 활발히 주도하고 있던 아랍인의 독점력을 빼앗아 세력을 확장하고자 했다. 하지만 갖은 노력에도 불구하고 포르투갈 상인들은 아랍인들의 영향력을 약화하지 못했으며, 결국 18세기 초에 마다가스카르에 대한 탐욕을 접게 된다.

한편, 네덜란드인들은 1695년에 마다가스카르섬에 들어오기 시작했다. 이들은 포르투갈

디에고 디아스가 이끈 배 ⓒ 위키피디아

인들과 섞이지 않고 독자적으로 무역을 해 나갔다. 네덜란드인들은 모리셔스섬으로 가는 길목에 위치한 안통길만에 기항지를 건설하고, 노예, 쌀, 가축 등을 거래하기 시작했다. 그러나 극심한 비위생적인 환경과 물품 조달의 어려움으로 성공하지 못했다. 결국 그들은 마다가스카르를 떠나 남아프리카 케이프타운으로 자리를 옮기게 된다.

영국인들도 인도로 가는 길목에 위치한 마다가스카르에 관심을 두었으며 1604년에 서쪽 해안가의 생오거스틴에 기항지를 세웠다. 그곳에서 노예 무역에 종사하며 기회를 보았지만, 18세기 영국인 선교사들이 마다가스카르에 들어오기 전까지 영국인들도 정착하지 못하고 결국 잔지바르로 눈을 돌리게 되었다.

16세기 중반, 프랑스 항해사들이 포르투갈인들을 뒤따라 향신료를 찾아 인도양 무역에 합류했다. 그러나 네덜란드인들의 방해와 공격으로 해상무역에 성공하지 못한 채 별 관심을 두지 않고 있던 즈음, 1624년 리슐리외 추기경이 등장하면서 프랑스의 해외 무역 활로 개척 활동이 힘을 받게 된다. 1630년대부터 프랑스는 인도양에도 관심을 가지면서 마다가스카르에 항구를 건설한다. 1643년 프랑스는 마다가스카르 남동쪽 끝단에 위치한 톨라라노^{Tolanaro}, 오늘날 포도팡^{Fort—Dauphin}으로도 불리는 곳에 도팡 요새를 건축한다.

1664년, 콜베르 재상은 프랑스 동인도 회사를 설립하고 마다가스카르를 중간 기착지로 삼았다. 이곳에서 노예, 쌀, 가축 등을 조달했다. 포도팡에 살던 말라가시인들은 처음에는 프랑스인들을 환영했지만, 노예 무역이 확장되면서 프랑스인들을 극도로 증오하게 되었다. 급기야 1672년 크리스마스 전야, 프랑스 식민지 개척자들이 모두 죽임을 당하는 비극이 발생한다. 살아남은 사람들은 포도팡을 떠나 마다가스카르 동쪽으로 900km 떨어진 인근 부르봉 섬^{오늘날 레위니옹}으로 떠나기로 하고, 데리고 있던 노예들도 강제로 부르봉 섬으로 이주시켰다.

포도팡 식민지 개척이 실패로 끝나자, 프랑스는 부르봉 섬을 식민지로 삼았다. 부르봉 섬에서 커피, 후추, 생강, 차 등의 플랜테이션이 빠르게 확장되면서 노동력이 필요해지자, 마다가스카르에서의 노예 무역 또한 활발해졌다. 프랑스 혁명 발발 이전에 레위니옹의 인구는 약 45,000명에 달했으며, 이 중 약 37,000명이 마다가스카르에서 건너온 노예들이었다. 마다가스카르의 대표적인 해안 부족인 베치미사라카 종족은 중개인으로 활동하며 유럽 상인들과 거래를 통해 노예 무역을 주도했다. 노예 무역은 18세기 초반 당시 가장 강력했던 사칼라바와 베치미사라카 왕족을 중심으로 마다가스카르 중부 고원 지역에까지 퍼졌다. 19세기 후반 노예 제도가 폐지될 때까지 마다가스카르의 메리나 종족과 베칠레우 종족 수만 명이 팔려 나갔다.

해적의 왕국,
리버탈리아의 전설

17세기 마다가스카르는 해적들의 피난처로 떠오른다. 아프리카 대륙과 유럽에서 떨어진 지리적 이점과 복잡한 해안선은 해적들에게 완벽한 은신처를 제공했다. 게다가 마다가스카르의 풍부한 식량과 물, 건축 자재 등은 해적들의 주목을 끌기에 충분했다. 18세기까지 해적들의 전성기가 이어졌다. 이들은 마다가스카르에 요새를 건축하고, 북미 신대륙 상인들과 교류도 활발히 진행했다. 당시 북미 대륙의 노예 무역 기점지였던 뉴욕으로 많은 말라가시인들이 팔려 갔다. 해적들은 마다가스카르섬에서 큰 수익을 얻으며 요새를 강화해 나갔다.

노예 무역이 한창이던 당시, 영국인, 네덜란드인, 미국인 해적들이 포함된 다양한 해적들이 마다가스카르에 모였다. 해적들은 마다가스카르의 부족 문화에도 영향을 미쳤다. 이들

A GENERAL
HISTORY
OF THE
PYRATES,
FROM

Their first RISE and SETTLEMENT in the Island of
Providence, to the present Time.

With the remarkable Actions and Adventures of the two Female Pyrates

MARY READ and ANNE BONNY;

Contain'd in the following Chapters,

Introduction.
Chap. I. Of Capt. *Avery.*
II. Of Capt. *Martel.*
III. Of Capt. *Teach.*
IV. Of Capt. *Bonnet.*
V. Of Capt. *England.*
VI. Of Capt. *Vane.*
VII. Of Capt. *Rackam.*
VIII. Of Capt. *Davis.*

IX. Of Capt. *Roberts.*
X. Of Capt. *Anstis.*
XI. Of Capt. *Worley.*
XII. Of Capt. *Lowther.*
XIII. Of Capt. *Low.*
XIV. Of Capt. *Evans.*
XV. Of Capt. *Phillips.*
XVI. Of Capt. *Spriggs,*
And their several Crews.

To which is added.

A short ABSTRACT of the Statute and Civil
Law, in Relation to Pyracy.

The second EDITION, with confiderable ADDITIONS

By Captain CHARLES JOHNSON.

LONDON:

Printed for, and fold by *T. Warner,* at the *Black-Boy* in *Pater-Nofter-Row,* 1724.

『해적들의 일반적인 역사』 표지 ⓒ 위키피디아

은 타민족을 공격해 영토를 확장하는 방법을 마다가스카르에 전수했다. 마다가스카르의 두 강력한 부족, 베치미사라카 부족과 사칼라바 부족은 18세기와 19세기 초에 걸쳐 최초의 연합군을 결성하고, 마다가스카르 서쪽에 있는 코모로섬과 아프리카 동쪽 해안 지방 공격을 감행하기에 이르렀다. 약 500개의 아웃리거 카누와 약 8,000명의 전사들이 참여하는 대규모 공격이었다.

해적들은 마다가스카르와 인도를 오가는 상인 선박들을 약탈하고, 해변을 드나들며 상인들을 공격했다. 마다가스카르를 근거지로 한 해적 활동이 얼마나 성공적이었던지, 이들은 마다가스카르 북쪽 도시 디에고-수아레즈 근처에 리버탈리아^{Libertalia} 공화국을 세우기도 했다. 이곳은 동부 중심부의 왕국들로부터 적당히 떨어져 있으면서도 식량 공급이 풍부한 곳이었다. 여기를 거점으로 한 세기 동안 해적들은 아프리카 해안을 휩쓸며 약탈을 일삼았다.

리버탈리아는 라틴어 '리베리^{liberi}', 즉 '자유'에서 유래한 이름이다. 이들은 모든 사람은 평등하고 공정하게 대우받아야 한다는 민주주의 원칙을 따랐다. 약탈한 재산도 공평하게 나누고, 노예제를 폐지한다는 규정을 세우면서 당시 군주주의에 대항하는 체제를 형성했다. 해적들은 영어, 불어, 네덜란드어 등을 조합해 그들만의 언어를 창설했으며 국기까지 만들었다. 전쟁에서 다친 해적들을 세심히 보살피고 노예를 풀어주며, 종교의 자유까지 보장하는 체제를 갖추었다.

리버탈리아가 실제로 존재했는지는 아직도 미궁에 쌓여 있다. 누군가는 리버탈리아가 『해적들의 일반적인 역사』라는 책에서 그려진 상상의 제국에 불과하다고 주장한다. 이 소설은 1724년에 선장 찰스 존슨이라는 작가가 출판한 책으로, 일반인들의 해적에 대한 관념을 굳혀준 작품이다. 『로빈슨 크루소』를 쓴 대니얼 디포가 가명으로 쓴 책으로 알려지기도 했다. 이 책의 주인공인 존슨 선장은 마다가스카르에서 리버탈리아라는 공화국을 건설했다고 하며 해적들의 삶을 기록하고 있다.

대부분 역사학자들은 리버탈리아가 존슨 선장에 의해 탄생한 상상의 섬이라고 본다. 상상이든 아니든, 분명한 것은 마다가스카르에 실제로 많은 해적들이 정착했고 마다가스카르의 역사에 큰 영향을 미쳤다는 사실이다.

마다가스카르 해적 이야기에 빠질 수 없는 인물이 있다. 모잠비크 해협 근처에서 실제로 활동했던 해적, 제임스 미손이다. 그는 프랑스 프로방스에서 태어나 수준 높은 교육을 받았으나 이탈리아에 살면서 로마 교황 체제에 환멸을 느끼기 시작했다. 그러던 중 그는 같은 생각을 가진 도미니카 사람 카라치올리를 만나 이상이 같다는 것을 알고 힘을 합쳤다. 그는 프랑스 군함 빅토아호의 선원들과 의기투합해

제임스 미손 선장 ⓒ 위키피디아

노예 해방을 위해 서아프리카로 떠났다. 가는 길에 만난 노예들을 해방하고 그들을 빅토아호에 태워 더 많은 노예 해방에 앞장섰다. 하지만 그의 이상을 실현하기 위한 마지막 항해는 모잠비크 해역에서 막을 내렸다. 빅토아호는 거센 폭풍에 휩쓸려 침몰했고, 제임스 미손은 끝내 바다에 잠겼다.

마다가스카르에 최초로 정착한 해적은 아담 발드리지다. 그는 살인 혐의를 피하기 위해 도망친 자로, 1690년에 마다가스카르 최고의 아름다운 섬인 노지 보라하 섬에 도달했다. 마다가스카르에서 그의 행적은 잔인한 노예상으로 전해지고 있다. 그는 말라가시인들을 뉴욕으로 팔아넘기는 데 앞

장섰다. 또한 마다가스카르를 지나가는 해적들에게 물과 음식을 제공하고
해적들로부터 대가를 받으면서 섬 전체를 통제했다. 그러나 그의 지배는
오래가지 못했다. 말라가시인들이 집단 항거하여 그는 섬에서 완전히 쫓겨
나게 되었기 때문이다.

17세기 말 당시 가장 유명한 해적이었던 존
에브리, 또는 헨리 에브리, 롱 벤이라고도 불
리는 해적은 노지베 섬에 자주 들리며 작
은 해적 왕국을 세운 것으로 전해진다. 그는
기니만 근처에서 노예 무역에 종사하는 상선
선원으로 일하다가 인도양에서 자신의 제국을
구축하게 된다. 무굴 제국의 거대한 상선을 약
탈하여 상상할 수 없는 거대한 재물을 획득한
에브리는 그의 부하들 몇몇만 마다가스카르에
남겨두고 카리브해로 떠났다고 전해진다.

헨리 에브리 ⓒ 위키피디아

또 다른 유명한 해적으로는 제임스 플랭탕이 있다. 그는 1720년에 마다
가스카르 북동쪽 안통길만에 정착하여 당시 인도양 섬을 지나가는 동인도
회사 배들을 공격했다. 그 전리품으로 자신만의 왕국을 세웠다. 그는 마다
가스카르 원주민들과 우호적인 관계를 유지하며 왕족들과 결혼하고 무기를
나눠주었다. 하지만 플랭탕도 자신의 왕국을 버리고 인도로 향했으며 그의
자취는 마치 바람에 흩어진 듯 사라졌다. 그의 보물은 여전히 안통길만에
숨겨져 있다는 전설이 전해지며 오늘날까지도 많은 탐험가들이 그 미스테
리한 보물을 찾아 해안선을 따라 모험을 떠난다.

마다가스카르의 해적들은 인도양을 지배하며 모험과 탐욕으로 섬의 역사

를 떠들썩하게 했다. 마다가스카르의 유명한 관광지인 노지베 섬과 생마리 섬에는 아직도 노예 무역의 흔적이 남아 있다. 그들이 남긴 보물과 전설은 오늘날까지도 사람들의 상상력을 자극하며 여전히 이 섬의 신화로 살아 숨 쉬고 있다.

물 위에 비친 바오밥나무들 ⓒ nicolas

2장

생물 다양성의 천국

바오밥 거리 ⓒ yasmine

고립의 선물
– 마다가스카르의 독특한 생태계

18세기 유럽 여행자들에게 마다가스카르는 '자연학자의 낙원'으로 불렸다. 그 이유는 마다가스카르가 대륙과도 비교할 수 있을 만큼 방대한 생물 다양성을 자랑하기 때문이다. 약 1억 6천5백만 년 전에 아프리카 대륙으로부터 떨어져 나간 마다가스카르 안에는 약 20만 개의 종이 존재하며 이 중 마다가스카르 동식물의 약 5분의 4는 마다가스카르에서만 자생하는 토종이다. 약 400종 이상의 파충류와 300종 이상의 양서류가 서식하는데 이들 종 대부분이 고유종이다. 아울러 1천여 개 이상의 다양한 난초도 자생한다. 마다가스카르는 브라질과 인도네시아에 이어 세계에서 세 번째로 다양한 영장류를 보유하고 있으며 약 100종의 여우원숭이가 살고 있다.

그뿐만 아니라, 마다가스카르에는 믿을 수 없을 만큼 다양한 서식지가 존재한다. 바오밥나무와 선인장이 자생하는 건조지대가 있는가 하면, 매년 파괴적인 사이클론이 지나가 연간 강수량이 많은 지역들도 있다. 이처럼 마다가스카르는 자연의 다양한 모습을 갖춘 곳으로 생태학적으로 중요한 가치를 지니고 있다.

마다가스카르에 서식하는 대부분의 동물 종은 아프리카에서 기원했으나,

새들은 동남아시아와 유사한 형태를 보여 독특한 생태환경을 자랑한다. 이 섬은 전 세계 환경보호자와 연구자들의 주목을 받아 왔으며 세계적인 생태학자인 최재천 교수 또한 마다가스카르의 생물 다양성에 관심을 기울여 왔다. 최 교수는 한국국제협력단(KOICA)이 유네스코를 통해 추진한 마다가스카르 생물 다양성 사업 실사에 직접 참여하기도 했다. 이 사업은 마다가스카르 북부의 마호제지 열대림에 서식하는 동식물 보호와 열대림 보존을 목표로 한다. 최 교수는 당시 탐사에서 "마다가스카르는 동식물의 90%가 이곳에서만 발견되는 생물 다양성의 보고이지만, 기후 변화로 인한 가뭄과 가난으로 생물 다양성의 보금자리인 산림이 무서운 속도로 사라지고 있어 너무 안타깝다."라고 언급하기도 했다.

마다가스카르의 독보적인 생물 다양성은 독특한 지리적 역사 덕분에 가능했다. 약 1억 6천5백만 년 전, 마다가스카르는 지구상에서 가장 큰 대륙이었던 곤드와나에 속한 고원이었다. 이 시기는 거대한 공룡들이 초기 포유류들과 함께 살던 때였다. 해수면 상승과 지각 이동으로 마다가스카르는 먼저 아프리카에서 분리되었고 한동안 인도와 붙어 있다가 약 8천8백만 년 전에 인도와도 갈라지면서 완전한 섬이 되었다.

아프리카 대륙에서 씨앗이나 종자들이 바람과 바다의 힘에 의해 마다가스카르로 이동했다. 여우원숭이와 육식동물들 또한 약 4천만 년 전에 모잠비크 해협의 파도에 의해 마다가스카르로 온 것으로 추정된다. 이들은 마다가스카르의 새로운 환경에서 제각각 독특한 생물로 진화하며 흥미로운 종들을 이루게 되었다.

날지 못한 거인,
코끼리새의 비밀

오래전 마다가스카르에는 '코끼리새'라는 거대한 새가 살았다. 이 새는 약 400년 전까지 마다가스카르에서 존재했던 것으로 추정되며 지금도 마다가스카르 곳곳에서 그 알의 파편과 화석이 발견된다. 최근 런던 동물학회가 수천 개의 코끼리새 화석을 분석한 결과, 이 새는 세계에서 가장 큰 새로 인정되었다. 코끼리새라는 이름은 이 새가 코끼리 한 마리를 들고 날아오를 수 있을 정도로 거대한 몸집을 가졌기 때문에 붙여졌다.

마르코 폴로는 아랍 상인들로부터 코끼리새가 날아다니는 신비로운 섬에

관한 이야기를 듣고 이를 아프리카 동쪽에 있는 모가디슈와 착각하여 '마다가스카르'라는 이름을 붙였다고 전해진다. 어떤 이들은 아랍인들이 말한 코끼리새가 실제 존재하지 않았고 전설 속 상상의 짐승인 '루크 Rukh'라는 새일 뿐이라고 주장하

코끼리새, 인간, 타조 비교표/ 그림: 배현지

기도 한다. 마르코 폴로는 그의 책 『동방견문록』에서 이 새가 코끼리를 들어올려 바다 위를 날아 배 위에 내려놓을 수 있을 만큼 강력했다고 기록하고 있다. 코끼리새의 존재가 처음 기록된 것은 9세기경, 아라비아인과 인도인 무역상들이 마다가스카르를 방문한 때부터였다. 당시 아랍 상인들은 이미 인도양을 장악하고 있었는데, 이들이 실제 코끼리새를 보지도 않고 한 미지의 섬에서 코끼리를 들고 날아다니는 새를 보았다며 허풍을 떨었을지도 모를 일이다.

프랑스 총독 에티엔 드 플라쿠흐는 1640년대에 마다가스카르에서 거위와 비슷한 거대한 새가 존재하며 그 새가 은밀한 곳을 찾아 알을 낳는다고 기록했다. 1830년대에는 유럽 여행객들이 마다가스카르에서 거대한 알을 수집하며 영국 학회에서 연구가 시작되었다. 이후로도 코끼리새의 존재와 신비에 대한 논쟁은 계속되었다.

코끼리새는 17세기경 유럽인들이 마다가스카르에 정착하면서 멸종된 것으로 전해진다. 외부의 유입으로 코끼리새의 주요 먹이원과 서식지가 파괴되었고 그로 인해 서식 환경도 심각하게 훼손되었을 것으로 추정된다. 지금도 코끼리새의 파편이 여러 곳에서 수집되고 있으며 흩어진 파편들을 모아 하나씩 맞추면 완전한 코끼리새알 표본을 만들 수 있다. 세계적인 생물학자 스티븐 굿맨 교수는 코끼리새가 실제로 존재했던 새임을 주장하며 그 화석을 연구소에 보관하고 있다고도 했다.

코끼리새는 500kg의 무게와 3m를 넘는 키를 갖고 있어 그 어떤 새보다 거대한 존재였다. 코끼리 한 마리를 들고 날아오를 수 있을 정도로 엄청난 크기를 자랑했지만, 실은 날개를 퍼덕거리기만 할 뿐 날 수 없는 평흉류에 속했다. 평흉류는 흉골이 평평하고 날개가 퇴화한 새들로, 모리셔스에서 멸종된 도도새도 같은 특성을 지닌 종이었다. 코끼리새와 도도새의 멸종 시기가 거의 일치하는 점도 흥미로운 사실이다.

그렇다면, 코끼리새의 알은 얼마나 거대했을까? 지름 91cm, 길이 33cm, 약 9L에 달하는 거대한 알은 달걀 200개보다 크고 120명이 먹을 오믈렛을 만들 수 있을 정도였다. 이 크기 덕분에 코끼리새의 알은 매우 귀하게 여겨졌다. 전 세계에 약 12개밖에 화석이 남아 있지 않아, 그 가치는 이루 말할 수 없을 정도다. 2013년에는 개인 소유자가 이 알을 10만 달러에 판매하기도 했다.

약 6천만 년 동안 마다가스카르에서 진화한 코끼리새는 그 거대한 몸집과 굵은 다리 덕분에 초식성 동물이지만 마다가스카르를 장악했다. 열대 기후에서 자주 자라는 낮은 나무의 열매를 주로 먹으며, 큰 몸집 덕분에 포식자들의 위협을 피할 수 있었다. 강한 부리와 거대한 발로 공격자들을 물리치며, 마다가스카르에서 번성해 나갔다.

그러나 마다가스카르에 인간들이 정착하면서 코끼리새의 운명은 급변했다. 귀한 코끼리새의 알과 육질이 풍부한 거대한 새를 정착민들이 놓칠 리 없었다. 그들은 알만 빼먹고 딱딱한 껍질은 물통이나 술통으로도 사용했다. 날지 못했던 코끼리새는 그 거대한 몸을 이끌고 마다가스카르를 활보했지만, 결국 인간들의 등장과 함께 점차 멸종의 길을 걸어가게 되었다.

어린 왕자
바오밥나무의 고향

    마다가스카르는 바오밥^{Baobab}의 고향이다. 하늘로 뿌리를 뻗는 바오밥나무는 생텍쥐페리의 『어린 왕자』에 등장하는 나무로 유명하다. 많은 사람이 이 신비스러운 나무를 보기 위해 마다가스카르를 방문한다. 『어린 왕자』에서는 바오밥나무가 작은 별을 산산조각 낼 수 있는 무서운 나무로 묘사되는데 실제로 바오밥나무는 하늘 높이 솟구친 독보적인 크기를 자랑하는 나무이며, 보면 볼수록 신비롭고 자연의 경이로움을 느끼게 하는 장엄한 분위기마저 자아낸다.

무룬다바의 바오밥 거리 ⓒ graphicnode

    바오밥나무는 술통이나 병 모양을 하고 있는데, 몸통이 부풀어 올라 뿌리가 위로 향하는 독특한 형태다. 마다가스카르의 무룬다바 바오밥 거리에서 가장 흔히 볼 수 있는 바오밥 종인 아단소니아 그랑디디에리^{Adansonia grandidieri}는 말라가시어로 '레니알라'라고 불리며, 이는 '숲의 진정한 어머니'라는 뜻이다. 바오밥나무 꼭대기에서 옆으로 넓게 퍼진 잎 모양이 나무의 뿌리를 닮아, 영어로는 '뒤집힌 나무Upside-down Tree'나 '병나무Bottle tree'라고 불리기도 한다. 또한 바오밥나무는 강한 생명력 때문에 '생명의 나무Tree of Life'라고도 불린다. 열매는 쥐가 매달려 있는 모양처럼 생겨 '쥐 나무'라고도 하고, 바오밥 과일의 부드럽고 시큼한 맛을 따라 '원숭이 빵나무'라고도 불린다.

마다가스카르는 바오밥의 성지로, 바오밥나무가 하늘을 향해 손을 뻗고 있는 듯한 초현실적인 풍경은 전 세계 수많은 여행객을 유혹한다. 전 세계 바오밥나무는 9종이 있다. 마다가스카르에는 토종인 6종에 추가하여 아프리카 대륙에서 넘어온 아단소니아 디지타타까지 총 7종이 자생한다. 바오밥은 원래 총 8종으로 알려졌으나, 2012년에 아프리카 동남부 고산 지대에서 키리마 바오밥이 발견되면서 9종이 되었다.

매끈한 나무껍질에 두꺼운 원통형 줄기와 평평한 꼭대기를 갖춘 그랑디디에리 바오밥나무는 무룬다바 바오밥 거리에서 가장 아름다운 무리를 이루며 늘어서 있다. 어떤 바오밥나무는 일반적으로 알려진 형태와는 전혀 다르게 생긴 모양도 있다. 마장가 시내 한가운데에서 볼 수 있는 바오밥나무는 500년 이상 된 우리나라 시골 고목처럼 풍성한 잎과 아름드리 나무통을 자랑하며 서 있다. 언뜻 보면 평범한 나무처럼 보이지만, 바오밥나무 종이다.

들판의 바오밥과 흰 새들

바오밥나무의 학명은 아단소니아 디지타타$^{Adansonia\ digitata}$로, 바오밥을 평생 연구한 프랑스의 식물학자이자 탐험가인 미셸 아단손$^{Michel\ Adanson}$의 이름을 따서 지어졌다. 그는 1749년에 세네갈에 도착하여 고래섬에서 처음으로 바오밥나무를 발견했다. 아단손은 바오밥나무가 건강에 매우 이롭다고 믿었으며, 하루에 두 번 바오밥 주스를 마시면서 이를 자신의 건강 비결로 여겼다.

말라가시 사람들은 바오밥나무를 신이 심어 놓은 나무라고 여겨 이를 경배하고 숭배한다. 그리고 바오밥나무 주위를 일곱 번 돌면 복이 생긴다고 믿기에 나무 주변을 빙빙 도는 사람들을 심심치 않게 볼 수 있다. 바오밥나무에는 몇 가지 전설이 있다. 신이 바오밥나무를 만들었는데, 바오밥나무가 똑바로 걷지도 않고 제멋대로 걸어 다니자 화가 났던 신이 나무를 뿌리째 뽑아 거꾸로 심어 놓았다는 전설이 전해진다. 이 때문에 짐바브웨의 바통가 종족은 바오밥나무가 실제로 거꾸로 자라난다고 믿기도 한다. 바오밥나무가 자신의 생긴 모양새를 불평하자, 열받은 신이 아예 거꾸로 박아 버렸다는 얘기도 있다. 또 다른 전설에는 신이 바오밥나무를 하이에나에게 선물했는데, 하이에나는 바오밥의 이상한 나무 모양이 마음에 안 들어 거꾸로 뽑은 채 다시 심어버렸다는 얘기도 있다.

바오밥나무는 기원전 2,500년쯤, 카이로에 있었던 허브와 향신료 시장에 이미 등장했다. 바오밥이라는 이름은 아랍어 'abu hibab'에서 유래되었다. 이는 아버지라는 뜻의 'abu'와 '씨앗^{habb}'이라는 단어에서 파생한 'hibab'이 결합해서 '많은 씨앗을 가진 과일'이라는 뜻을 지닌다. 어떤 이들은 이집트에서 '자생하지 않는 열매'라는 뜻의 'bu hobab'에서 기원했다고도 한다. 이집트인들은 수단에서 오는 아랍인 상인들을 통해 바오밥 열매를 접하고

선 열 치료 등에서 뛰어난 바오밥나무의 효능을 높이 평가했다.

바오밥나무에 대한 최초의 기록은 14세기 여행가였던 아랍인 이븐 바투타가 남겼다. 그는 말리로 향하는 길목에서 나이와 두께가 상당한 나무들을 보았고, 그 나무 속에 직조기를 설치해 직물을 짜고 있는 사람을 발견하고선 깜짝 놀랐다고 기록했다.

다윈도 인정한 지구상에서 가장 오래된 바오밥나무

바오밥나무의 나이에 대해선 여러 논쟁이 있다. 어떤 사람들은 바오밥나무가 수천 년을 자란다고 주장하는 반면, 실제로 500년을 넘는 나무는 많지 않다고 말하는 이들도 있다. 통상적으로 나무의 나이는 나이테를 통해 알 수 있지만, 바오밥나무는 몇 년씩 나이테가 생기지 않다가 어느 해에는 여러 개가 동시에 생기기도 한다. 또한 터무니없이 큰 둘레와 독특한 형태 때문에 나이테로 나이를 측정하기가 쉽지 않다. 그러나 최근에 탄소동위원소 연대측정법을 통해 마다가스카르에서 가장 오래된 바오밥나무의 나이가 1,500년에 달한다는 사실이 발견되었다. 무룬다바 바오밥 거리에 있는 거대한 바오밥나무들은 약 1,200년 이상 된 것으로 추정된다.

평생 바오밥을 연구한 미셸 아단손은 바오밥나무를 지구상에서 가장 위대한 식물이라고 칭송했다. 성경에 나오는 노아 홍수 이전에도 존재했을 정도로 오래된 나무라고 보았으며, 아프리카에 있는 바오밥나무가 약 5,150년 된 나무라고도 주장했다. 이는 당시 가능한 가장 원시적인 방법으로 측정한 결과였다. 그는 성숙한 바오밥과 어린 바오밥나무를 각각 절단한 후 그 폭을 측정하고, 성장 속도를 비교 분석하는 방식으로 나이를 추정했다.

아단손의 이러한 노력 덕분에, 프랑스 백과사전과 교과서에서는 바오밥나무를 '천년나무'라고 정의하기도 했다. 하지만 이 정의에 반론을 제기한 학자도 있었다. 미국의 식물학자인 아사 그레이는 아단손의 단순 무식한 방법에 의한 연구 결과가 순식간에 사실처럼 퍼져나가는 것이 놀랍다며 비꼬았다. 이 논쟁에는 찰스 다윈까지 등장한다. 1832년, 다윈은 카보베르데 산티아구섬을 여행하면서 "행운이 나를 그 유명한 바오밥나무로 인도했다."라고 기록했다. 다윈은 바오밥나무의 거대한 덩치에 완전히 매료되었다. 그는 바오밥나무가 수많은 이름과 날짜들로 뒤덮여 있는 것을 보고 감탄하며, "마치 켄싱턴 정원에서나 볼 법한 유명한 나무"라고 칭송했다. 또한, "자연을 아무리 충실하게 묘사해도 실제 경험과는 차원이 다르다."라고도 했다. 바오밥나무의 거대한 줄기와 웅장함을 실제로 보고 느끼는 감동을 글로 완전히 전달할 수 없었던 것이다.

그럼에도 불구하고 다윈은 어떤 식물도 6천 년이라는 세월을 견딜 수는 없다고 생각했던 것 같다. 그는 배로 돌아가 나무 측정기구를 가져온 후 직접 바오밥나무를 측정했으며, 그 나무의 몸통이 4m, 높이는 13m에 달한다고 기록했다. 이어 그는 바오밥나무가 이 세상이 존재한 오랜 세월 동안 견뎌낸 것으로 보인다고 결론 내렸다.

한편, 아단손은 다윈이 감탄한 산티아구섬의 바오밥이 어떻게 뿌리를 내렸는지 이유를 밝히기도 했다. 그는 세네갈의 월로프 종족이 목에 담배 주머니를 걸고 다니는 것을 보았는데, 그 안에는 바오밥 씨앗도 간식거리로 담겨있었다. 아단손은 노예들이 산티아구섬을 거쳐 팔려 나가면서 바오밥 씨앗이 실수로 떨어져 그 섬에 뿌리내렸을 것이라고 추측했다.

자연이 만든 슈퍼푸드, 바오밥나무

바오밥나무는 거대한 물탱크 역할을 하며 '생명의 나무'로 불린다. 어른 수십 명이 손을 잡고 둘러설 수 있을 만큼 거대한 바오밥나무의 몸통은 80%가 수분으로 이루어져 있으며 최대 5,000L의 물을 저장할 수 있다. 높이 30m 이상, 둘레 25m까지 자랄 만큼 거대하지만, 극히 적은 양의 물만으로도 생존할 수 있다는 점이 더욱 놀랍다.

바오밥나무가 자라는 지역은 대체로 저지대의 덥고 건조한 곳이다. 이 나무는 강수량이 적은 환경에서도 스펀지처럼 물을 흡수해 저장하는 능력을 갖추고 있다. 특히 나무 속이 비어 있어 가뭄이 찾아왔을 때 물 부족에 대비할 수 있도록 진화했다. 말라가시인들은 바오밥나무 줄기에 구멍을 뚫어 가뭄 동안 수분 공급원으로 활용하기도 한다.

바오밥나무를 차지하기 위한 다툼도 있었다. 말리의 일부 지역에서는 무서운 가면을 쓴 나무 수호자들이 바오밥 주변을 순찰하며 보호하기도 했다.

바오밥 열매 ⓒ adobe stock / 바오밥 열매와 꽃

또한, 바오밥나무는 시간이 지나면서 내부가 썩어 자연적으로 큰 공간이 생기기도 한다. 몸통이 워낙 크다 보니, 이 공간은 감옥, 회당, 창고, 식당, 와인바 등 다양한 용도로 사용되었다. 일부 지역에서는 사람들이 인위적으

로 나무에 구멍을 뚫어 가판대를 만들거나, 심지어 시신을 매장하는 장소로 활용하기도 했다.

바오밥나무는 말라가시인들의 일상생활과 깊이 연관되어 있다. 바오밥 씨앗은 볶아서 먹기도 하고, 기름을 짤 수도 있다. 씨앗을 갈아서 버터를 만들거나 부드러운 죽으로 끓여 먹기도 한다. 현지인들은 바오밥나무 껍질을 벗긴 후 섬유를 뽑아내어 밧줄이나 지붕을 엮는 데 사용하고, 바구니 같은 공예품뿐만 아니라 전통 악기의 현을 만드는 데도 사용한다. 바오밥 오일은 피부나 두피에 바르기도 하며, 바오밥 잎 또한 시금치처럼 익혀 먹기도 한다.

바오밥 꽃은 우기가 시작될 무렵 잎과 함께 피거나 잎이 난 후에 개화하며 주로 10월에서 이듬해 4월 사이에 볼 수 있다. 흰색 꽃잎은 마치 거꾸로 매달린 것처럼 뒤집혀 피는데, 특히 꽃봉오리는 해 질 무렵 한순간에 활짝 열려 맨눈으로도 그 변화를 볼 수 있다. 그렇게 화려하게 피어난 바오밥 꽃잎은 아쉽게도 아침이 되면 떨어져 버린다. 일 년에 단 한 번 피고 이내 사라지기 때문에 바오밥 꽃을 직접 볼 기회는 많지 않다.

바오밥 열매 역시 독특한 형태를 띠고 있다. 조롱박처럼 가지 아래로 축 처져 달리며 가운데가 불룩한 타원형 실루엣을 보여준다. 얼기설기 엮인 가지들과 어우러져 마치 바오밥나무가 거꾸로 심어진 듯한 착각을 일으키기도 한다.

열매의 껍질은 벨벳처럼 부드럽고 단단한데, 이를 쪼개면 열매가 모습을 드러낸다. 길이는 15~20cm 정도이며 껍질을 반으로 자르면 속에는 호두처럼 덩어리진 하얀 과육이 가득 차 있다. 이 과육은 약간 점액질이 있으며 맛은 새콤하면서도 레몬 향이 은은하게 감돈다.

바오밥 열매는 오랜 시간에 걸쳐 서서히 자라며 몇 년이 지나야 비로소 열매를 맺는다. 그만큼 과육에는 풍부한 영양소가 농축된다. 바오밥 열매는 그야말로 '자연이 만든 슈퍼푸드'다. 오렌지보다 무려 10배나 많은 비타민 C,

황혼에 드리운 바오밥나무 ⓒ gemmmm

우유의 3배에 달하는 칼슘, 블루베리를 압도하는 10배 이상의 항산화 물질, 그리고 살구보다 3배나 풍부한 마그네슘까지. 작은 열매 하나에 영양의 보고가 가득 담겨 있다. 현지인들은 바오밥 열매 가루에 물, 설탕, 레몬즙을 섞어 주스를 만들어 청량음료로 즐겨 마신다. 또한 말린 과육을 물에 불려 먹기도 한다. 바오밥 열매는 2008년 EU에서 승인되어 슈퍼푸드로 각광받고 있으며 바오밥나무의 경제적 효용이 널리 알려지면서 바오밥나무 보호에 대한 인식도 더욱 커지고 있다. 바오밥 수출은 주민들에게 일자리 창출 효과도 만들고 있다.

바오밥나무는 수분이 많고 조직이 푸석푸석해 집을 짓는 재료로 쓰기 어렵고 불에 잘 타지도 않아 땔감으로도 적합하지 않다. 현지인들은 말라가시에 사는 소의 종류인 제부Zebu에게 연한 풀을 먹이기 위해 초원을 모두 태워버리곤 하는데, 바오밥나무는 그 속에서도 그을린 흔적만 남긴 채 살아남아 여전히 뿌리를 내릴 수 있다. 바오밥나무는 뛰어난 재생 능력을 갖추고 있어 껍질이 벗겨져도 금세 다시 자라난다. 심지어 썩은 나뭇가지 안에서는 버섯이 자라기도 한다. 이러한 독특한 생존력 덕분에 바오밥나무는 수백 년, 때로는 그 이상을 견디며 장엄한 생명의 상징으로 자리 잡고 있다.

앙증맞은 숲의 수호자, 여우원숭이

모든 영장류 중 가장 희귀한 동물로 손꼽히는 마다가스카르 토종 여우원숭이는 아프리카 대륙에서는 찾아볼 수 없고, 오직 마다가스카르에서만 서식한다. 둥글고 큰 눈, 긴 코, 부드러운 목털을 지닌 여우원숭이는 이름처럼 여우를 닮은 얼굴에 원숭이처럼 긴 팔과 꼬리를 가지고 있다. 여기에 독특한 생김새와 신비로운 분위기까지 더해져 더욱 매력적인 동물로 여겨진다.

일반적으로 여우원숭이는 귀엽고 익살스러운 동물로 알려졌지만, '여우원숭이'라는 이름

여우원숭이 ⓒ pixabay

은 사실 다소 섬뜩한 의미를 담고 있다. 라틴어 'lemurēs'에서 유래한 이 단어는 '죽은 자의 영혼들', 즉 '유령'을 뜻한다. 이는 야행성이며 느릿느릿한 움직임을 가진 여우원숭이가 마치 유령처럼 여겨졌기 때문이다. 스웨덴의 식물학자 칼 린네가 처음 이 이름을 붙였다고 전해진다. 마다가스카르에서

는 여우원숭이를 '마키Maki'라고 부르며, 이 이름은 마다가스카르의 유명한 의류 및 잡화 브랜드이기도 하다.

실제로 보면 여우원숭이는 그야말로 '귀여움 그 자체'다. 긴 꼬리를 세우고 킁킁거리며 네 발로 걷거나, 나무 위에 대롱대롱 매달려 있는 모습은 사랑스럽기 그지없다. 주로 나무를 타고 다니며 열매와 나뭇잎, 대나무 등을 먹으며 살아가는데 이 과정에서 마다가스카르의 희귀한 식물 씨앗을 퍼뜨리는 중요한 역할을 한다.

마다가스카르에는 수십 종의 여우원숭이가 서식하는데, 일부는 야행성이지만 낮에도 활동하는 종도 있다. 야행성 여우원숭이를 가까이에서 관찰할 수 있는 특별한 여행 코스도 마련되어 있어 자연 속에서 그들의 신비로운 모습을 직접 경험할 수도 있다.

노래하는 인드리 여우원숭이

독특한 흑백 털과 큰 울음소리로 인해 마다가스카르 여우원숭이 중 가장 유명한 종으로 자리 잡은 인드리 여우원숭이가 있다. 인드리 여우원숭이는 외모가 곰을 닮았다. 특이하게도 여우원숭이의 상징인 우아한 꼬리가 없는데, 말라가시 선조들의 모습을 닮았다고 여겨져 신성하게 보호받는 종이기도 하다. 전설에 따르면, 한 소년이 꿀을 따기 위해 나무에 올라갔다가 나뭇가지에 발이 걸려 내려오지 못하고 발을 동동 구르고 있었다. 그때 인드리

인드리 여우원숭이 ⓒ tony

여우원숭이가 갑자기 나타나 소년을 나무 아래로 내려오게 도와주었다고 한다. 이 전설로 인해 말라가시어로 인드리 여우원숭이는 '바바쿠투^{Babakoto}', 즉 '인간의 조상'으로 불린다.

인드리 여우원숭이는 여우원숭이 중 덩치가 가장 커서 숲이 파괴되고 서식지가 줄어들면 가장 먼저 멸종 위기에 처할 가능성이 큰 종이다. 그럼에도 불구하고, 말라가시인들의 전통적인 믿음 덕분에 포획되지 않고 어느 정도 보호받으며 생존해 오고 있다.

인드리 여우원숭이는 노래하는 원숭이기도 하다. 주로 자신들의 영역을 표시하거나 다른 가족들과 의사소통할 때 노래를 부른다. 그들의 노래는 수 km 밖까지 숲을 울리며 퍼져 나가는데, 안다시베 국립공원에 가면 이 독특한 여우원숭이를 직접 볼 수 있다.

깃발 꼬리를 가진 알락꼬리 여우원숭이

여우원숭이 중 가장 귀여운 종으로는 알락꼬리 여우원숭이가 꼽힌다. 보통 사람들은 여우원숭이라고 하면 바로 이 종을 떠올리곤 한다. 알락꼬리 여우원숭이는 전 세계 동물원에서 마다가스카르 여우원숭이의 아름다움을 알리는 홍보대사로 활약하고 있다. 이들의 긴 꼬리는 흰색과 검은색의 독특한 알락 무늬로 되어 있어 앙증맞은 매력을 뽐낸다. 특히 걸어다닐 때 알록달록한 링 모양의

알락꼬리 여우원숭이 ⓒ adobe stock

꼬리를 높이 세우는 우아한 모습이 눈길을 끈다. 알락꼬리 여우원숭이는 암 컷 대장을 중심으로 약 십여 마리가 무리를 지어 생활한다. 이들의 꼬리는 무리에서 서로를 알아보게 하는 깃발과 같은 역할을 하며, 군집 생활에서 중요한 역할을 한다.

댄스 몽키 시파카

시파카는 마다가스카르에서 가장 잘 알려진 여우원숭이 중 하나로, '시파 카'라는 이름은 이들이 위험을 감지했을 때 내는 빠르고 딸깍거리는 경고음 에서 비롯되었다. 이들은 땅에서 이동할 때 춤을 추거나 무술처럼 도약하는 듯한 포즈로 이동하는 것으로 유명하다. 긴 다 리로 최대 6m까지 뛰면서 옆으로 껑충껑충 뛰 는 모습이 마치 춤을 추는 것처럼 보이기 때문 에 '댄스 몽키'라는 별명을 얻기도 했다.

시파카 여우원숭이 ⓒ adobe stock

시파카는 또한 강력한 냄새를 만드는 분비샘 을 가지고 있는데, 항문에서 나오는 분비물을 엉덩이로 나뭇가지에 비벼서 영역을 표시한다. 이는 단순히 자신의 영역을 표시하는 것만이 아니라, 수컷과 암컷 간의 교미나 다른 여우원숭이와의 소통 등에도 목적이 있다.

안타깝게도 시파카는 한 살도 되지 않아 죽는 확률이 절반에 달하며 포식 자에게 잡아먹히는 일이 흔하다.

〈스타워즈〉의 '요다'를 닮은 아이아이 여우원숭이

여우원숭이를 떠올리면 보통 귀여운 모습만 생각하기 쉽다. 하지만 영화에서 등장하는 괴이한 외계인처럼 생긴 여우원숭이가 있다는 것을 아는 이는 많지 않다. 아이아이^{Aye-Aye}는 여우원숭이 중에서도 가장 희귀한 종이다.

마다가스카르에 존재하는 동물 중 아이아이만큼 미스터리와 신화가 많은 동물은 없다. 일반적인 여우원숭이와 생김새가 달라 초기 과학자들은 아이아이를 다람쥐 종류로 오해하기도 했다.

아이아이 여우원숭이 ⓒ adobe stock

아이아이는 여러 동물의 다양한 특성을 종합적으로 갖춘 독특한 외모를 지녔다. 쥐처럼 끊임없이 자라나는 긴 이빨을 갖고 있으며, 박쥐처럼 큰 귀와 여우의 꼬리도 가지고 있다. 게다가 보름달처럼 동그랗고 큰 눈에다가 피부에는 털이 듬성듬성 나 있어서 공포 영화 속 캐릭터처럼 보이기도 한다. 아이아이는 비정상적으로 가늘고 긴 손가락을 가지고 있는데, 특히 가운뎃손가락은 뼈 모양을 그대로 드러내며 흉측한 인상을 준다.

아이아이가 나무에 숨어 있는 벌레를 찾는 모습은 꽤 기괴하다. 아이아이는 매우 예민한 귀를 가지고 있어 나무 구멍 안에 유충이 있는지 소리로 감지한 뒤, 가장 길고 가는 세 번째 손가락으로 초당 8회 정도의 빠른 속도로 나무를 두드려 공간을 찾아낸다. 그리고 긴 앞니로 나무에 구멍을 내어 벌레를 끄집어내 먹는다.

아이아이라는 이름의 유래에 대해서는 여러 가지 설이 있다. 아이아이는 특이한 외모 때문에 마다가스카르 사람들에게 매우 괴기스러운 존재로 여겨졌고, 그래서 말라가시인들은 이 동물에 대해 입 밖에도 내지 않으려 했다. 심지어 아이아이 원숭이의 이름을 말하는 행위는 마다가스카르에서 '파디 fady'라고 불리는 금기 사항이다. 아이아이를 만나는 것은 흉조로 여겨졌고 아이아이와 마주친 사람은 죽음을 맞이한다는 미신이 있기 때문이다. 특히 아이아이 원숭이가 가운뎃손가락으로 가리킨 사람은 반드시 죽는다고 믿었기 때문에, 이 동물과 마주치게 되면 놀라서 '아이아이 aiee aiee'라고 외쳤다. 외국인들은 이를 보고 이 동물에 '아이아이'라는 이름을 붙였다고 한다.

또 다른 이야기로는, 현지인들이 이 동물에 대한 이름을 언급하는 것 자체를 두려워했기 때문에 말라가시어로 아무 뜻도 없이 '에에 He He'라고 부르게 되었고 이는 프랑스어로 '아이아이'라는 이름으로 변형되었다고 한다.

현지인들은 아이아이 여우원숭이를 악의 화신으로 여기며 사람을 잡아먹는다고 믿었다. 그래서 아이아이를 발견하면 즉시 죽이곤 했다. 특히 옥수수, 사탕수수, 코코넛을 좋아하는 아이아이는 마을로 자주 내려왔고 이를 본 주민들은 불행을 막기 위해 가차 없이 제거했다.

아이아이를 처치한 후에는 반드시 몸통이나 꼬리만 잘라 나뭇가지에 거꾸로 매달아 도로변에 세워 두어야 했다. 도로를 지나가는 낯선 사람들이 죽은 아이아이를 쳐다보게 되면, 그 저주가 먼 동네로 옮겨간다고 믿었기 때문이다. 심지어 아이아이를 죽인 후에는 마을 전체를 불로 태우고 살던 곳을 떠나야 한다고 믿기도 했다.

마다가스카르 사람들은 아이아이를 식용으로 잡아먹기도 했는데 아직도 시골 마을에서는 아이아이 여우원숭이 고기를 파는 식당을 가끔 볼 수 있다. 물론 이러한 저주의 화신인 아이아이를 마구잡이로 잡아먹을 수 있는 것은 아니다. 악을 내쫓는 주술 의식을 치른 후에 먹어야 한다. 그렇게 하지 않고 아이아이 고기를 바로 먹으면 독이 퍼져 목숨을 잃게 된다고 믿는다.

세계적인 생태학자 스티븐 굿맨 박사는 생물 다양성의 천국인 마다가스카르에서도 아이아이처럼 독특하고 흥미로운 생명체는 보기 드물다고 말했다. 그의 말처럼, 아이아이가 길고 뾰족한 손가락을 이용해 본능적으로 탐험을 즐기는 모습은 신비롭고 매혹적이다. 마다가스카르에서는 여전히 아이아이를 두려워하고 경계하는 시선이 있지만, 사실 아이아이는 생태계에서 중요한 역할을 한다. 어쩌면 아이아이의 특별함은 우리가 이해하는 것보다 훨씬 더 큰 보존의 가치를 지니는지도 모른다.

꼬리를 감아, 우리는 하나 ⓒ victoria

마다가스카르의 색을 담은 카멜레온

마다가스카르는 약 400종 이상의 파충류가 서식하는 생물 다양성의 천국과도 같은 섬으로, 이곳의 생물 다양성을 이야기할 때 카멜레온을 빼놓을 수 없다. 마다가스카르에서는 도심이든 숲속이든 어디에서나 카멜레온을 어렵지 않게 발견할 수 있다. 전 세계에 약 100여 종의 카멜레온이 존재하는데, 이 중 절반 이상이 마다가스카르섬에서만 서식하는 고유종이다.

그중 하나인 왕 카멜레온은 몸길이가 80cm에 이를 정도로 자라며 세계에서 가장 큰 카멜레온으로 알려져 있다. 이 거대한 카멜레온은 곤충뿐만 아니라 작은 새와 도마뱀까지 잡아먹는 잡식성 동물이다.

카멜레온 ⓒ du bin

최근에는 손톱만 한 크기의 나노 카멜레온이 마다가스카르 북부에서 발견되어 세계에서 가장 작은 파충류로 분류되었다. 브루케시아 나나라고 불리는 이 카멜레온의 몸통 길이는 불과 13.5mm이며 꼬리까지 포함해도 22mm에 지나지 않는다. 이는 약 1만 1,500종의 파충류 가운데 가장 작은 수컷으로 추정되며 과학계에서도 큰 관심을 받고 있다.

카멜레온은 색을 바꿀 수 있는 능력뿐만 아니라 독립적으로 움직이는 양쪽 눈을 가진 파충류이다. 이러한 특별한 능력 덕분에 카멜레온은 어느 환경에서든 탁월한 적응력을 보여준다. 양쪽 눈은 360도로 각각 움직일 수 있어 사각지대가 없으며, 평소에는 한쪽 눈으로 앞을 보고 다른 쪽 눈은 주위를 살피면서 천적을 감시한다. 먹잇감이 나타나면 두 눈을 동시에 한곳에 고정해 정확하게 목표를 포착한다.

과거 말라가시인들은 색을 바꿀 줄 아는 이 독특한 동물이 독을 내뿜거나 불길한 기운을 가져온다고 믿었다. 그러나 오늘날 카멜레온은 마다가스카르 생물 다양성의 상징으로 자리 잡으며 현지인들에게 큰 사랑을 받고 있다. 숲속에 은밀히 숨은 카멜레온을 찾아내려는 여행 가이드들의 열정 또한 대단하다. 그들은 여행객들에게 이 신비로운 생물을 보여주기 위해 정신을 온전히 집중하며, 때로는 수풀 속에 숨어 있던 카멜레온을 발견하는 그 순간, 모두가 함께 흥분을 감추지 못한다. 이 작은 동물은 자연의 섬세한 균형을 지키며, 마다가스카르의 독특한 생명을 상징하는 경이로운 존재로 자리 잡고 있다.

식충 식물,
자연의 사냥꾼

마다가스카르에는 놀랍게도 곤충을 잡아먹는 식물이 있다. 그냥 식물이 아니라, 눈길을 사로잡는 화려한 꽃이다. 마치 아름다움 속에 숨겨진 포식자처럼 말이다. 이 식물은 마다가스카르에만 서식하는 네펜테스 종으로, 흔히 '벌레잡이 식물'로 불린다. 마다가스카르의 2,000 아리아리^{Ariary} 화폐에도 그림이 그려져 있을 정도로 마다가스카르를 대표하는 식물이지만, 현재는 멸종위기식물로 분류되고 있다.

이 식물은 마다가스카르 북쪽 안통길만에서 남부 포도팡까지, 동쪽 해안가의 습하고 모래가 많은 햇볕이 잘 드는 지역에서 자란다. 타나와 같은 고산 지대에서는 찾아볼 수 없으며 주로 해안가 근처에서 서식한다. 겉보기에는 전혀 위험해 보이지 않지만, 네펜테스는 곤충과 작은 도마뱀까지도 포획해 섭취하는 잔

네펜테스 ⓒ adobe stock

인한 식성을 지니고 있다.

벌레잡이 식물은 영어로 'Pitcher plant^{물병 식물}'라고 불리는데, 이는 잎의 모양이 작은 물병처럼 생겼기 때문이다. 긴 나선형 줄기를 가진 이 꽃은 독특한 형태와 향기로 동물을 유혹한다. 물병 모양의 잎 속에는 소화액이 가득 찬 깊은 통이 자리하고 있다.

작은 개미나 파리 같은 동물들은 소화과정을 거치지 않고 바로 섭취하기도 하지만, 대부분의 동물은 이 통 안으로 유인된 뒤 끔찍한 방식으로 소화된다. 곤충을 유인하는 것이 관건인데, 잎 가장자리에 꿀을 분비하고 향기를 내뿜어 곤충들을 끌어들인다. 특히 이 식물에서 나는 독특한 냄새는 곤충들을 어지럽게 만들어, 잎 주변을 맴돌다가 통 안으로 발을 디디는 순간 미끌미끌한 벽에 가로막혀 빠져나오지 못하게 된다. 결국 통 바닥에 갇히는데 그곳에는 끈끈한 액체가 촉촉하게 고여 있다. 이 액체는 일종의 소화액으로 네펜테스는 이를 이용해 곤충을 빠르게 분해한다. 또한, 빗물이 통 안으로 들어와 소화액이 희석되는 것을 방지하기 위해 비가 많이 오는 날에는 잎 뚜껑을 닫아 스스로를 보호한다.

불행히도 대부분 개미가 희생양이 되고 파리나 거미, 나방 같은 곤충도 자주 포획된다. 드문 경우지만, 크기가 큰 네펜테스 종은 개구리나 심지어 작은 설치류 같은 척추동물을 잡아먹기도 한다. 그러나 일반적으로 곤충과 같은 작은 무척추동물들을 주요 먹이로 삼는다.

식충 식물은 마다가스카르뿐만 아니라 인도네시아 인근 지역에서도 많이 발견된다. 이 식물의 끈적한 잎 때문에 인도네시아에서 마다가스카르로 옮겨졌을 가능성도 있다. 당시 이 식물의 씨앗이나 잎이 사람들의 옷이나 몸에 붙어 마다가스카르로 옮겨간 후, 이곳의 환경에 적응하며 독자적으로 진화했을 것으로 추정된다.

여행자의 쉼터,
라비날라 나무

 코로나19 팬데믹이 한창이던 2021년 말, 마다가스카르에 새로운 국제공항이 개항했다. 그 이름은 '라비날라^Ravinala' 국제공항이다. 프랑스 기업의 투자를 받아 설립된 이 공항은 완전히 새로 지어진 것은 아니다. 기존 국제공항의 활주로는 그대로 사용하면서 바로 옆에 프랑스풍의 세련된 디자인으로 아담한 새 공항 건물이 들어섰다. 기존의 시외버스 정류장처럼 보였던 공항은 국내선 공항으로 전환되었다.

 향후 28년간 신국제공항 운영과 수익을 프랑스 투자자들이 가져가는 방식으로 계약을 맺었기에 '라비날라'라는 공항 이름은 그동안 계속 유지될 것으로 보인다. 라비날라는 마다가스카르의 전통적 상징으로, 국영 항공사인 '마다가스카르 에어라인'의 로고에도 초록색 풍선 모양의 라비날라 이미지가 새겨져 있다.

라비날라 나무

라비날라는 우리에게 다소 생소한 이름이지만 마다가스카르를 상징하는 식물로, 사람과 자연 간

마다가스카르 에어라인 로고 ⓒ 마다가스카르 에어라인

연합을 상징한다. 라비날라는 말라가시어로 '숲의 잎'을 뜻하며 프랑스어로는 '여행자의 나무', 또는 '여행목'으로 불린다. 우리나라에서는 잎 모양이 부채를 닮아 '부채파초'라는 이름으로 불린다.

라비날라가 '여행자의 나무'라는 이름을 얻은 데는 몇 가지 이유가 있다. 먼저, 라비날라의 줄기는 선풍기처럼 하늘을 향해 시원하게 뻗어 있으며 줄기의 칼집에 고인 빗물이 갈증에 시달리는 여행자들에게 물을 제공해 준다. 비가 내릴 때는 라비날라의 줄기가 여행자들에게 비를 피할 수 있는 우산 역할을 제공하기도 한다. 그뿐만 아니라, 이 나무는 나침반 역할을 하기도 한다. 라비날라의 줄기 방향은 태양의 움직임을 따라 동쪽에서 서쪽으로 자라기 때문에 여행자들이 방향을 가늠할 수 있는 자연적인 지표가 된다.

라비날라는 마다가스카르 토종 식물로, 독특한 야자수 모양의 잎과 마다가스카르를 대표하는 상징성 덕분에 1922년부터 마다가스카르의 공식 인장 문양에 포함되었다.

라비날라는 얼핏 보면 바나나 나무를 닮아있어서 바나나가 열릴 것처럼 착각하기 쉽다. 심지어 라비날라에도 바나나와 비슷한 작은 노란색 과일이 열려 더욱 혼동을 일으킨다. 실제로 라비날라는 바나나 나무와 야자수가 섞인 듯한 독특한 형태를 띠고 있다. 바나나 나무는 사람 키보다 조금 더 큰 낮은 나무인 반면, 라비날라 나무는 훨씬 크고 높아 약 15m까지 자라며 나무통의 두께는 30cm에 달한다. 또한, 그 넓은 잎사귀는 약 6m에서 9m까지 자라, 라비날라 나뭇잎 한장만으로도 밥을 싸서 십여 명의 단체 여행객

들이 나누어 먹을 수 있을 정도다.

　라비날라는 말라가시 일상생활 곳곳에 깊이 스며들어 있다. 아이들 간식으로 라비날라 잎과 파란색 씨앗을 갈아서 우유와 함께 요리할 수도 있다. 마다가스카르 시골 대부분 지역에서는 짚처럼 생긴 잎으로 지붕을 만들어 오두막을 짓고 사는데 이 지붕에 놓인 짚이 바로 라비날라 잎이다. 이처럼 라비날라 잎을 건조시켜 만든 '라티raty'는 지붕이나 덮개로 활용된다. 현지인들은 라비날라 나무줄기를 가공하여 '라파카rapaka'라고 불리는 유연한 판자를 만들기도 하는데, 이는 바닥재로도 사용된다. 또한, 갈라진 잎자루는 '팔라파falafa'라 불리며 벽 패널을 세우는 데 사용된다.

　라비날라 씨앗은 밝은 파란색의 긴 캡슐 모양 열매다. 이 씨앗이 발아하여 라비날라의 전형적인 왕관 모양 줄기가 공중으로 솟아오르기까지는 수년이 걸린다. 라비날라는 마다가스카르 어디서나 볼 수 있지만, 성장 속도가 매우 느리다. 매년

라비날라 라티 지붕 © robcas

겨우 10개에서 20개 정도의 잎만 뿜어낸다. 마다가스카르에 도착하면 가장 먼저 듣게 되는 말은 "무라무라천천히"라는 말인데, 이는 라비날라에서 비롯된 표현일 것이다. 뭐든지 서두르지 말고 천천히 하라는 말라가시인들의 생활 습성은 라비날라의 느린 성장 과정과 닮아있다.

황제의 나무,
장미목

아프리카의 열대 희귀목인 장미목은 마다가스카르 동부 깊은 삼림에서 자란다. 재단할 때 풍겨 나오는 향기로운 장미향 때문에 로즈우드 혹은 장미목이라고 불린다. 이 나무는 중국이나 유럽에서 황제나 귀족들이 애용했던 나무로, 황제의 나무라는 별칭도 가지고 있다. 또한 나무의 속은 검붉은 광채를 띠고 있어 자단紫檀이라고도 불린다. 축복과 장수 등 다양한 긍정적인 기운을 북돋아 주는 신비한 나무로 알려져 있다.

마다가스카르에서는 장미목의 잎을 말라리아와 류머티즘 같은 질병의 치료에 유용한 귀한 약재로 사용한다. 또한 나무껍질을 벗기면 핏빛의 붉은 물이 흐르는데, 이를 옷감을 염색하는 데 쓰기도 한다. 과거에는 마다가스카르 전역에서 흔히 볼 수 있었으며 시골 장터에서도 장미목 가루를 쉽게 구할 수 있었다고 한다.

장미목은 나무를 자를 때 붉은 자주색 빛을 띠다가 점차 검붉은 고급스러운 색상으로 변한다. 이 나무는 금속처럼 무겁고 단단하여 귀한 고가의 목재로 평가받는다. 고급 가구 제작에 사용될 뿐만 아니라, 그 아름다운 무늬 덕분에 기타와 관악기의 제작에도 최적의 재료로 손꼽힌다.

과거에는 풍부했지만, 인기가 많아지면서 장미목은 극도로 희귀해졌고, 결국 멸종위기종으로 지정되었다. 특히 중국의 부유층이 아프리카산 붉은 가구를 부의 상징으로 여겨 집안에 들여놓기 시작하면서 수요가 급증했다. 2017년 멸종위기종으로 지정될 당시에는 아직 멸종 위기에 처하지는 않았지만, 계속해서 그 속도로 거래가 이루어질 경우 멸종 위험에 처할 것이라는 우려 때문에 미리 목록에 포함했다는 이야기도 있다.

멸종위기종으로 지정되었다고 해서 벌목이 완전히 금지되는 것은 아니다. 국가별로 장미목 보호 규정을 제정하여 엄격히 허용된 범위 내에서만 나무를 재배하고 벌목하며 반출이 가능하도록 하고 있다. 그럼에도 불구하고, 장미목을 불법으로 벌목하고 반출하는 일이 여전히 횡행하고 있다.

장미목 유통이 어려워지면서 대체 나무로 팔리산드가 주목받고 있다. 팔리산드는 장미목에 준하는 단단함과 아름다운 갈색빛을 지니고 있으며 비교적 장미목보다 저렴한 수종이다. 물론 "저렴하다."라는 것도 희귀한 장미목과 비교했을 때일 뿐, 일반인들이 쉽게 구할 수 있는 나무는 아니다.

메리나 왕족 시대에는 팔리산드 나무가 궁전에서만 사용될 정도로 고급 목재로 여겨졌다. 습기에 강한 특성 덕분에 가구 제작뿐만 아니라 욕실의 고급 바닥재로도 널리 사용된다. 마다가스카르를 여행하다 보면, 호텔 욕실 바닥을 팔리산드로 마감해 핀란드산 사우나를 연상케 하는 아늑한 분위기를 자아내는 곳을 종종 볼 수 있다.

최근 몇 년간 팔리산드에 대한 수요도 급증하면서 마다가스카르에서는 이제 최고 부자들만이 사용할 수 있는 고급 가구 소재가 되었다. 이로 인해 수천 년간 인간의 손길이 닿지 않았던 마다가스카르의 울창한 삼림은 최근 몇십 년간 무분별한 벌채로 인해 황폐해지고 있다.

위기의 섬
– 멸종에 처한 동식물들

마다가스카르는 남북으로 길게 뻗어 있는 지리적 특성 덕분에 열대성 기후뿐만 아니라 온대성, 건조성 기후 등 다양한 기후대를 가지고 있다. 수도 타나는 중부 고원에 위치해 있어 지중해 연안과 비슷한 온화한 날씨를 보인다. 연평균 기온이 약 20도로 쾌청한 날씨가 지속되며, 남반구에 위치한 탓에 5월부터 9월까지는 겨울에 접어들어 드물게 영하로 떨어지기도 한다.

우기는 10월부터 이듬해 4월까지 이어지는데, 이 시기에는 마다가스카르 전역의 도로 상태가 크게 악화된다. 이 시기에는 어디로든 육로로 이동할 계획을 세우면 안 된다. 한편, 우기가 끝난 후 날씨가 온화해지는 4월부터 6월까지는 마다가스카르를 여행하기 가장 좋은 시기로 꼽힌다. 12월은 한여름으로, 마다가스카르 남부 지역을 중심으로 사막성 기후를 보여 낮에는 숨이 막히는 열기

바오밥과 아이들 © antoni

를 감당하기 어려울 정도로 온도가 올라간다.

　최근 기후 변화의 영향으로 마다가스카르에서는 사이클론 발생 빈도가 증가하고 40년 만에 최악의 가뭄이 발생하는 등 기상이변이 빈번해지고 있다. 마다가스카르의 독특한 생물 다양성은 특히 기후 변화에 취약하다. 이 섬이 위치한 인도양은 면적이 넓은 데다 사이클론, 쓰나미, 가뭄이 동시에 발생할 수 있는 지역적 특성을 가지고 있어 기후 재난의 영향을 크게 받고 있다.

　사이클론으로 인한 피해는 특히나 더욱 심화되고 있다. 이는 인도양에서 증발한 수증기가 강력한 비바람을 동반하기 때문이다. 이러한 자연재해는 숲을 파괴하고 동물들의 서식지를 없애면서 생태계 파괴를 초래한다.

　더욱이, 말라가시인들 대부분이 농업과 어업 등 기후 변화에 특히 취약한 업종에 종사하고 있어, 이들의 생계에도 직접적인 위협이 되고 있다. 기후 변화로 인한 자연재해는 단순한 환경 문제를 넘어, 말라가시인들의 경제적 안정을 위협하는 중요한 요인으로 작용하고 있다.

　최근에는 남부에서 40여 년 만에 최악의 가뭄이 발생했다. 말라가시어로 '케레'라는 단어는 매년 남부지역을 강타하는 가뭄으로 인한 '기근'을 의미한다. 이 지역에서는 매년 기근이 발생하며, 선진국이 엄청난 규모의 원조를 지원하고 있음에도 불구하고 기근의 근본적인 문제는 여전히 해결되지 않고 있다.

　마다가스카르 남부는 사막 지역으로, 가뭄으로 인해 땅이 말라붙어 넓은 평원에서는 흙먼지만 날리고 나뭇잎 하나 찾아보기 어렵다. 가뭄이 심해지면 선인장, 메뚜기, 나무뿌리 같은 것도 모두 떨어지며 심각할 경우 진흙을 먹기까지 한다. 벌레가 가득한 음식을 먹으며 생계를 이어가는 상황도 발생한다. 프랑스 방송에서는 남부 지역에서 사람들이 소의 발굽을 삶아 먹는 모습을 보도하며 논란이 일었다. 남부에서는 소의 발굽을 먹는 것이 금기시되는데, 그 정도로 먹을 것이 없다는 상황을 보여주는 것이다.

비가 오지 않자, 마다가스카르 남부의 주민들은 물을 찾기 위해 땅을 계속 파 내려갔다. 우물은 점점 더 깊어지고 이제는 물을 얻기 위해 수십 m까지 파야 하는 상황에 이르렀다. 남부 지역의 주민들이 물이 풍부한 다른 지방으로 이주하려 해도 마을 간에 뿌리 깊은 터부가 존재해 타지역에 정착하기 쉽지 않다. 이런 문화적 장벽은 문제를 더욱 심각하게 만들고 있다.

최근 가뭄과 기근으로 인해 마다가스카르 남부 지역의 생존 환경은 더욱 악화되고 있다. 인간뿐만 아니라, 이 척박한 땅에서 살아가는 동식물들도 생존의 위기에 직면해 있다. 극심한 가뭄으로 인해 자연 생태계가 파괴되면서 남부 지역에 서식하는 희귀한 식물과 동물들은 서식지를 잃고 점차 자취를 감추고 있다. 마다가스카르의 위기는 단순한 빈곤과 기근의 문제가 아니라, 자연과 생태계의 붕괴로 이어지고 있는 것이다.

타비(tavy) − 화전

마다가스카르의 목축과 농사 방식도 자연환경 파괴를 더욱 가속화하고 있다. 목축업자들은 이듬해 제부 소에게 새로운 푸른 초원을 제공하기 위해 매년 초원을 불태운다. 매년 10월경이 되면, 마다가스카르의 들판은 불길에 휩싸이고 연기가 하늘을 뒤덮는다. 마다가스카르의 겨울철인 6월에서 8월 사이에는 불에 탄 초원과 나무가 없는 황량한 땅이 붉은 흙을 드러내며 심각한 땅밀림 현상도 나타난다.

이러한 화전농업을 말라가시어로 '타비[Tavy]'라고 한다. 소위 경작된 들판이라는 뜻이다. 타비는 마다가스카르의 산림 구릉지대에서 가장 손쉽게 할 수 있는 농사법이다. 화전농업은 마다가스카르 전역에서 널리 이루어지고 있지만, 특히 북쪽 지역에 거주하는 치미에티 부족이 전파한 것으로 알려져 있다. 타비를 하면 비료 없이도 풍성한 수확이 가능하다. 불을 태운 후 풀이 다시 자라기 시작하기 때문이다.

그러나 타비는 생태계에 심각한 피해를 주는 방식으로, 2~3년 정도 반복하면 토지의 비옥도가 크게 떨어져 새로운 경작지를 찾아야 한다. 새로운 경작지가 멀리 떨어져 있으면 주거지 또한 옮겨야 하므로, 대개 이동식 화전농법으로 이루어진다. 농민들이 이곳저곳을 옮겨 다니며 땅을 태우는 과정에서 산지가 점점 더 파괴되고 있다.

화전은 나무를 태움으로써 토지 침식을 유발하고 홍수 발생 위험을 높이며 이산화탄소 배출량을 증가시켜 지구 온난화를 가속화한다. 이는 마다가스카르의 생물 다양성을 파괴하는 주요 원인 중 하나로 꼽힌다. 그럼에도 불구하고, 가난한 말라가시 농민들의 생존을 위해 필요악으로 간주되어 정부에서도 이를 엄격히 단속하지 않고 방치하는 실정이다.

바오밥나무의 멸종 위기

마다가스카르를 상징하는 바오밥나무는 대표적인 멸종위기종이다. 매년 수만 명의 관광객이 방문하는 무룬다바의 바오밥 거리에 있는 아단소니아 그랑디디에리 나무들도 멸종 위기에 처해 있다. 화전 농업으로 주변 삼림이 파괴되면서 바오밥나무만 불에 잘 타지 않는 특성 덕에 홀로 남겨지는 경우가 많다.

바오밥나무는 동물을 통해 씨앗이 전파되는데 삼림 파괴는 동물들의 서식지 상실로 이어져 바오밥 씨앗을 전파해 줄 매개체조차 사라지고 있다.

바오밥 거리의 제부 ⓒ leontiev

무룬다바의 바오밥 거리에서는 제부가 끄는 마차를 타고 지나가는 사람들을 종종 볼 수 있다. 제부들이 지나가며 바오밥 거리의 씨앗과 잎을 먹어 치우는 탓에 바오밥 씨앗이 싹조차 틔우지 못한다. 이로 인해 바오밥은 생존에 더 큰 위협을 받게 되었다. 생태계와 삼림의 지속적인 파괴가 계속된다면, 이 상징적인 나무는 머지않아 역사의 뒤안길로 사라질지도 모른다.

바오밥나무의 멸종은 마다가스카르의 여우원숭이, 곤충, 새들뿐만 아니라, 우리 인간에게도 심각한 영향을 미칠 것이다. 식물학자들은 천 년을 넘긴 바오밥나무 14그루 중 10그루가 21세기 중에 사라질 것이라고 경고하고 있다. 바오밥나무 심기 운동이 필요하지만, 이 나무가 성목으로 자라기까지는 최소 100년이 걸려 당장 눈에 띄는 변화를 체감하기 어려운 상황이다.

노아의 홍수 시대부터 바오밥나무가 존재했다고 믿었던 미셸 아단손이라면 오늘날 바오밥의 멸종 가능성을 어떻게 생각할까? 짐바브웨의 바퉁가 종족은 탐험가 데이비드 리빙스턴이 1855년 짐바브웨의 빅토리아 폭포에 있는 바오밥나무를 "리빙스턴 나무"라고 이름 붙이고 그 나무에 자신의 이름을 새겨넣었던 일이 바오밥 멸종의 저주를 불러왔다고 한다. 이들은 바오밥나무가 훼손된 순간부터 저주가 시작되었고 그로 인해 지금의 멸종 위험이 닥쳤다고 믿는다.

여우원숭이 역시 심각한 멸종 위기에 처해 있다. 마다가스카르에는 수십 종의 여우원숭이가 서식하고 있지만, 이 중 95% 이상이 멸종 위기에 처해 있다. 여우원숭이는 지구상에서 생존이 가장 위태로운 척추동물 중 하나로 분류된다.

한때 여우원숭이에게 낙원이었던 마다가스카르는 더 이상 그들에게 안전한 서식지가 아니다. 마다가스카르 일부 지방에서는 아직도 여우원숭이를 식용으로 사냥하고 있다. 조사에 따르면, 마다가스카르 가정당 평균적으로 매년 한 마리 이상의 여우원숭이가 희생되고 있는 것으로 추정된다. 식용뿐만 아니라 애완용으로 포획되는 사례가 증가하면서 멸종 위기가 더욱 심화되고 있다. 특히나 여우원숭이는 귀여운 외모와 아름다운 털, 그리고 희귀성 때문에 밀거래 시장에서 각광받고 있다.

마다가스카르에 인간이 처음으로 정착했을 때, 마다가스카르에는 약 250종의 포유류가 살고 있었다. 그 이후 피그미하마 등 약 30종이 멸종했다. 인간들이 마다가스카르에 발을 디디면서 빠른 속도로 열대우림과 대나무 숲이 파괴되었고 마다가스카르 산지에 있는 나무 대부분이 땔감으로 쓰이며 숲이 점차 줄어들었다.

오늘날 말라가시 사람들 대부분은 숯을 사용하여 불을 피우고 밥을 짓는다. 가스 시설이 갖춰진 곳은 수도 타나에서도 보기 드물며, 시

여우원숭이 ⓒ node

골 지역에는 아예 보급되지 않은 곳도 많다. 숯을 마련하기 위해 나무를 통째로 베기도 하고, 나무들을 그대로 불에 태운다. 여우원숭이가 먹는 대나뭇잎과 줄기도 집을 만드는 데 사용된다. 또한 화전을 하기 위해 불을 지르기도 한다. 이에 따라 여우원숭이의 서식지는 점차 감소하고 있으며 그로 인해 생존 경쟁에서 뒤처진 여우원숭이 종들은 향후 50년 내에 대부분의 서식지를 잃을 위험에 처해 있다.

끊이지 않는 야생동식물 불법 거래

마다가스카르에 서식하는 다양한 동물들은 밀거래의 주요 표적이 되고 있다. 세계자연기금^{WWF}에 따르면, 2005년부터 2020년까지 전 세계에서 불법으로 거래된 종의 64%가 마다가스카르에서 온 것으로 나타났다. 중국뿐만 아니라 대만, 태국, 프랑스 등 다양한 국가로 마다가스카르의 거북이와 카멜레온 같은 희귀 동물들이 불법 거래되고 있다.

특히, 마다가스카르 거북이는 세계에서 가장 아름다운 거북이 중 하나로 꼽히는 희귀종이다. 이 거북이 한 마리는 약 100만 원에 거래되며 등에 별 모양이 새겨진 별거북은 한 마리에 약 400만 원에 이른다. 태국으로 밀수입되어 홍콩에서 판매되는 별거북은 이보다 10배 더 높은 가격에 거래되기도 한다.

한편, 마다가스카르의 장미목 나무의 불법 거래도 심각한 문제로 대두되고 있다. 2022년, 마다가스카르에서 출발한 약 640톤의 장미목을 실은 컨테이너가 탄자니아에서 적발되었다. 마다가스카르 정부는 장미목을 되찾기 위해 관료들을 급파했으나 협상은 실패로 끝났다. 2014년에는 싱가포르에서 약 3천 톤의 장미목이 적발된 사례도 있었다. 당시 마다가스카르의 환경부 장관이 싱가포르 법정에 출두해 해당 장미목이 적법한 절차를 거쳐 수출된 것이라고 증언했지만, 법원은 밀수업자들에게 유죄를 선고했다. 이 사건으로 인해 마다가스카르 정부는 국제적 망신을 당했으며, 일부에서는 현직 장관이 불법 수출에 관여했다는 소문이 돌기도 했다.

최근 태국에서 적발된 마다가스카르산 여우원숭이, 거북이 등 멸종 위기 동물들이 대만, 한국, 홍콩 등으로 불법 수출될 예정이었다는 보도가 있었다. 우리나라도 이러한 불법 거래의 주요 경유지로 떠오르고 있다. 다행히 태국 정부는 멸종 위기에 처한 야생 동식물종의 국제 거래에 관한 협약CITES에 따라 해당 동물들을 마다가스카르로 송환하는 절차를 시작했다.

이러한 멸종 위기종의 불법 거래를 근절하지 못한다면, 마다가스카르에만 서식하는 여우원숭이 등 100여 종 이상의 동물들이 소멸할 위험에 처할 것이다. 이는 마다가스카르의 독특한 생태계는 물론, 전 세계 생물 다양성 보존에도 심각한 악영향을 미칠 것이다.

3장

불가사의한 세계 5대 최빈국

마다가스카르, 자원과 빈곤의 역설

마다가스카르는 생물 다양성의 보고이자, 축복받은 자연환경과 니켈, 티타늄, 원유, 사파이어 등 풍부한 천연자원을 가진 나라다. 니켈과 흑연의 경우 전 세계 생산량 5위, 코발트와 티타늄은 9위를 차지하고 있으며 최근 핵심 전략 광물로 떠오르고 있는 흑연의 부존량은 240백만 톤으로 추정된다. 그러나

이 보물섬이 놀랍게도 세계에서 다섯 번째로 가난한 나라에 속한다는 사실을 아는 사람은 많지 않다. 마다가스카르보다 더 가난한 나라는 부룬디, 시에라리온, 남수단, 중앙아프리카공화국 정도에 불과하다.

장 보는 말라가시인들 ⓒ fifaliana

1960년 독립 이후 마다가스카르 사람들의 생활 수준은 지속적으로 하락해 왔다. 사하라 이남 아프리카 국가들 중에서도 이렇게 오랜 기간 동안 경기 침체를 겪은 나라는 드물다. 세계은행에 따르면 1960년 마다가스카르의 1인당 GDP는 132달러였지만,

현재는 500달러에도 미치지 않는다. 같은 시기 동남아시아 국가들은 마다가스카르보다 세 배 더 가난했지만, 이제는 1인당 GDP가 마다가스카르의 10배에 달한다.

더욱 이해하기 어려운 점은 마다가스카르는 독립 이후 전쟁이나 대규모 내전을 겪지 않았음에도 불구하고, 경제적 상황이 오히려 악화되었다는 것이다. 물가 상승률을 감안하면, 현재 마다가스카르 국민들의 실질 구매력은 독립 당시의 3분의 1 수준으로 줄어들었다. 1960년에 마다가스카르의 1인당 실질소득은 812달러에 달했다. 반면, 같은 기간 동안 다른 사하라 이남 아프리카 국가들의 실질 구매력은 평균 세 배 이상 증가했다. 풍부한 천연자원, 높은 교육 수준, 세계적으로 손꼽히는 자연환경을 고려할 때, 마다가스카르의 경제적 침체는 쉽게 설명되지 않는다.

프랑스의 한 연구기관은 이를 '마다가스카르의 불가사의énigme malgache'라고 칭했다. 독립 직후 마다가스카르에 정착해 사업을 했던 프랑스인들은, 당시 현지에서 번 돈의 가치가 프랑스 본토에서와 별반 차이가 없었기 때문에, 고국으로 돌아가 땅을 사고 집을 사는 것이 가능했다고 한다. 다시 말해, 마다가스카르는 독립 당시만 해도 경제 발전의 잠재력이 상당했던 나라였다. 그러나 계속된 정치적 혼란이 경제를 침몰시켰다. 디디에 라치라카Didier Ratsiraka 대통령이 사회주의 정책을 추진하면서 마다가스카르의 경제는 빠르게 쇠퇴하기 시작했다. 그는 1975년 집권 후 국유화 정책을 도입해 주요 산업과 은행, 대기업을 정부가 통제하도록 했으며 외국인 투자 제한과 외환 통제 강화 정책을 시행하면서 해외 자본 유입이 급감하고 경제가 위축되었다. 여기에 더해, 역사적으로 정치·경제적 주도권을 쥐고 있던 메리나 출신 엘리트들과 해안 지역 출신 엘리트들 간의 갈등, 그리고 일부 소수 계층이 광물·장미목 등 고가의 천연자원을 독점하면서 경제 발전은 더욱 정체되었다.

그나마 마크 라발루마나나
Marc Ravalomanana 대통령의 첫 임
기인 2000년대 초반에는 연간
5%대 경제 성장률을 보이기도
했다. 그러나 이후 라발루마나
나 대통령의 정책 실책과 부패
등으로 쿠데타가 일어나면서
경제는 급속히 악화했고 국제

시골 움막집 ⓒ sandy

사회의 지원마저 끊어지게 된다.

마다가스카르의 경제 부진은 단순한 빈곤국의 전형적인 문제(사회적 불평
등, 민족적 갈등, 기후 문제, 내전)에서 비롯된 것이 아니다. 문제의 뿌리는
훨씬 더 깊고 복잡하다.

왕국 시대부터 존재했던 철저한 계급 사회는 프랑스 식민지 시대를 거치
며 더욱 공고해졌고 이는 독립 후에도 강한 지역적 차별과 사회적 분열을
낳았다. 메리나 왕족은 태어날 때부터 신분이 정해져 있고, 왕족'안드리아나'에
서부터 노예 계급'안데보'까지 신분 계층이 명확하게 구분되었다. 같은 민족
내에서조차 노예 계층을 공식적으로 구분했던 사례는 세계적으로도 흔치
않다. 전통적인 계급과 지위를 존중하는 가치관과 현대 사회의 능력주의가
충돌하면서 마다가스카르는 사회적으로도, 경제적으로도 방향을 찾지 못한
채 혼란을 겪었다.

여기에 식민 지배가 남긴 불합리한 사회 구조가 결합되면서 마다가스카
르의 경제적 불평등은 더욱 심화되었다. 프랑스 식민 통치 기간 동안 소수
엘리트층은 식민 정부와 협력하며 부를 축적했지만, 대다수의 말라가시인
들은 이러한 경제적 활동에서 소외되었고 이 격차는 독립 이후에도 지속되

었다. 식민지 시절 형성된 경제 구조는 특정 계층에게 유리하게 작용했으며 독립 후에도 이 체제를 개혁할 기회는 거의 없었다. 특히 프랑스는 식민지 동안 마다가스카르를 자원의 공급 기지로 활용하면서도, 산업 기반 전반을 육성하지는 못했다. 결과적으로 마다가스카르는 자체적으로 경제 자립의 토대를 마련하지 못했고 독립 후에도 구조적인 취약성에서 벗어나지 못했다.

이러한 역사적 배경 속에서 마다가스카르의 빈곤을 단순히 자국 내 문제로만 치부하는 것은 본질을 간과할 수도 있는 부분이다. 마다가스카르가 경제적으로 뒤처진 근본적 이유는 자원 부족이나 국민들의 노력 부족 때문이 아니라, 식민지 시대부터 이어져 온 불평등한 사회 구조와 경제 시스템이 오랜 시간 동안 고착되었기 때문일 수도 있다.

이러한 역사적 문제점들을 직시하더라도, 오늘날 마다가스카르의 여러 제도들이 경제 발전의 발목을 잡는 걸림돌이 되고 있다는 점을 부정할 수는 없다. 특히 토지 소유권 제도는 가장 큰 걸림돌 중 하나다. 식민지 시대부터 불합리하게 형성된 토지 제도는 독립 이후에도 제대로 개혁되지 않았고 다수의 농민들이 여전히 안정적인 토지 소유권을 확보하지 못한 채 불안정한 삶을 이어가고 있다.

또한 마다가스카르에서는 외국인이 토지를 소유하는 것이 법적으로 거의 불가능하다. 개인뿐만 아니라 외국 기업도 토지를 직접 소유할 수 없으며 최장 99년 동안의 임대만 가능하다. 일부 기업들은 말라가시인을 명목상의 소유주로 내세우는 방식으로 토지를 확보하기도 하지만, 이는 법적으로 불안정한 편법에 불과하다.

이러한 토지 정책은 국내 자본력이 부족한 상황에서 해외 투자를 위축시키는 요소로 작용하고 있다. 케냐나 르완다 같은 국가들이 외국인 투자 유치를 위해 외국인의 토지 소유 절차를 간소화하고 있는 것과 대조적으로, 마다가스카르는 폐쇄적인 토지 제도를 유지하면서도 이를 대체할 효과적인 경제 개발 전략을 마련하지 못했다. 이에 농업을 기반으로 한 경제 구조가 발전할 기회를 잃었고 대규모 산업화나 현대적 농업 개발도 더딜 수밖에 없었다. 토지 소유권의 불안정성이 국내 경제 활동에도 부정적인 영향을 미치면서 소규모 농민과 기업 모두 장기적인 계획을 세우기 어려운 구조가 지속되고 있다.

이런 투자 제한과 실패한 경제 정책의 결과, 마다가스카르 국민 75%가 연간 수입이 500달러도 되지 않는 극심한 빈곤에 처해 있다. 하지만 아이러니하게도 아프리카 내에서 손꼽히는 거부들이 이곳에 살고 있다. 수도 타나에서는 울퉁불퉁한 골목길을 슈퍼카 부가티가 질주하고 상류층은 자가용 비행기를 타고 휴양지 섬으로 떠난다. 이들은 연간 학비가 수만 달러에 달하는 외국인 학교에 자녀들을 보내거나, 아주 이른 시기부터 프랑스나 영국으로 유학을 보낸다.

타나의 좁은 골목길을 걷다 보면 높은 담벼락으로 둘러싸인 집들을 보게 된다. 겉보기에 허름한 철문 뒤에는 잘 가꿔진 정원이 펼쳐지고 몇백 m를 걸어가면 궁전 같은 집이 나타난다. 높은 담벼락이 모든 걸 가리고 있지만, 그 안에서는 전혀 다른 차원의 삶이 펼쳐지고 있다.

멀리서 본 타나 전경 ⓒ sandy

집 안에는 수영장과 헬스장, 바베큐를 즐길 수 있는 아름다운 정원이 있으며 전기가 끊어질 경우, 즉시 전력이 공급될 수 있도록 자가발전 시스템을 갖추고 있다. 부유층을 위한 자동차세도 존재하지 않는 나라에서 빈부 격차는 더욱 벌어지고 있다.

전기요금 정책도 한때 부유층에 유리하게 운영되었다. 사용량과 관계없이 일정한 요금을 내는 방식이었으며 정부는 국영 전력 회사에 매년 엄청난 보조금을 지급했다. 마다가스카르는 도시 지역의 72%, 농촌 지역의 11%만 전력이 보급되어 있어 전 세계에서 전기 공급률이 여덟 번째로 낮은 나라다. 국민의 64%가 전기를 사용하지 못하는 상황에서도, 부유층에게 혜택을 주는 정책은 지속되었다. 전기 생산 비용은 10년 동안 70%나 증가했지만, 전기요금은 오히려 20% 하락하는 기현상이 벌어졌다. 결국 세계은행이 정부에 압박을 가하며 요금제를 현실화하지 않으면 추가 자금 지원을 끊겠다고 경고했다. 정부는 몇 달 동안 버티다가 결국 굴복해 전기요금을 인상하고 누진제를 도입했다.

정부의 무관심과 비효율적인 대응은 마다가스카르 사회에 깊이 뿌리내린 부패에서 비롯된다. 국제투명성기구의 부패 인식 지수(CPI)에 따르면, 마다가스카르는 2024년 기준 180개 국가 중 140위로 부패가 매우 심각한 수준으로 평가되었다. 가장 부패가 적었던 2004년의 82위를 제외하면, 지난 20년 동안 평균적으로 120위를 기록했다. 각종 행정절차를 밟는 데 뇌물이 필요한 경우가 대부분이다. 이처럼 높은 부패율은 마다가스카르 경제의 상당 부분이 지하경제로 흘러가게 했다.

보건 상황은 더욱 심각하다. 마다가스카르에는 의사가 5,370명뿐이며 치과의사는 800명에 불과하다. 3만 명당 한 명의 치과의사가 있는 셈이다. 비교하자면, 한국은 2022년 기준으로 의사가 11만 명, 치과의사가 3만 명에 달한다. WHO는 1천 명당 최소 한 명의 의사가 필요하다고 권고하지만, 마다가스카르는 1천 명당 0.18명에 그친다. 여기에 더해 마다가스카르는 전 세계에서 세 번째로 조혼 비율이 높은 나라로, 30%의 소녀가 18세 이전에 결혼한다.

교육 사정도 크게 다르지 않다. 초등학교 졸업률은 50%에 불과하며 교육의 질도 낮다. 17%만이 자국어인 말라가시어를 읽을 수 있고 초등학교 3학년이 되어도 덧셈과 뺄셈을 배우지 못하는 경우가 많다. 교과서는 없는 것이나 마찬가지고 일부 교사만 지침용 교과서를 보유하고 있다. 게다가 약 15%의 아이들은 출생신고조차 되지 않아 무국적자로 살아간다. 뒤늦게 출생신고를 해 국민으로 인정받을 수도 있지만, 많은 경우 그 필요성을 알지 못한 채 하루하루를 살아간다.

이 모든 현실을 보면, 마다가스카르는 끝없는 난관에 갇혀 있는 듯하다. 풍부한 자원을 가졌지만, 그것이 발전으로 이어지지 못한 나라, 그것이 바로 마다가스카르가 처한 현실이며 오늘날까지도 풀리지 않은 '마다가스카르의 불가사의'다.

하지만 이 나라가 품고 있는 잠재력은 결코 가볍게 볼 수 없다. 마다가스카르는 세계적인 니켈, 사파이어, 금 매장량을 보유하고 있고, 끝없이 펼쳐진 해안선은 어업과 관광 산업의 무한한 가능성을 지니고 있다. 비옥한 토양과 광대한 삼림 지대는 농업 강국으로 도약할 수 있는 잠재력을 증명한다. 결국 문제는 자원이 아니라 그것을 어떻게 활용하느냐에 있다. 마다가스카르의 엘리트들이 경제·사회 구조를 효율적으로 개혁한다면, 이 나라는 새로운 기회를 맞이할 수 있을 것이다.

사파이어와 흑사병의 공존
– 마다가스카르의 흑과 백

세계 최대의 사파이어 수출국

　마다가스카르는 여러 보석의 산출지로 유명하다. 루비, 에메랄드, 투르말린, 가넷 등 수많은 보석이 생산되는 보석의 보고이다. 세계에서 가장 큰 에메랄드 중 하나인 '천국의 선물Heaven's Gift'도 2007년 마다가스카르에서 채굴되었다.

　특히, 마다가스카르는 세계적인 사파이어 생산지로, 한때 전 세계 공급량의 60%를 차지하기도 했다. 이 보석의 기원은 수백만 년 전으로 거슬러 올라간다. 아프리카 대륙에서 분리된 마다가스카르섬은 오랜 세월 동안 지각변동과 침식을 거치고 고대 산맥이 깎여나가면서 결정암과 자갈층이 형성되었다. 지구 깊은 곳에서 강한 열과 압력을 받아 형성된 사파이어는 오랜 세월 동안 산과 암석이 갈라지고 빗물과 강물에 씻기면서 마침내 지표로 드러났다.

　흔히 사파이어 하면 깊고 푸른빛을 떠올리지만, 사실 이 보석은 단순한 '청옥'이 아니다. 자주색, 분홍색, 심지어 황금빛을 띠는 사파이어도 존재하

102
1부 마다가스카르, 신비의 섬에 다가가다

며 색의 스펙트럼은 무척 다채롭다. 자연이 만들어낸 이 신비로운 보석들은 마치 시간이 새겨놓은 보물처럼, 마다가스카르 곳곳에서 발견되고 있다.

마다가스카르에서 사파이어 광풍은 1998년 마다가스카르 남서쪽 이살루Isalo 국립공원에서 불과 몇 km 떨어진 일라카카Ilakaka 지역에서 사파이어 광산이 발견되면서 일어났다. 일라카카 지역은 사파이어 발견 이전에는 마다가스카르 지도상에서 언급조차 되지 않던 지역이었다. 겨우 몇십 개의 가구가 띄엄띄엄 떨어져 있는 전형적인 마다가스카르의 깡촌 마을에 불과했다. 하지만 오늘날에는 전 세계에서 몰려드는 사파이어 보석상들로 인해 인구 3만 명에 달하는 소도시가 되었다.

이곳의 사파이어 붐은 외국인 보석상들이 고용한 광부들이 몇몇 지역을 시범적으로 굴착하는 데서 시작했다. 깊이 15m까지 땅을 파고 자갈을 채취한 뒤, 그것을 물로 씻어보니 상당한 규모의 사파이어가 묻혀 있는 것이 확인되었다. 이 소식이 퍼지자 말라가시인들도 조악한 삽과 곡괭이를 들고 광산으로 몰려들었다. 하지만 정부는 이들이 중장비를 사용하는 것을 금지했고 그 틈을 타 태국과 스리랑카에서 온 광부들이 효율적인 토목 장비를 동원해 대규모 채굴을 진행했다.

마다가스카르의 부유층은 직접 땅을 파지는 않았지만, 마을에 호텔을 세우거나 외국인 보석상들에게 보안 서비스를 제공하는 방식으로 이익을 취했다. 이로 인해 광산 주변은 마치 19세기 미국 서부의 골드러시처럼 혼란스러운 상황이 펼쳐졌고 결국 정부는 이를 통제하기 위해 통행금지령까지 내렸다.

푸른빛의 보석은 말라가시인들에게 인생 역전의 기회였다. 모두가 사파이어를 캐기 위해 광산으로 몰려들었고 간단한 나뭇가지와 밧줄로 만든 도르래를 이용해 땅속 깊이 내려갔다. 그러나 갱도에는 유독가스가 가득 차 있었고 이를 배출하기 위해 현지인들은 비닐봉지로 임시 배기관을 만드는 원시적인 방법을 사용했다. 그럼에도 가스가 워낙 치명적이어서 광부들은 30분 이상 버티기 어려웠고, 많은 이들이 질식사하는 안타까운 일도 발생했다.

밀레니엄 사파이어 ⓒ 위키피디아

마다가스카르는 일라카카 광석의 발견으로 세계 사파이어의 약 30%를 공급하면서 사파이어 제1위 수출국이 되었다. 전 세계에서 몰려든 외부인들로 인해 호텔과 식당이 지속적으로 생겨나면서 2015년에는 마침내 일라카카는 정식으로 독립적인 군으로 승격되었다. 이후 일라카카는 도시의 모습을 형성해 가며 세계적으로 유명한 이살루 국립공원을 방문하는 관광객들이 필수로 들르는 관광코스가 되었다. 사파이어 산업은 광부나 보석 상인뿐 아니라 지역 내 모든 상인에게 생계의 근원이 되고 있다. 다만 사파이어가 워낙 값진 보석이다 보니 보석 강도들이 활개를 치며 치안이 불안정한 경우가 많아 이 지역을 여행할 때는 각별한 주의가 필요하다.

일라카카 지역에서 사파이어 광산이 발견되기 전인 1995년, 마다가스카르는 사파이어 제1의 생산 국가로서 명성을 떨칠 만한 놀라운 사건을 맞이했다. 바로 세계에서 가장 큰 사파이어 원석이 이곳에서 발견된 것이다. 이 사파이어는 총 17.97kg[89,850캐럿]에 달하는 어두운 청색 빛을 띠고 있었다. 믿기 힘들 정도로 압도적인 크기에 보석상들은 놀라움을 금치 못했다. 결국,

1부 마다가스카르, 신비의 섬에 다가가다

컨소시엄의 대표는 인류에 경외감을 표현하기 위해 돌을 조각내지 않고 원석을 최소한으로 훼손하면서 그 크기를 그대로 유지하기로 했다.

이후, 유명한 이탈리아 보석 디자이너가 보석의 가공을 맡았다. 이 사파이어는 중국의 만리장성, 닐 암스트롱의 달 착륙과 같은 인류 역사의 기념비적인 사건들과 마다가스카르 고유의 아름다움을 포함해 134개의 주제로 조각되었다. 2년에 걸친 장기간의 작업 끝에 2000년에 가공 작업이 완료되었고, 밀레니엄 사파이어로 명명되었다. 2003년에는 61,500캐럿의 크기로 세계에서 가장 큰 가공된 사파이어로 기네스에 올랐다. 당시 크기만으로도 세기적인 규모였지만, 압도적인 질감으로도 감탄을 자아냈다. 보통은 크기가 너무 클 경우, 정작 보석용으로 가공할 수 있는 청색 부위가 적지만, 밀레니엄 사파이어는 가공 후에도 청색 부위가 상당했다. 당시 밀레니엄 사파이어의 가격은 1억 불에서 1억 5천 불에 달했다.

또 다른 기록으로는 2019년 마다가스카르 마난자리에서 90kg, 451,000캐럿에 달하는 원석이 채굴된 것이다. 채굴할 당시 140kg에 달하는 거대한 바윗덩어리에 불과해서 사파이어의 진짜 모습을 드러내기 위해 단단한 껍질을 제거해야 했을 정도였다.

마다가스카르에는 사파이어뿐만 아니라, 루비, 토파즈, 에메랄드 등 양질의 원석도 매장되어 있으며, 심지어 우라늄 광물도 발견되었다. 프랑스 원자력 회사들은 식민지 시절부터 마다가스카르의 우라늄 매장량에 주목했고, 1945년부터 1960년 독립하기까지 프랑스 원자력청은 본격적인 탐사와 개발을 진행했다. 비록 상업적 생산으로 이어지지는 않았지만, 당시 마다가스카르는 프랑스의 아프리카 식민지들 가운데 우라늄 개발의 중요한 거점 중 하나였다.

이뿐만이 아니다. 마다가스카르 지하에는 석유도 묻혀 있다. 툴레아 지역에 있는 치미루루^{Tsimiroro} 유전에는 30억 배럴의 중유가 부존되어 있으며 이미 2008년부터 생산을 개시했다. 무룬다바 지역에도 166억 배럴의 부존량이 있는 것으로 추정되는데 현재는 도로 인프라가 부족해 항구까지의 운송이 어려운 상황이지만 개발에 성공할 경우 최소 30년 동안 하루 약 18만 배럴의 생산이 가능한 것으로 추정된다.

그 외에도 석탄, 철, 보크사이트 등이 매장되어 있으며 사카라하 지역에는 깊이 2,900m의 가스전에서 약 200억m³의 천연가스가 매장된 것으로 알려져 있다.

이처럼 마다가스카르는 보석에서부터 전략 광물, 원유에 이르기까지 어마어마한 자원을 품고 있는 땅이다. 문제는 그것을 어떻게 활용하느냐에 달려 있다. 만약 이 자원들을 제대로 개발하고 활용할 수 있다면, 마다가스카르는 그 잠재력을 현실로 바꿀 날이 올지도 모른다.

아직도 흑사병이 있는 나라

흑사병. 그 이름만으로도 중세 유럽에서 수백만 명의 생명을 앗아갔던 공포의 기억이 떠오른다. 하지만 일반적으로 생각하는 것처럼 이 전염병은 과거의 이야기만은 아니다. 2017년, 마다가스카르에서는 300명 이상의 흑사병 감염자가 발생했고, 그중 20명이 목숨을 잃었다. 더욱이 이 사건은 당시 타나를 방문한 세이셸 국가대표팀 감독의 사망으로 이어지며 큰 충격을 주었다.

흑사병은 쥐가 옮기는 페스트균에 의해 퍼지는 병으로, 14세기 이후로 거의 박멸된 것으로 여겨진다. 하지만 마다가스카르에서는 여전히 쥐와 벼룩

이 창궐한다.

마다가스카르 사람들은 개고기는 먹지 않지만 고양이를 식용으로 먹는 사람들이 많다. 이 때문에 쥐가 많이 퍼지게 된 것이 흑사병의 원인이라고 보는 이들이 있다. 마다가스카르의 흑사병 발생에는 화전 농법이 중요한 역할을 했다는 분석도 있다. 삼림을 태운 후, 불에 쫓겨 나온 동물들이 마을로 몰려들면서 쥐들이 더욱 많이 발생했고 이로 인해 페스트균을 퍼트릴 수 있는 기회가 많아졌다고 한다. 또한 숨진 가족의 묘지를 파내어 시신을 천으로 다시 감싸는 현지의 장례 관습이 박테리아가 퍼지기 쉬운 환경을 만든다는 주장도 있다. 전반적으로 마다가스카르의 취약한 위생 상황을 고려할 때 이러한 일이 발생한 것은 예견된 일이었을 것이다.

세계 최고의 사파이어 생산국이면서도 아직도 흑사병이 존재하는 나라, 아름다움과 어두운 면이 동시에 존재하는 이곳은 그 자체로 아이러니를 담고 있다.

숨겨진 원석, 제부

제부는 마다가스카르에서 흔히 볼 수 있는 소 종류로, 말라가시인들에게 부의 상징으로 여겨진다. 말라가시인들에게 제부 한 마리를 소유하는 것은 평생의 꿈이며 마다가스카르 전역에서 목축되고 있는 제부 숫자는 전체 인구의 절반이 넘을 정도다.

제부는 인도를 거쳐 이집트와 에티오피아, 동아프리카를 지나 모잠비크 해협을 건너 마다가스카르로 들어왔다. 이 소는 뿔과 등에 혹이 있으며 열대 지방에 주로 분포한다. 제부는 일반적인 소와는 품종이 달라 우유를 많이 생산하지 않는다. 제부의 색깔은 다양하지만 가장 흔한 색상은 머리에 하얀 점들이 있는 갈색 제부이다.

제부는 마다가스카르에서 신성한 동물로 여겨져 숭배받는다. 아직도 시골 지방에서는 제부를 살육해 고기로 섭취하는

제부 ⓒ sitraka

것은 상상도 못 할 일이다. 대신 부유한 사람의 장례식에서 유족들이 마을 사람들과 친척들을 초대해 성대한 연회를 열며, 도살한 제부의 수로 고인의 재력을 과시하는 전통이 있다.

또한 여러 의식이나 행사에서도 제부가 중요한 역할을 한다. 마을에서 큰 행사를 할 때 제부 한 마리를 잡아 마을 사람들이 나누어 먹는데, 이때 제부의 뿔은 마을의 최고 어른에게 바쳐진다. 제부의 피를 몸에 바르는 의식도 있는데, 이는 몸의 불순물을 없애준다고 믿기 때문이다. 제부 등에 있는 혹은 향료 제조에 사용된다.

제부는 말라가시인들의 일상에 깊숙이 뿌리내려 있으며 이들은 제부에 대해 강한 자부심을 가지고 있다. 제부로 만든 소가죽 공예는 한국에서 볼 수 있는 고품질의 제품들과 비교할 수 있을 정도로 뛰어나다. 제부는 마다가스카르인들에게 가장 사랑받는 동물이기도 하여 마다가스카르 곳곳에서 쉽게 찾아볼 수 있다. 수도 타나 도심에서도 제부를 끌고 가는 어린 소년들을 자주 볼 수 있다. 이처럼 흔한 동물이다 보니, 제부 고기는 상대적으로 저렴한 편이다. 오히려 마다가스카르에서는 돼지고기 가격이 비싼 편이다. 제부의 저렴한 가격 때문인지, 마다가스카르의 많은 식당에서는 제부 스테이크를 메뉴에 올려

제부 스테이크 ⓒ du bin

두고 있다. 제부 스테이크는 마다가스카르의 상징적인 요리로, 한 번쯤 시도해 볼 가치가 있다. 제부의 부드럽고 온순한 성질과 달리 고기는 다소 질긴 편이지만, 타나에 있는 라 바랑그 La Varangue 나 르 호시니 Le Rossini 식당의 제

부 스테이크는 추천할 만하다.

제부 소는 마다가스카르인들에게 생계를 이어주는 중요한 자산이다. 제부를 큰 소시장으로 내다 파는 일은 결코 쉬운 일이 아니다. 지방 도로를 지나다 보면 제부 소를 수도 타나까지 끌고 가는 청년들을 종종 볼 수 있다. 이들은 꼬박 한 달 동안 소를 몰며 그 대가로 받는 수당은 겨우 7만 아리아리, 즉 약 3만 원도 채 되지 않는다. 한 달 동안 비바람 속에서, 나무 밑에서 잠을 청하며 소를 몰고 가는 대가로는 너무나도 적다. 하지만 시골에서는 7만 아리아리는 만지기 쉽지 않은 액수다. 흥미로운 점은 이들이 고향을 떠날 때 임금을 받는 것이 아니라, 타나에서 소를 팔게 될 사람에게 소를 인계하고 고향으로 돌아가서 돈을 받는다는 것이다. 이들이 소를 다른 이에게 팔아버리고 도망갈 염려는 없다고 한다. 오랫동안 한 동네에서 믿고 지내온 사람들이 아니라면 소몰이를 맡기지도 않는다고 한다.

소들은 이렇게 수백 km 떨어진 수도 타나까지 소몰이의 인도하에 이동하게 되는데, 이 과정에서 도로를 거의 점거하기 때문에 운전자들에게는 큰 골칫거리가 된다. 소들이 도로 가장자리로 모두 피하기 전까지는 어쩔 수 없이 소들 꽁무니만 보고 따라가는 수밖에 없다. 소를 몰고 가는 과정은 여간 험난한 과정이 아닌데, 소도둑으로 오인당하지 않기 위해 소귀에 노란색 '소 여권'을 붙인다. 특히 여러 지방을 거쳐 가야 할 경우 필수적인 조치다. 노란색 태그에는 소의 소유자와 등록번호가 적혀 있다.

마다가스카르에서는 소도둑도 흔히 발생한다. 소도둑들은 거사를 치르기 전에 주술사를 찾아가 몸에 부적을 붙이거나 도둑질 성공에 유리한 시점을 점친다. 그들은 주술사가 제공하는 야생 식물과 꿀을 섞어 만든 혼합물을 몸에 바르거나 섭취하는데, 이는 도둑질 과정에서 다리 근육을 강화하기 위한 것이다. 도둑질 당일 밤에는 달팽이처럼 '느린 것'과 관련된 음식을 금하고, 신선한 산나물과 구운 고기를 먹는 것이 관례다.

주술사는 도둑질 당일 밤 다시 한번 주술을 외우고 기도로 마무리한다. 그러나 만약 제부를 훔치다 잡힐 경우, 훔친 제부를 모두 반환해야 하는 것은 기본이고 추가적으로 제부 주인에게 제부를 5마리씩 배상해야 하는 무거운 벌금이 부과된다.

제부는 마을에서 대단한 부자들만 소유할 수 있는데, 거부들은 200마리 이상도 갖고 있으며 제부를 소유할 정도의 재력이 있는 사람이라면 적어도 10마리 이상은 소유하고 있다. 제부를 키우는 목동들은 별도의 삯을 받지 않는다. 대신 암소가 송아지를 낳으면 연간 삯을 송아지로 대체한다. 어린 제부는 시장에서 30만 아리아리^{약 한화 10만 원} 정도 하는데 일 년간 꼬박 소 떼를 목축하고 키워도 연봉이 30만 아리아리에 못 미친다. 어른 제부는 몸무게에 따라 값이 매겨지는데, 좀 마른 것은 70만 아리아리^{한화 23만 원} 정도 하고 튼실한 것은 100만 아리아리^{한화 33만 원} 정도 나간다.

시골에서는 일주일에 한 번씩 시장이 열리는데 우시장이 특히 인기가 많다. 봉골라바 지역의 주도인 찌루아니만디디_{Tsiroanimandidy}에는 마다가스카르에서 제일 큰 제부 시장이 있다. 타나에서 약 219km 떨어진 거리에 있는 도시다. 매주

제부 시장 ⓒ node

화요일부터 금요일까지 제부 장이 서며, 매주 1천 마리 이상의 제부가 거래된다. 제부 시장길을 따라 걷다 보면 온갖 상인들이 자리를 잡은 채 먹을거리와 각종 저렴한 물건들을 팔고 있어 흥겹기 그지없다. 소를 살 것도 아닌

데 제부를 구경하는 재미에 시장에는 늘 사람들이 몰려 있다.

다알루, 제부 강도떼들의 출현

말라가시어로 '다알루Dahalo'는 '강도'를 뜻한다. 이들은 남부의 바라 종족과 안탄드루이 종족이 거주하는 지역을 중심으로 제부를 도둑질하며 살아가는 무리를 지칭한다. 과거에는 성인식의 일환으로 제부 훔치기가 관습적으로 허용되기도 했다. 그러나 1970년대 사회주의 체제가 정착하면서 사회가 혼란스러워지자 제부를 전문적으로 훔치는 무리가 형성되었고, 오늘날에는 무장 강도 집단으로 변질되며 불법 조직으로 자리 잡았다.

이들은 단순히 제부를 몰래 훔치는 것을 넘어 총기를 소지하고 마을을 불태우거나 백여 마리의 제부를 훔치면서 마을 주민들을 살해하기도 한다. 그래서 이들은 오늘날 심각한 사회적 문제로 대두되었다. 특히 가뭄으로 인해 척박한 환경에서 살아가는 남부 지역 주민들에게 다알루의 위협은 치안 불안 문제를 더욱 악화시키고 있다.

2012년에는 전 대통령 디디에 라치라카의 전직 경호원이 다알루 무리의 수장이 되어 남부 지역을 공포에 몰아넣었으나 결국 체포되었다. 다알루는 제부를 도축장인 타나까지 끌고 가서 판매하려는 사람들을 가로막고 제부를 탈취하기도 한다. 이로 인해 제부를 몰고 수십 km를 걸어서 시장으로 가는 일이 극도로 위험한 상황이 되어버렸다.

다알루의 위협에 맞서 마을 주민들은 자체적으로 보안 경비대를 조직하거나 사설 경비 업체를 고용하기도 한다. 그러나 사법기관의 개입 없이 직접 범법자들을 처리하려는 사례가 증가하면서 또 다른 사회적 문제로 이어지고 있다. 마을 사람들은 다알루를 직접 가두거나, 심한 경우 직접 처형하기를 원한다. 다알루는 경찰뿐 아니라 군대 조직과도 긴밀한 관계를 형성하며 극도로 조직화되었다. 그래서 경찰에 다알루를 넘겨도 경찰이 다알루와 내통해 금방 풀려나는 경우가 많아, 이들이 다시 마을을 습격할 가능성이 높은 것이 그 원인이다.

2022년, 남부의 한 마을에서 다알루가 제부 수십 마리를 훔치고 마을에 불을 지른 뒤 도망치다가 경찰에 체포된 사건이 발생했다. 이후 마을 주민 전체가 경찰서로 몰려가 제부 도둑을 자신들에게 넘기라고 요구하며 경찰과 대치하게 되었고 이 사건은 마다가스카르 전역을 떠들썩하게 만들었다. 전통적인 성인식 의례로 내려져 오던 관습이 오늘날 단순한 범죄 집단을 넘어 마다가스카르 사회 전체의 불신과 갈등을 조장하는 원인이 되고 있어 문제의 심각성이 더욱 커지고 있다.

우리나라의 최대 투자 사업
– 암바토비 니켈 광산

마다가스카르에 위치한 암바토비 Ambatovy 광산은 한국 정부가 전세계에 투자한 사업 중 가장 큰 규모의 광산 프로젝트이다. 이 광산에는 약 1억 7천만 톤의 니켈이 매장되어 있어 세계 3대 니켈 광산으로 꼽히며, 코발트도 함께 채굴된다. 암바토비라는 이름은 현지어에서 유래한 것으로, '바위가 많은 곳'이라는 의미를 가지고 있다. 이 이름은 초기 투자자들이 광산의 지형적 특징을 반영하여 지은 것이다.

암바토비 낮과 밤의 모습 ⓒ 한국광해광물공단 이정민

우리 정부는 2000년대 초반부터 이 광산을 주목하기 시작하여 2006년 암바토비 합작 계약을 체결했다.

한국광물자원공사^현 한국광해광업공단는 포스코인터내셔널, STX 등과 함께 한국 컨소시엄으로 공동 투자 계약을 체결하고 지분을 확대해 왔다. 이외에도 캐나다 쉐릿^{Sherritt}, 일본 스미토모^{Sumitomo}, 캐나다 SNC 라발린^{Lavalin} 등이 초창기 암바토비에 투자하였다. 이후 자금난에 허덕이던 캐나다 주주사 쉐릿이 빠지면서 현재는 스미토모사와 한국 컨소시엄이 각각 54.17%와 45.83%의 지분을 유지하고 있다.

우리나라는 현재까지 총 21억 달러^{약 2조7천억 원}를 투자했다. 전체 투자자들의 암바토비 광산에 대한 총투자액은 초기에 예상했던 약 30억 달러를 훌쩍 넘어 약 80억 달러에 달했다. 마다가스카르 내에서는 전체 해외 직접 투자의 절반 이상을 차지하는 최대 투자 사업이다. 2023년 기준으로 암바토비가 납부한 세금만 약 8,900만 달러에 달한다.

니켈 광산은 마다가스카르 수도 안타나나리보에서 동쪽으로 약 120km 떨어진 무라망가^{Moramanga} 인근에 자리 잡고 있다. 약 1만 6천 헥타르에 달하는 노천 광산이다. 무라망가 광산의 풍경은 한마디로 경이로움 그 자체다. 여태껏 한 번도 본 적이 없는 대형 굴착기가 황토색 흙더미가 쌓인 곳을 누비고 다니며, 광산 내 모든 차량은 대형 굴착기에 잘 보이도록 빨간 깃봉을 높이 달고 다닌다. 그렇게 하지 않으면, 굴착기가 일반 차량을 짓누를 수 있기 때문이다.

무라망가는 늘 비가 많은 곳인데, 마다가스카르 내 일반적인 우기는 4월이면 끝나지만 무라망가에는 이후에도 계속 부슬비가 내린다. 비가 내린 흙땅에 굴착기가 지나가면 도랑이 생기기 때문에 쉴 새 없이 땅을 재정비하는 차들이 지나다닌다.

바로 이 무라망가 광산에서 배터리의 핵심 광물인 니켈과 코발트가 생산된다. 니켈은 산업의 귀금속으로 불리는 값비싼 광물이다. 우리 정부가 암바토비 광산을 구매할 당시에는 니켈이 부식이 발생하지 않는 스테인리스 철강 제품에 주로 사용되었으나, 최근 10년 사이 전기차 수요가 급격히 증가하면서 대부분 전기차 배터리용으로 수출되기 시작했다. 니켈은 전기차 배터리에서 용량과 출력을 결정하는 중요한 에너지원으로, 배터리 원가의 상당 부분을 차지한다.

무라망가 광산은 항구에서 약 200km 떨어져 있는데, 도로 접근성이 열악하다. 마다가스카르의 도로 포장률이 전 세계 최하위 수준에 달하는 데다, 무라망가를 포함한 주변 지형이 산악지대여서 꼬불꼬불 연결된 국도를 시속 40km의 속도로 8시간 동안 달려야 마다가스카르 제2의 도시이자 최대 항구도시인 타마타브시에 도달할 수 있다. 이런 열악한 도로 상황을 고려하여, 니켈 브리켓을 생산하는 플랜트는 제1의 항구 도시인 타마타브에 건설했다.

처음에는 무라망가 광산 내에 니켈 가공 공장을 건설하는 방안이 검토되었다. 그러나 공사비가 천문학적 수준으로 올라가는 데다, 여러 필수 물품을 광산으로 운송하는 데 한계가 있었다. 그래서 결국 산악 지대에 위치한 무라망가 광산에서 퍼낸 흙더미를 물과 섞어 타마타브까지 파이프라인으로 보내는 슬러리 광석 운송 방법이 고안되었다. 파이프라인은 약 220km 길이에 달하는데, 초기 예상보다 마모율이 높아 이를 교체하는 데도 상당한 예산이 소요된다. 파이프라인이 지나가는 인근 주민들과 토지 수용 협상도 얽혀 있어, 어느 것 하나 쉽지 않다.

이런 어려움 속에서도 마다가스카르 제2의 도시라지만 특별한 대규모 공장이나 전력 시설이 없는 타마타브에 니켈과 코발트를 99.9% 순도로 제련하는 공장이 세워졌다는 것은 놀랄 만한 일이다. 지난한 과정을 거쳐, 암바토비는 투자가 시작된 지 8년 만인 2014년에 니켈, 코발트 생산에 성공했다. 암바토비에서 생산된 니켈은 런던금속거래소에 등록된 최상위급 니켈이다. 연간 최대 생산량은 니켈 4만 8천 톤과 코발트 4천 톤이며, 암바토비 광산의 수명은 2050년까지 채굴이 가능할 것으로 예상된다.

니켈 제련에는 막대한 전력이 소모되는데 마다가스카르의 열악한 전력 사정을 고려해 타마타브 공장에서 자체적으로 전력을 생산하도록 전용 발전소도 함께 건립했다. 이 발전소의 터빈 용량은 135MW에 이르며, 암바토비 공장을 완전히 가동하고도 약 45MW의 전력이 남는다. 이는 마다가스카르 전체에서 생산하는 약 478MW의 전력 용량 중 상당 부분을 차지할 만큼 큰 규모다. 그러나 남는 전력을 타마타브 시민들이 사용할 수 있도록 공급하는 것은 불가능하다. 마다가스카르 공공기관들이 무분별하게 전력을 끌어다 쓸 경우, 전력 초과로 인해 공장 운영이 중단되는 긴급 사태가 발생할 위험이 있기 때문이다.

마다가스카르 정부는 암바토비 광산 투자를 유치하기 위해 2005년에 대규모 광업법을 제정했다. 이 법에 따르면 향후 LGIM이 개정되더라도 암바토비는 투자 적격 승인을 받은 당시 적용되던 광업법 규정을 지속해서 누릴 수 있다. 게다가 기존 법 규정을 무효화하거나 불리하게 수정하는 법률은 적용되지 않는다는 조항도 포함되어 있다. 마다가스카르에 수많은 광물 투자 기업이 존재하지만, 이 법이 적용되는 광물 기업은 암바토비가 유일하다.

암바토비는 마다가스카르 전체 수출액의 30%를 차지하며 GDP의 약 7%를 기여하고 있어 마다가스카르에 없어서는 안 될 중요한 사업이다. 또한 지역 내 고용 창출 효과도 상당하다. 암바토비가 직접 고용하는 인력만 약 3,600명에 달하며 이 중 90%가 말라가시인이다. 이 외에도 6,000명 이상의 비정규직 일자리를 창출하고 있다. 암바토비 공장의 거대한 규모는 마다가

스카르 내에서도 대단한 상징
성을 지니고 있어, 마다가스카
르 화폐 최고액 단위인 2만 아
리아리^{한화 약 7,000원}에는 암바토
비 공장 사진이 포함되어 있다.

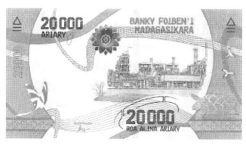

2만 아리아리

마다가스카르 정부는 암바토
비가 제공하는 고용 인력에 대
한 각종 혜택과 교육훈련이 타의 추종을 불허한다며 높이 평가하고 있다.
그러나 암바토비에서 다양한 훈련을 거쳐 숙련된 기술자로 성장한 현지 인
력들이 일정 경험을 쌓은 후에는 더 나은 기회를 찾아 해외로 떠나는 경우
가 많다. 아무래도 광산 운용을 위한 다국적 기업인 만큼, 현지 인력 고용이
나 예산 운영 등에서 일부 개선이 필요한 부분도 있다.

코로나19 팬데믹 동안 암바토비는 심각한 어려움에 직면했다. 2020년 3
월, 코로나19가 급격히 확산되던 중 암바토비 직원 한 명이 사망하면서 큰
위기를 맞이했다. 이로 인해 마다가스카르 정부는 암바토비 공장을 강제 셧
다운 조치했고 암바토비는 필수 인력을 제외한 외국인 직원들을 본국으로
돌려보내야 했다. 하지만 공장 시설 관리와 유지보수를 위해 발전소와 일부
필수 시설들은 계속 운영해야만 했다. 당연히 막대한 재정 손실이 발생했다.
그 와중에 마다가스카르 정부는 WHO가 무료로 제공하는 코로나19 백신
을 접종하지 않겠다는 발표를 했다. 암바토비는 직원들의 안전을 보장하기
위해 백신을 자체적으로 수입할 계획을 세웠고 이를 위해 마다가스카르 정
부의 공식 허가를 받아야 했다. 당시 나는 대사관 참사관으로서 암바토비가
마다가스카르 정부로부터 수입 허가를 확보하는 데 기여했다. 이러한 노력

덕분에 전 세계가 백신 부족으로 어려움을 겪던 상황에서도 암바토비 직원의 94%가 백신을 접종받을 수 있었다.

다행히 코로나19가 종료되면서 2022년 니켈 가격은 톤당 4만 달러까지 상승하며 강세를 보였다. 그러나 전기차 수요 둔화와 공급 과잉의 영향으로 다시 하락세로 전환되어 1만 5천 달러 선까지 떨어졌다. 중국의 전기차 생산 확대와 가격 경쟁을 위한 적극적인 니켈 채굴이 가격 하락의 주요 요인으로 작용했다. 중국은 인도네시아에서 3년 만에 새로운 니켈 광산을 개발했고 이로 인해 공급 과잉이 더욱 심화되었다.

2024년 전후, 약 100여 개의 니켈 광산 중 20개가 문을 닫았다. 암바토비 니켈 광산도 한때 해외 자산 지분 매각 대상에 올랐으나, 글로벌 공급망 위기와 니켈 가격 급등으로 인해 매각 계획은 잠정 중단되었다. 하지만 전문가들은 여전히 암바토비 광산의 수익 전망이 밝지 않다고 보고 있다. 공급 과잉 현상은 당분간 지속될 것이며 광산 운영의 높은 비용과 열악한 인프라로 경쟁력도 약화되고 있다.

그럼에도 불구하고, 니켈과 같은 핵심 광물의 중장기적 투자 중요성은 여전하다. 정부와 민간 부문의 지속적인 투자와 지원이 뒷받침된다면, 암바토비 광산을 비롯한 주요 개발 사업들이 안정적으로 운영되어 우리나라의 핵심 개발 거점으로 자리매김할 수 있을 것이다.

말라가시 석유, '바닐라'

바닐라 녹색 콩/건조된 검은콩 ⓒ MUST 바닐라사

마다가스카르는 디저트와 커피 산업의 주원료 중 하나인 바닐라 주산지로, 전 세계 바닐라콩 공급량의 80%를 생산한다. 바닐라는 난초류의 한 종류이다. 우리나라는 전통적으로 향기로운 난초꽃을 술에 담거나 차에 섞어 마셨지만, 서양에서는 바닐라만이 고혹적인 맛과 향 덕분에 섭취되는 유일한 난초종이다. 가끔 바닐라와 바나나를 혼동하는 사람들도 있는데 둘은 전혀 다른 식물이다. 바닐라는 그 향을 통해 우리의 감각을 자극하며 요리와 디저트에 깊이를 더해주는 특별한 향신료다.

바닐라는 커피에서 빠질 수 없는 재료 중 하나로, 바닐라 시럽을 넣어 만드는 바닐라 라떼가 대표적인 메뉴다. 또한, 바닐라는 아이스크림, 푸딩, 비스킷 등 다양한 디저트에 활용되며 우리 일상 곳곳에서 만날 수 있다. 그런데 바닐라가 들어가는 곳이 또 하나 있다. 바로 코카콜라다. 잘 알려져 있지 않지만, 코카콜라의 감칠맛 나는 달콤한 풍미 뒤에는 마다가스카르산 바닐라가 숨겨져 있다. 마다가스카르가 사회주의 체제를 강화하던 디디에 라치라카 대통령 시절1975~1993년 코카콜라는 자사 제품에 사용되는 바닐라를 마다가스카르산 대신 인도네시아 등지에서 생산된 바닐라로 대체한 것으로 알려져 있다. 정치적, 경제적 이유로 세계 최대 바닐라 생산국인 마다가스카르산 바닐라가 일시적으로 외면받은 셈이다. 그러나 시간이 지나면서 다시 마다가스카르산 바닐라가 주요 원료로 자리 잡았고 오늘날에도 여전히 코카콜라의 중요한 성분 중 하나로 사용되고 있다. 전 세계에서 가장 많이 소비되는 음료 중 하나인 코카콜라에 마다가스카르의 바닐라가 들어간다는 사실을 알고 나면, 코카콜라를 마실 때마다 그 맛이 조금 더 특별하게 느껴질지도 모른다.

바닐라는 사프란에 이어 세계에서 두 번째로 비싼 향신료로 꼽히며 바닐라 공급량에 따라 같은 무게의 은보다도 비싸지기도 한다. 바닐라의 가격은 오랫동안 kg당 약 50달러를 유지했으나, 한때 그 가격이 600달러를 훌쩍 넘기도 했다. 이처럼 비싼 가격 때문에 시중에 유통되는 대부분의 제품에는 화학적으로 합성된 바닐린이 사용된다. 인공 바닐라는 쌀겨나 계피 등에서 추출한 물질로 천연 바닐라의 20분의 1도 안 되는 가격에 불과하다.

바닐라는 아기 분유처럼 부드러운 식감과 향을 낸다. 효소를 분해하여 소화 기능을 개선하고 심신 안정에도 효과가 있으며 항산화 효소인 바닐린이 풍부하여 영양적으로도 우수한 식물이다. 바닐라는 마다가스카르에서 자생적으로 자란 식물은 아니지만, 마다가스카르의 독특한 자연조건 덕분에 이 나라가 전 세계 최대의 바닐라 생산국으로 자리 잡게 되었다.

바닐라는 원래 멕시코 인근에서 수 세기 동안 아즈텍인들이 종교 의식이나 향수, 음료의 향신료 등 다양한 방식으로 이용해 왔다. 16세기에 스페인 정복자들은 원주민들이 초콜릿 음료에 바닐라를 타서 먹는 것을 보고는 카카오와 함께 고급 향신료로 유럽에 소개하기 시작했다. 바닐라의 어원도 스페인어의 '식물의 꼬투리vaina'에서 변형된 것이다. 그러나 중남미 지역을 벗어나 바닐라를 재배하는 것은 결코 쉬운 일이 아니었다. 바닐라를 유럽으로 가져와 번식시키려던 수많은 시도가 실패로 돌아갔다. 당시 사람들은 야생에서 자라는 바닐라가 어떻게 수분되는지조차 알지 못했다. 그래서 많은 초기 식물학자들은 바닐라 난초가 생식이 가능하도록 진화한 식물인지에 대해 의문을 품기도 했다.

당시에는 바닐라꽃이 왜 제대로 수분되지 않는지 정확히 이해하지 못했으나 후에 밝혀진 사실은 바닐라가 자웅동체라는 점이었다. 바닐라는 암수 생식기관을 모두 갖추고 있어 꽃이 피면 수술과 암술이 접촉해야만 열매를 맺지만, 바닐라꽃에는 두 기관 사이를 가로막는 얇은 막이 있어 자연스럽게 접촉할 수 없었다. 바닐라는 한 해에 단 몇 시간만 꽃을 피우는데 꽃가루를 생성하는 부위에는 마치 모자처럼 막이 덮여 있어 꽃가루가 정상적으로 전달되지 않은 것이다.

그렇다면 애초에 중남미에서는 어떻게 바닐라 열매 안에 맺히는 검은 씨앗을 얻을 수 있었을까. 그 이유는 멕시코에서는 멜리포나Melipona 꿀벌이 난초의 꽃에 앉아 모자를 들어 올리고 꽃가루를 모은 다음, 다른 꽃으로 날아가 자연스럽게 수분을 했기 때문이다. 이 꿀벌은 멕시코에서만 볼 수 있는 벌꿀이어서 다른 지역에서는 이런 방식으로 수분이 불가능했다. 이러한 사실을 몰랐던 초기 스페인 식물학자들은 1800년대 초에 유럽으로 가져와 바닐라 재배를 시작한 후, 심지어 추운 지역에서는 온실에서 키워보는 수고까지 들였으나, 모두 허사였다. 바닐라는 잘 자라고 꽃을 피우기는 했지만, 정복자들이 그토록 원하던 바닐라 열매, 바닐라콩은 얻을 수 없었다.

그러던 중 프랑스인들이 중남미에서 바닐라 재배를 독점하고 있던 스페인인들이 알지 못하게 비밀스럽게, 어느 인도양 섬에서 바닐라 재배를 시도하기 시작했다. 프랑스는 1819년 인도양의 한 섬을 정복하였는데, 당시 루이 13세의 명을 따라 부르봉 섬이라고 불렀다. 이 섬은 오늘날의 레위니옹 섬으로, 프랑스는 이곳에 바닐라를 들여와서 인공 재배를 시작했다.

다양한 방법으로 바닐라 열매를 얻으려는 방안을 연구하던 중 1841년에 혁신이 일어났다. 페레올 보몽 프랑스 식물학자 밑에서 일하던 에드몽 알비우스라는 이름을 가진 12살의 노예 소년은 직접 손으로 수분하는 혁신적인 방법을 터득했다. 알비우스는 능숙한 꽃 수술을 통해 작은 날카로운 나무 조각으로 꽃의 옆을 찔러 그 막을 치우고, 손가락으로 생식기관을 서로 맞닿게 할 수 있다는 것을 발견했다.

프랑스는 인류 역사상 최초의 바닐라 인공 수분 법을 레위니옹과 가까우면서도 바닐라 재배에 적합한 날씨를 갖춘 마다가스카르에 적용하기 시작했다. 1880년대에 마다가스카르 최대의 섬 노지베에 처음으로 바닐라 농장이 세워진 후, 마다가스카르는 부르봉 바닐라의 대표적인 생산지로 떠오르게 되었다. 마다가스카르에서 생산된 바닐라를 부르봉 바닐라로 부르게 된 것도 애초에 이 바닐라가 부르봉 섬인 레위니옹에서 전해졌기 때문이다. 프랑스인들이 그토록 열광하는 디저트 크렘 브륄

에드몽 알비우스 ⓒ 위키피디아

레도 이 발견 덕에 등장하게 되었다. 그러나 아쉽게도 벌꿀 없이도 수작업을 통해 인공적으로 바닐라 열매를 얻을 수 있는 놀라운 방법을 발견해 낸 알비우스는 소송에 휘말려 별다른 보상도 받지 못했고 이후에 노예 제도가 폐지되면서 자유의 신분이 되었으나, 농장 일을 전전하다가 조용히 생을 마감했다.

까다로운 바닐라 재배 조건

중남미 지역 밖에서 수분에는 성공했지만, 바닐라를 재배하는 일은 어지간히 까다로운 일이 아니다. 바닐라는 20~30도가 유지되는 바닷가 주변의 따뜻하고 습한 날씨에서 자란다. 연중 딱 한 번만 피는 꽃을 손으로 수분해야 하므로 습한 기후만 있어서는 안 된다. 대여섯 시간 남짓한 짧은 시간 안에 손으로 수분하려면 일정 기간 건기도 필요하다.

마다가스카르 동북부 해안가에 자리 잡은 사바라는 지역은 마다가스카르에서도 최대의 바닐라 생산지로 유명하다. 사바의 주도인 삼바바는 사방이 바닐라 밭으로 뒤덮여 있다. 마다가스카르는 4월경 우기가 끝나고 10월까지 건기가 이어지는데, 사바 지역에서 바닐라는 11월부터 다음 해 6월에 걸쳐 자라난다. 초록색의 완두콩 깍지처럼 생긴 바닐라를 딴 후 약 12주간 발효와 자연건조를 거치면 시중에 유통되는 까만색 바닐라 콩이 된다.

놀랍게도, 바닐라 나무에서 바로 채취한 초록색 콩깍지에는 바닐라 향이 전혀 없다. 바닐라 향의 주성분인 바닐린은 초록색 콩깍지를 데치고 볶아 검게 될 때까지 건조한 후에야 합성된다. 정확히 말하면, 초록색 콩깍지를 약 62도에서 64도의 따뜻한 물에 담근 후 발효시키고 이후 약 3개월 동안 이불에 감싸서 햇볕에 건조하는 과정을 거쳐야 기름기가 듬뿍 담긴 검은

바닐라 말리는 광경/바닐라 묶는 작업 ©
MUST 바닐라사

색으로 변하며 바닐라 향이 풍부하게 난다. 이 길쭉한 검은색 바닐라 열매를 칼로 반으로 쪼개어 캐비아 알보다 작은 검은 알갱이들을 긁어내면 된다. 이것을 음료에 바로 넣어 마셔도 되고 바닐라콩을 통째로 설탕이나 럼, 각종 액체에 넣어 두어 달콤한 바닐라 향이 자연스럽게 배도록 하기도 한다. 또는 바닐라 열매를 통째로 갈아서 설탕, 녹말가루 등에 첨가하여 파우더 형식으로도 섭취할 수 있다.

바닐라 개화 시간은 이른 아침이며 일 년에 단 몇 시간만 개화하기 때문에 대규모 노동자들을 고용하여 신속하게 작업을 해야 한다. 또한 인공 수분을 할 때 꼬챙이를 잘못 찌르면 꽃이 바로 떨어져 버리므로 고도로 숙련된 기술이 필요하다. 마다가스카르는 전 세계에서 인건비가 가장 싼 국가 중 하나로, 온종일 바닐라 농장에서 손으로 수분 작업을 하고도 인당 5천 아리아리, 한화로 약 2천 원도 안 되는 비용이 든다. 이 덕분에 마다가스카르는 바닐라 최대 생산지로 자리 잡을 수 있었다.

바닐라 씨앗을 심고 모든 가공 작업을 거쳐 상품으로 판매되기까지는 최소 4~5년이 소요된다. 하지만 바닐라 수분과 수확 모두 수작업으로 이루어지는 이 엄청난 수고와 시간을 들였음에도, 열대 폭풍 사이클론이 닥치면 모든 노력이 허사가 될 수 있다.

마다가스카르의 바닐라 산업은 최근 급격히 성장했다. 불과 30년 전만 해도, 바닐라가 자라기에 최적의 기후를 갖춘 사바 지역에서도 일부 농민들만이 집 앞 뜰에서 관상용으로 바닐라를 재배하는 정도였다. 그러나 2015년부터 가격이 kg당 400달러로 급등하다가 2017년에는 바닐라 가격이 600불로 치솟으면서 사바 지역의 거의 모든 사람이 바닐라 재배에 뛰어들었다. 많은 농민들이 커피 재배를 중단하고 땅을 다시 갈아 바닐라를 심기 시작했다. 그 후 공급 과잉으로 바닐라 가격은 빠르게 하락하기 시작했다.

이런 상황에서 바닐라 업계는 정부에 특별한 조치를 요청했다. 바닐라 산업은 마다가스카르 GDP의 15%를 차지할 만큼 중요한 산업이기 때문에 마다가스카르 정부는 바닐라 가격 상한제와 바닐라 수출 허가제를 시행하는 등 여러 가지 조치를 취했다. 그러나 정부의 인위적인 개입에도 불구하고 바닐라 가격은 계속 출렁였고 영세 농민들은 큰 피해를 입었다. 정부는 연간 단위로 바닐라를 수출할 수 있는 허가권을 배포해 수출량을 조정하려 했지만, 바닐라 산업을 거의 독점하다시피 하는 거물급 상인들이 바닐라 열매를 창고에 쌓아두고 수출 물량을 통제하는 바람에 한동안 바닐라 수출이 막히기도 했다. 일반 상인들은 바닐라 허가권을 이미 취득한 업체를 통해 비밀리에 바닐라를 수출하며 바닐라 통제가 해제되기만을 기다렸다. 바닐라 시장의 큰손들은 수도 타나나 제1의 항구 도시인 타마타브와 상당히 떨어진 삼바바와의 육로 연결에도 반대한다는 얘기가 있다. 그 이유는 바닐라 산지가 수도나 항구와 도로로 연결되면 물류비가 감소하고 그 결과 바닐라 가격이 하락할 수 있기 때문이다. 바닐라의 달콤한 향기 속에는 그 진한 맛만큼이나 복잡한 이면이 숨겨져 있다.

세계 미식가들이
주목하는 곳

마다가스카르는 아프리카에서 유일한 캐비아^{철갑상어알} 생산지이다. 아프리카에서 최초로 생산국이 된 것이다. 가난에 찌든 이곳에서 푸아그라, 송로버섯과 함께 세계 3대 진미 중 하나인 캐비아가 생산된다는 사실은 주목할 만한 일이다. 한 야심 찬 기업가들이 모여 전 세계를 돌아다니며 캐비아를 생산하기 위한 최적의 장소를 찾았는데, 그들은 수년간 노력을 기울인 끝에 이런 성과를 낼 수 있었다. 루바 캐비아 회사는 2013년 아프리카에서 최초로 캐비아 양식을 시작하여 4년간의 실험 끝에 2017년 첫 번째 캐비아를 생산했다. 철갑상어 양식장을 건설하고 종을 수입하는 데만 10년이 걸렸다.

캐비아 양식장은 타나에서 4시간 정도 꾸불꾸불한 산길을 올라가면 나오는 만타수 인공호수에 있다. 만타수 호수는 해발 1,400m 고원에 위치하고 있으며 면적은 20㎢로 연중 안정적인 수온을 유지하고 있다. 이 호수는 철갑상어 사육에 완벽한 조건을 갖추고 있다. 러시아에서 알을 밴 철갑상어를 수입해 마다가스카르의 공기 좋은 만타수 호숫가 양식장에서 키우며, 약 300명의 직원이 이 철갑상어들의 양식과 알 부화를 위해 힘쓰고 있다.

캐비아 판매에서 가장 중요한 조건은 입 안에서 또르르 구르며 달콤한 버터향이 나는 캐비아를 얻는 것이다. 루바 캐비아 사는 멸종된 철갑상어 종인 페르시쿠스Persicus를 찾아 전 세계를 돌아다녔다. 페르시쿠스는 이란에서 자생하는데, 멸종되었거나 멸종 위기에 처한 것으로 알려졌다. 6년간의 연구 끝에 러시아 연구자들이 페르시쿠스 수정란을 마다가스카르에 공급할 수 있게 되었다. 이란 철갑상어로 마다가스카르에서 캐비아를 부화하는 데 성공한 이 기업의 놀라운 성과에 고무받은 이란 농업 장관이 이곳을 직접 방문하기도 했다.

비싸게 수정란 형태로 수입된 철갑상어의 치사율을 낮추기 위해 모든 알은 아기처럼 조심스럽게 다뤄진다. 마다가스카르에서의 캐비아 생산량은 전 세계적으로 보면 3%도 안 되는 규모지만, 아프리카에서 최초로 야심 차게 캐비아 생산을 시작했으며, 중국에 이어 유럽으로의 캐비아 수출 2위를 차지하고 있다. 중국은 다양한 종을 교배해 혼합형 철갑상어로부터 캐비아를 생산하지만,

루바 캐비아 ⓒ EDBM

마다가스카르는 만타수 호수 깊은 골짜기에서 자연 종인 철갑상어로 캐비아를 생산하고 있다. 라비날라 공항에서도 루바 캐비아를 판매하고 있을 정도로 마다가스카르 최고의 특산품으로 자리매김하고 있다.

아리아리로 읽는
마다가스카르

마다가스카르 화폐 단위는 아리아리^{Ariary}이며, 간단히 MGA^{Malagasy Ariary}로도 불린다. 1925년 마다가스카르가 프랑스 식민지였을 당시, 프랑스 정부는 마다가스카르에 프랑을 화폐 단위로 하는 중앙은행을 설립했다. 그 이전까지 마다가스카르에는 공식적인 화폐가 존재하지 않았고 물건 교환은 유럽, 미국 등에서 수입한 은화 동전으로 이루어졌다. 당시 사용된 은화 동전은 말라가시어로 이라임빌란자^{Iraimbilanja}라고 불렸으며, 이는 문자 그대로 '은 한 돈'을 의미한다. 중앙은행이 설립되고 시간이 흐르면서 프랑이 화폐로 자리 잡았고 이라임빌란자는 전통적인 화폐를 통칭하는 이름이 되었다. 이라임빌란자는 1980년대 마다가스카르에서 큰 인기를 끌었던 록 밴드의 이름이기도 하며 이들은 2024년에 창설 40주년을 맞이했다. 이들은 마다가스카르 문화와 경제의 상징인 이라임빌란자라는 이름을 세계에 알리는 데 기여했다.

마다가스카르는 1960년 독립을 이룬 후 한동안 프랑을 사용하다, 1961년에 새로운 화폐 단위인 '아리아리'를 도입하기로 결정했다. 아리아리는 말라가시 프랑^{FMG}의 5배에 해당하는 가치였지만, 현실적으로는 여전히 말라가시 프랑이 통용되었고 아리아리는 단지 개념상 존재하는 상태였다. 1972년,

마다가스카르는 최초의 아리아리 지폐를 발행하며 본격적으로 아리아리를 공식 통화로 사용하기 시작했다. 그러다 1973년에는 프랑을 사용하는 국가들의 모임에서 탈퇴했고, 그 후 1982년에는 2천 아리아리 지폐가 등장하고, 1992년에는 5천 아리아리 지폐까지 발행되었다. 마침내 2003년, 말라가시 프랑은 공식적으로 폐지되고 아리아리가 유일한 통화로 자리 잡았다. 당시 1유로는 약 1천4백 아리아리였으나, 마다가스카르 경제가 점차 침체되면서 20여 년 뒤 1유로당 4천9백 아리아리로 급등하며 아리아리의 가치는 크게 하락했다.

서아프리카 지역에서 여러 나라들이 '세파 프랑'이라는 통화를 사용하고 있는 것과 달리, 마다가스카르는 독립 후 최초로 '아리아리'라는 자국 화폐를 도입하여 경제 자립을 꿈꾸었다. 마다가스카르가 여타 아프리카 국가에 비해 한발 앞서 있었다는 사실은 매우 흥미롭다.

마다가스카르 중앙은행은 원래 프랑스어로 표기되었으나, 2016년에 공식 명칭을 말라가시어로 변경했다. 이와 함께 마다가스카르의 화폐에는 나라의 상징을 나타내는 이미지들이 포함되기 시작했다. 예를 들어, 100 아리아리 화폐에는 교육의 도시인 피아나란추아에 있는 암부존타니 성당과 그 주변 풍경이 그려져 있다. 뒷면에는 만텔라속이라 불리는 독이 있는 작은 개구리 문양이 새겨져 있다. 200 아리아리 화폐에는 북부 디에고에 위치한 암브르 국립공원의 폭포와 마다가스카르 토종 야생 나무인 파치포디엄 나무 그림이 그려져 있다.

500 아리아리 화폐에는 암부히망가 궁전과 북부 디아나 지역의 붉은 칭기 그림이, 1천 아리아리에는 1930년대에 프랑스가 건축한 카무루 다리와 그 뒷면에 이살루 국립공원의 여왕상 바위그림이 그려져 있다. 2천 아리아리 화폐에는 마다가스카르의 상징인 여우원숭이와 유명한 식충 식물 그림

이 새겨져 있으며, 5천 아리아리에는 피아나란추아 지역의 라누마파나 공원의 폭포와 생마리섬의 고래가 그려져 있다. 1만 아리아리 화폐에는 툴레아의 에올라 항구와 마다가스카르 전통 악기인 발리하와 자피마니리 종족의 목각 공예품들

아리아리 화폐 ⓒ wilsan

이 묘사되어 있다. 가장 큰 단위인 2만 아리아리 화폐에는 한국 정부가 투자한 암바토비 니켈 광산과 마다가스카르의 특산품인 쌀, 바닐라, 리치, 후추 등의 그림이 새겨져 있다.

아리아리가 공식 통화로 자리 잡은 지 거의 20년이 지났지만, 여전히 많은 마다가스카르의 시장이나 상점에서는 말라가시 프랑으로 가격을 부르고 있다. 때때로 가격이 비정상적으로 비싸게 느껴지면 상인이 아리아리 대신 5배 큰 말라가시 프랑 가격을 부르는 것일 수도 있다. 이런 경우, 가격을 5로 나누어 계산하면 된다. 시장 상인마다 말라가시 프랑과 아리아리를 혼용하여 계산하기 때문에 현금 거래 시 주의가 필요하다.

독립 이후
멈춰버린 길

 프랑스는 마다가스카르를 식민지로 지배하던 시절, 철도망 구축을 최우
선 과제로 삼았다. 당시 마다가스카르에서 철도는 그야말로 인프라 혁명과
같았고 독립 후에도 마다가스카르는 그때 지어진 철도를 그대로 사용해 왔
다. 그러나 시간이 흐르면서 별다른 보수 공사가 이루어지지 않아 철도는
점차 노후화되어 오늘날 교통수단으로는 거의 사용하기 힘든 상태가 되었
다. 현재 일부 구간만 화물 운반용으로만 사용되고 있을 뿐이다.
 예전에 운행되었던 몇몇 여객 구간은 관광객들의 많은 관심을 끌었다. 오
늘날에도 운행되고 있는 여객 열차 구간은 마다가스카르 중부의 교육 도시
피아나란추아와 동쪽 해안의 작은 항구 도시 마나카라를 연결하는 구간이
다. 이 구간은 매주 두세 번 운행되며 여행객들은 창밖에 펼쳐지는 아름다
운 동부 해안의 풍경을 즐기기 위해 이 열차를 찾는다.
 1896년 식민지화 이후 프랑스는 수도 타나와 항구 도시 타마타브를 잇는
철도 건설에 몰두했다. 369km에 달하는 철도는 1909년에 개통되어 타나와
타마타브 인근의 소도시인 브리카빌을 연결했다. 1913년 마침내 브리카빌
에서 타마타브까지 이어지는 철도가 완공되었고 식민지 시대 약 18년 만에

수도와 항구를 잇는 철도가 연결되었다.

이후 타나와 안치라베를 연결하는 158km의 철도 구간도 착수되었으나, 제1차 세계대전과 험난한 산세로 인해 1923년까지 완공되지 못했다. 타나와 피아나란추아를 연결

타마타브 기차 ⓒ micheline

하려던 400km 철도 구간은 1913년에 연구가 시작되었으나, 결국 완공되지 못했다.

타나와 타마타브를 잇는 철로는 절벽 옆을 아찔하게 매달리며 계단식 지형을 따라 이어지는 경로로, 숨이 막힐 듯 아름다운 경관을 자랑한다. 10여 년 전까지만 해도 기차를 타고 타마타브까지 갈 수 있었으나, 이제는 여객용으로는 사용할 수 없을 정도로 노후화되어 화물용 기차만이 느릿느릿 시속 30km로 통과한다. 프랑스는 다리 건설에도 심혈을 기울여 1930년대에 카무루 다리를 비롯한 여러 교량을 세웠다.

카무루 다리 ⓒ andrianjaka

아쉽게도 오늘날 마다가스카르에서는 기차로 도시 간 이동이 불가능하기에, 현지인들은 도시 간 이동 시 탁시부르스를 이용한다. 탁시부르스는 대개 15인승 크기의 미니버스를 이용해 도시 간 이동을 하는 교통수단이다. 버스 출발 시간이 있긴 하지만 정확히 지켜지지 않고, 승객이 차면

출발하는 방식이다. 다행히도 탁시부르스 외에도 고급 버스인 코티스Cotisse라는 교통수단도 있다. 코티스는 별도의 터미널이 있으며 출발 시간이 정확하게 지켜지는 편이며 내부도 깨끗하고 쾌적하다. 코티스는 전화로 미리 예약할 수 있지만 거점 도시만 연결하고 있어 대도시로 이동한 후 지방으로 들어가려면 다시 탁시부르스로 갈아타야 한다.

탁시부르스 ⓒ fifaliana

마다가스카르는 도로 상황이 열악해 남단에서 북단까지 차로 횡단하려면 최소 일주일이 걸린다. 우기에는 일부 지역은 통행이 불가능해지며 1년 중 5개월만 통행이 가능한 곳도 있다. 그마저도 수백 km에 달하는 거리를 낭떠러지가 있는 비포장도로를 지나야 하고 산사태의 위험에 끊임없이 노출된다. 특히 수도 타나는 1,280m 높이의 고산 지대에 위치해 있어 타나에서 제2의 도시이자 최대 항구 도시인 타마타브까지 약 270km를 이동하는 데만 하루가 꼬박 걸린다. 산악지대를 밀고 터널을 뚫어 철로를 연결하는 것이 가장 빠른 방법일 텐데, 프랑스 식민지 시절 건립된 2번 국도조차 제대로 보수되지 못하고 있고 두 도시를 연결하는 고속도로마저도 없다.

산길을 따라 이어지는 국도는 우기마다 심하게 파이고 화물차와 일반 차량이 함께 다니기 때문에 사고가 자주 발생한다. 마다가스카르의 교통 환경은 극한을 넘어서는 경우가 많다. 한 지인이 남부 서쪽 끝 툴레아에서 동쪽 끝 포도팡까지 이동한 경로는 그 예를 여실히 보여준다. 그가 탄 건 흔한 탁시브루스도 아니었다. 대형 트럭을 개조한 정체불명의 차량이었는데, 개조

방식이 더욱 놀라웠다. 말 그대로 레미콘 통 같은 차량을 개조하여 입구에만 문을 만들고 그 안에 사람들을 태운 뒤 문을 잠그는 방식이었다. 창문도 없는 칠흑 같은 암흑 속에서 꼼짝없이 갇혀 이틀, 길게는 사흘을 달려야 했다. 화장실도 물론 자유롭게 갈 수 없었다. 이 '남부 횡단 트럭버스'는 외국 여행 가이드북에도 "절대 타지 말 것"이라는 경고가 있을 정도로 악명이 높았다. 좁은 공간에 사람들이 빼곡히 갇혀 먼지와 매연 속에서 남부를 횡단하는 여정은 말 그대로 극한의 생존 게임이었다. 물론 요즘

마다가스카르 자동차 ⓒ andrianjaka

은 사정이 좀 나아졌을지도 모르지만, 불과 십여 년 전의 얘기다.

안드리 라주엘리나Andry Rajoelina 대통령은 재임 중 고속도로를 구축하겠다고 공약했으나, 겨우 2023년 대선을 앞두고 이집트 회사와 민관 협력 방식으로 공사 계약을 체결했다. 그러나 토지 보상 문제 등으로 공사는 진척이 더디어 2기 집권 임기 내에 고속도로가 완공될지는 여전히 미지수다.

마다가스카르에서는 험한 철도나 도로 여행보다 비행기 여행이 더 안전하다. 주요 도시뿐만 아니라 지역 구석구석마다 공항이 설치되어 있다. 마다가스카르의 상류층은 자가용 경비행기로 섬을 누비고 있다. 지방 공항시설은 워낙 열악해서 아스팔트가 아닌 초지에 착륙하는 경우도 많다. 그래도 초지가 잘 정비되어 있어 비행기의 이착륙에는 큰 문제가 없다. 대부분의 작은 경비행기들은 날씨가 좋은 날 해가 뜨기 전 새벽부터 해가 지기 전까지만 운행되어 사고의 위험도 거의 없다.

어떤 이들은 마다가스카르 지도자들이 도로를 뚫지 않고 철로를 보수하

지 않는 이유는 정부 예산 부족뿐만 아니라 다른 이유도 있다고 말한다. 지방에 사는 사람들이 도시화와 문명에 노출되면서 도시로 몰려들게 되면, 도시 생활환경이 악화되고 지방 사람들이 사회경제적 문제를 인식하게 될 수 있기에 아예 도로망을 연결하지 않으려 한다는 것이다.

실제로 문명과 동떨어져 흙이나 나뭇잎으로 지은 움막에서 자급자족하며 살아가는 이들을 수도 타나 근교에서도 흔히 볼 수 있다. 이들은 바닥에 천 조각을 깔고 비가 오면 물이 새는 지푸라기 집에서 살고 있다. 외부와 완전히 단절된 채 바나나나 망고, 감나무 열매를 따 먹으며 자급자족하고, 물물교환으로 필요한 물건을 충당한다.

시골의 오두막집 ⓒ megane

그리 깊은 오지로 들어가지 않아도, 문명에 전혀 노출되지 않고 하루하루 먹을 것만 있으면 충분히 행복하게 살고 있다고 생각하는 사람들을 만날 수 있다. 태어나서 죽을 때까지 고향 마을을 벗어나 본 적이 없는 이들에게는 차나 기차를 타고 어딘가로 떠나는 것조차 상상할 수 없다. 그런 외진 마을에도 도로가 연결되고 태양광을 이용해 밤에도 전등을 켜고 라디오를 들을 수 있는 인프라가 구축되어 이들이 더 나은 환경 속에서 살아갈 수 있기를 꿈꿔 본다.

황금빛 사바나의 길 위에서 ⓒ Jacques

마다가스카르의 들판 © mccrury

마다가스카르, 깊숙하게 살펴보기

MADAGASCAR

마다가스카르 왕국의 탄생과 몰락

메리나 왕국의 탄생

마다가스카르는 16~17세기 사이에 중부 고원을 중심으로 메리나 왕족이 지배하는 왕국 체제를 갖추게 된다. 전설에 따르면, 메리나 왕족은 신의 후손이라고 전해진다. 어느 신의 아들이 아네리네리나라는 곳에 잠시 내려와 마다가스카르의 원주민인 바짐바와 함께 지냈다. 사람들은 그곳의 이름을 따서 신의 아들을 아네리네리나 왕자라고 불렀다. 바짐바는 신의 아들과 즐거운 시간을 보냈지만, 신의 명령을 어기고 그를 위해 양고기를 만들어 대접했다. 아네리네리나 왕자는 금기된 음식을 먹어 더 이상 하늘나라로 돌아갈 수 없게 되었다. 신은 바짐바에게 명령을 어겼으니 스스로 목숨을 끊거나, 아네리네리나를 주인으로 섬기든지 선택하라고 했다. 바짐바는 목숨을 부지하기 위해 아네리네리나를 그들의 지도자로 섬기기로 했다. 이에 신은 그의 딸을 아네리네리나의 아내로 내려보내 땅에서 왕국을 이루도록 했다는 전설이다.

메리나 왕국은 16세기 라람부 왕 재임 동안 지배 체계를 수립하고 사회적 계급 제도를 갖추게 된다. 또한 총탄을 사용하는 법도 처음으로 도입하게 된다. 그의 둘째 아들인 안드리안자카^{Andrianjaka}는 아버지의 뒤를 이어 아날라망가 지역을 더욱 요새화한다. 그는 천 명의 군인들을 이끌고 오늘날의 수도, 안타나나리보를 점령하였다. 그때부터 수도 타나에 인접한 아날라망가 지역을 '천 명의 도시' 즉, '안타나나리보'로 부르기 시작했다.

17세기에 이 왕국은 이메라^{Imera}, 즉 말라가시어로 '낮에 멀리서도 보이는 땅'으로 불리게 된다. 이 시기에는 관개 시설을 정비하여 한 해에 두 번 벼 농사를 짓게 되었다. 협동 농업 시스템을 갖추어 서로 도우며 농사를 지었다. 식량이 풍족해지고 가공업이 번창하게 되자, 봉건주의 사회에서 경제적 부흥이 시작되었다. 인구가 확장하면서 사회적 계급도 명확하게 수립되었으며, 왕족은 안드리아나^{andriana}, 평민계급은 트로바^{trova}, 노예는 안데보^{andevo}로 나뉘었다. 호바^{Hova}는 메리나 중에서도 왕족인 안드리아나와 노예 계급인 안데보를 연결해주는 중개인 계급을 뜻한다.

18세기에 들어 왕국이 분열되고 내전이 지속되면서 안타나나리보는 남부의 수도가 되었고, 동부의 수도 역할을 했던 암부히망가에는 이메리나 왕이 거주하면서 이메리나 왕족의 터전으로 자리를 잡게 되었다.

통일 왕국을 이루다

1787년에 왕위에 오른 안드리아남뿌이니메리나 왕은 1793년에 안타나나리보를 정복하면서 이메리나 왕국 통일의 기반을 마련했다. 그는 마다가스카르에서 가장 유명한 왕으로, 그의 이름은 '이메리나인들의 가슴에 있는 왕자'라는 뜻이다. 그는 18세기 말, 안타나나리보에 남아 있던 반란자들을 모두 숙청하면서 암부히망가 지역에서 안타나나리보 지역으로 왕궁의 중심을 옮기기 시작했다. 암부히망가의 마지막 왕이었던 그의 결단력과 추진력으로 분열되었던 이메리나 왕국의 통일을 이룩하고 내전도 종결되었다. 그는 1794년에 안타나나리보를 이메리나 왕국의 수도로 선포했다.

그의 재임 기간 동안 많은 개혁이 이루어졌다. 럼주를 마시거나 삼을 씹거나 피우기만 해도 사형을 선고했으며, "자신과 쌀은 하나다."라고 언급했을 정도로 벼농사를 장려했다. 또한 그는 현대 마다가스카르에서도 여전히 중요한 조직으로 남아 있는 푸쿠누루나fokonolona라는 촌락 모임을 조성하여, 모든 중요한 결정이 여기서 정해지도록 했다. 이 모임은 우리나라의 협동조합과 비슷한 개념이었다.

안드리아남뿌이니메리나 왕은 외국인들과의 노예 무역을 허용하고 대신

총기를 얻는 실리 정책을 취했다. 또한, 그는
여타 지방의 공주들과 혼인 관계를 맺어 영향
력을 확대해 나갔다. 그의 아내는 47명에 달했
다. 재임 기간 동안 그는 다섯 배 이상의 영토
를 확장했다. 이러한 업적에도 불구하고, 말년
에는 왕자들 간의 질투와 분쟁으로 음울한 시
기를 보냈다. 그는 1792년에 태어난 아들 라다
마Radama를 왕위 계승자로 지목하고 1810년에
65세의 나이로 사망했다. 그가 마다가스카르
의 통일을 이룩하고 수도 안타나나리보를 번
성시키고자 노력한 끝에 그가 사망한 시점에

안드리아남뿌이니메리나 왕 ⓒ 위키피디아

수도 인구는 8만 명에 달했다. 그는 봉건시대에 국가를 형성하기 위한 기반
을 구축한 왕으로, 오늘날까지도 많은 말라가시인들의 존경을 받고 있다.

근대화를 이끈 왕,
라다마 1세

안드리아남뿌이니메리나 왕은 수도를 안타나나리보로 정했지만, 궁은 여전히 암부히망가에 두고 있었다. 그러나 라다마 1세는 즉위하자마자 궁을 암부히망가에서 안타나나리보로 옮겨 수도를 정치적, 행정적 중심지로 완전히 확립하려는 의지를 드러냈다.

라다마 1세가 왕위에 올랐을 때 주변 국가들의 정세는 매우 어수선했다. 영국은 네덜란드 동인도 회사가 지배하고 있던 케이프타운을 정복하고 인도양을 바라보기 시작했다. 1810년 영국은 레위니옹섬 생드니를 공격했는데, 아무 저항 없이 섬을 손쉽게 접수했다. 게다가 나폴레옹이 유럽 전쟁에서 패하면서, 영국은 프랑스 식민지였던 모리셔스를 영국령으로 공식 편입했다. 영국은 프랑스가 힘을 잃은 틈을 타 인도양과 레위니옹, 모리셔스에서 무역의 우위를 점하게 되었다. 프랑스는 포도팡, 타마타브에서 영향력을 확대하고 있었지만, 마다가스카르에 대한 관심은 별로 크지 않았다.

라다마 1세는 마다가스카르의 현대화에 많은 관심을 두고 프랑스와 영국 등 유럽인들과의 교류를 확대해 갔다. 영국 선교사로 마다가스카르에 파송된 제임스 캐머런은 벽돌로 집을 짓는 것을 금기시하던 마다가스카르에서

벽돌을 제조하여 건축 붐을 일으켰다. 그는 수
력에너지를 생산하기 위해 수도의 중심부 한
가운데에 인공호수인 아누시 호수를 건설했
다. 오늘날에도 이곳은 마다가스카르 구시가
지의 상징적인 장소로 여겨진다.

아누시 호수 ⓒ manoa

1817년, 마다가스카르는 영국과 최초의 친
선 조약을 맺었다. 이 조약에 따라 노예 무역
을 금지하는 대신, 1천 달러 상당의 금괴와 매
년 은, 총과 탄약, 군복 외에도 마다가스카르
의 현대화를 돕는 장비들을 지원받았다. 라다

마 1세는 영국 선교사들과 협력하여 말라가시어에 로마자 글자를 채택하고,
많은 학교를 세워 로마자로 된 말라가시어를 가르쳤다.

그는 마다가스카르의 현대화를 위해 영국 선교사들과 적극 협력했으나,
개종하지는 않았다. 라다마 1세 재임 기간 동안 용사들은 1만5천 명에 달했
으며 총기를 능숙하게 다루게 되어 동쪽 연안의 베치미사라카 종족, 사칼라
바 종족 등과의 싸움에서도 승리했다. 1820년에는 마다가스카르의 대부분
을 통제하게 되었다.

그런데, 영국인들을 포함한 유럽인들이 마다가스카르로 몰려오자, 말라
가시인들은 이들이 자신들의 전반적인 사회풍토를 바꾸는 것을 못마땅해했
다. 라다마 1세에 반기를 드는 무리가 점점 늘어나자, 그는 이를 진압하기
위해 반란 세력을 처형했다. 1828년, 라다마 1세는 갑작스럽게 36세의 나이
로 세상을 떠났다. 그가 세균에 감염되어 사망했다는 소문도 있었고, 지나
치게 술을 마셔서 사망했다는 등의 설이 무성했다. 그가 후계자도 없이 갑

작스럽게 세상을 떠나자, 그의 미망인 라마보^{Ramavo}가 라나발루나 1세로 여왕에 즉위했다.

안타나나리보 언덕의 집들 ⓒ evani

1장 마다가스카르 왕국의 탄생과 몰락

피로 물든 왕관,
라나발루나 여왕

라나발루나 1세[Ranavalona]는 라다마 1세의 12명의 부인 중 첫 번째 부인이었지만, 자녀를 낳지 못했다. 그녀는 라다마 1세가 사망한 후, 왕궁 내의 수많은 경쟁자였던 라다마 1세의 부인들, 자녀들, 친족들을 모두 살해하고 여왕으로 즉위했다고 전해진다. 여왕에 즉위했을 때 그녀는 겨우 30대였는데, 말라가시인들은 그녀가 재임한 약 30년을 '어두운 시대[tany maizina]', 또는 '매우 잔인한 시기'로 부른다. 라나발루나 1세가 최초의 왕비로 즉위한 이후, 마다가스카르는 프랑스에 합병되기까지 19세기 내내 여왕이 지배하게 되었다.

라나발루나 여왕 ⓒ 위키피디아

흥미롭게도, 1829년 가을 라다마 1세가 사망한 지 13개월이나 지난 후, 라나발루나 1세는 아이를 출산했다. 그 아이는 라쿠투[Rakoto]라고 이름 지어졌는데, 총리이자 그녀의 연인인 안드리아미하자의 아이라는 소문이 돌았다. 라나발루나 1세는 문맹이었으며 강한 미신적 성

152

향을 가진 다소 까다로운 성격의 여왕이었다고 한다. 그녀는 마다가스카르에서 기독교와 유럽의 영향력을 배제하려 했다. 초기에는 라다마 1세가 추진한 유럽과의 현대화 사업을 계속해서 추진했으나, 점차 유럽인과 선교사들에 대한 박해를 강화해 갔다.

당시 레위니옹에서 플랜테이션 농장이 활기를 띠면서 마다가스카르는 쌀과 가축 등 기본 식량을 조달하는 데 필수적인 경유지로 부상했다. 이에 따라 마다가스카르에서 레위니옹과 무역을 중개하는 프랑스인들이 급격히 늘어났다. 라나발루나 1세는 외국인 통제를 강화하기 위해 외국인 거주권을 5년마다 갱신하도록 하는 등 반외국인 정책을 펼쳤고 이에 프랑스와의 갈등이 촉발되었다. 유럽인들은 라나발루나 1세에 대한 불신이 더욱 커졌고 그녀는 선교사들의 영향력이 커지는 것을 우려하여 마다가스카르에서 기독교 포교 활동을 금지했다. 결국 1829년 레위니옹에 주둔하던 프랑스 군대가 마다가스카르의 여러 항구를 공격하기에 이르렀다. 유럽과의 갈등은 여기서 끝나지 않고 1835년 라나발루나 1세는 영국과 라다마 1세가 맺은 친화 조약도 모두 무효화시키며 외국인의 영향력을 차단하고자 했다.

기독교 박해 정책

그녀의 반기독교 정책은 전통 신앙에 대한 강한 믿음에서 비롯되었다. 어느 날, 라나발루나 1세는 심각한 중병에 시달렸고 주변 사람들은 그녀가 곧 죽을 것이라고 예상했으나, 그녀는 극적으로 건강을 회복했다. 미신을 신봉한 그녀는 마다가스카르 전통 부적인 '삼피'가 기적을 일으킨 것이라고 믿었다. 죽음에서 살아난 그녀는 기독교가 질병의 원흉이라고 생각하고, 기독교가 말라가시 조상들의 풍습에 어긋난다는 이유로 기독교 금지 명령을 내렸다. 또한, 자신의 주변에서 적으로 의심되는 사람들, 특히 기독교인들에게 마다가스카르 토종 식물인 독이 있는 탕권을 먹게 했다. 탕권은 섭취 즉시 심장마비를 일으킨다. 그녀는 탕권을 닭고기 껍질과 함께 섭취하도록 한 뒤, 만약 그것을 바로 토해내지 못하고 사망에 이르면, 그를 배신자이자 기독교를 섬기는 자로 낙인찍어 처벌했다. 만약 음식을 잘 토해낸다면 죄가 없다고 여겼다. 하지만 대부분의 사람들은 섭취하는 즉시 사망에 이르렀다. 그녀는 미신을 강하게 믿어 흉한 운을 가진 날에 태어난 아기들을 죽이기도 했다.

그런 핍박 정책에도 불구하고, 마다가스카르 내 영국 선교사의 수는 계속해서 증가했다. 귀족 집안에서는 라나발루나 1세의 금기령 탓에 선교사가 세운 학교에 자녀들을 보내고 싶어 하지 않았고 대신 노예들을 이 학교에 보냈다. 그 덕분에 노예들이 오히려 서양 교육을 받은 후 군인이 되거나 행정관리 업무를 맡기 시작했다.

라나발루나 1세는 점점 더 미신에 몰두하게 되며, 며칠 동안 왕궁을 떠나지 않고 최측근들만 자신을 대면하도록 했다. 급기야 유럽 상인들에게 마다가스카르를 즉시 떠나지 않으면 여왕의 소유물이 되어 노예 신분으로 전락할 것이라는 법을 공포했다.

라나발루나 1세 재임 동안, 사칼라바 종족을 비롯한 여러 부족들이 메리나 왕국을 공격해 왔다. 이 틈을 타 반투족들과 아랍인들은 은밀하게 노예무역을 수도 타나에까지 들여왔고 노예 거래가 활발해졌다. 라나발루나 1세는 이 모든 일이 유럽인들이 조종하는 것이라고 간주하여 기독교 탄압을 더욱 강화했다. 기독교인 수가 줄어들 기미가 보이지 않자, 라나발루나 1세는 기독교인들을 쫓아내기 시작했다. 기도 중에 무릎을 꿇고 있다가 창에 맞아 순교하는 여인도 있었다. 수천 명의 기독교인들이 체포되어 태형에 처해졌고 일부는 여왕궁이 있는 절벽 아래로 산 채로 던져지기도 했다. 시체는 돗자리에 돌돌 말아 거리에 버려지거나, 언덕 밑에 던져지기도 했다. 군중들이 지켜보는 가운데, 척추를 톱으로 잘라내어 죽이거나 말뚝 위에서 불에 타 죽는 일도 있었다.

상황이 너무도 잔인하게 전개되자, 라나발루나 1세의 아들이자 프랑스인들과 평소에 가깝게 지냈던 라쿠투 왕세자는 프랑스와 영국 정부에 중개를 요청하며 간청했다. 그는 나폴레옹 3세에게 도움을 청하는 서한을 보냈다. 그러나 당시 러시아와의 크림전쟁으로 여력이 없었던 프랑스는 개입을 거절했다. 라나발루나 1세는 사망하기 전 모든 유럽인을 마다가스카르에서 쫓아내는 법을 공표하고 그들의 재산을 전부 몰수했다.

이러한 잔혹한 박해 정책에도 불구하고, 라나발루나 1세는 마다가스카르의 근대화를 이끌기 위해 많은 노력을 기울이기도 했다. 그녀는 프랑스 출신 건축가 장 라보르드Jean Laborde를 적극 지원하며 마다가스카르를 산업 국가로 발전시키고자 했다. 그녀는 또한 남부와 연결하는 제2의 도시로 피아나란추아를 발전시키는 등 여러 개혁 정책도 추진했다. 유럽 국가들에게 보낸 서한에서는, 마다가스카르에서 과학과 지식을 전수하는 활동은 환영하지만, 말라가시인들의 전통과 조상들이 물려준 삶의 방식을 바꾸려는 시도는 결코 용납할 수 없다는 입장을 분명히 밝히기도 했다.

1861년 초, 건강이 급격히 악화된 그녀는 아들 라쿠투 왕세자를 후계자로 지명하며 몇 달 뒤 33년간의 재위 기간을 마감하고 세상을 떠났다. 그녀는 기독교를 탄압하고 강압적인 통치를 했던 군주로 기록되었지만, 동시에 마다가스카르의 전통과 문화를 지키며 민족적 자존심을 수호하려 했던 애국적 지도자로 평가되기도 한다.

라다마 2세의
미스테리한 죽음

　라쿠투 왕자는 라다마 2세로 즉위하기도 전인 1861년, 숨어 지내던 모든 기독교인들이 밖으로 나올 수 있도록 허가하는 법령을 발표했다. 약 33년에 걸친 라나발루나 1세의 오랜 재임 동안, 마다가스카르에 뿌리내린 기독교와 서양 문화는 많이 사라졌다. 아이러니하게도 이처럼 심한 핍박이 있었던 시기에 기독교 인구는 오히려 더욱 활발히 퍼져
나갔다. 결국 라나발루나 1세 사망 후 기독교
는 메리나 왕족의 공식 종교로 지정되었고, 영
국 선교사들이 다시 들어왔다. 새로운 왕이 등
극하자 유럽에서는 일제히 이를 반기며 사절
단을 보냈다.

　라다마 2세는 평화를 사랑하고 유럽을 존중
하는 리더였다. 그는 외국인들에게 개방적인
정책을 펴며, 프랑스에 이어 영국과도 조약을
체결했다. 그러나 유럽인들이 토지 소유권을
얻게 되면서 관세도 지불하지 않게 되자, 라다

라다마 2세 ⓒ 위키피디아

마 2세의 급진적인 친서방 정책을 못마땅히 여기는 이들이 생겨났다. 유럽인들과 말라가시인들의 갈등으로 폭동이 일어나고 나라 전체가 혼란에 빠졌다.

특히, 라아루 총리는 라다마 2세의 정책에 깊은 불만을 품고 있었다. 그러던 중 라다마 2세는 즉위한 지 겨우 2년 만인 1863년에 자택에서 괴한에게 목이 졸려 사망하게 된다. 프랑스는 마다가스카르의 르네상스를 이끌었던 왕자가 사망했다고 애도를 표했다. 라다마 2세가 사망한 이유로는 자살이었다는 주장과 벌레에 물렸지만 응급 처치가 되지 않아 사망했다는 등 다양한 얘기가 떠돌았다. 사실은 그가 사실 죽지 않고 살아 있으며 깊은 산 속에 숨어 목숨을 유지하고 있다는 소문도 돌았다. 이러한 소문은 그의 죽음에 대한 끊임없는 구설수를 낳았다.

세 명의 여왕과
결혼한 총리

　라다마 2세가 갑작스레 사망하자, 마다가스카르 왕국에 위기가 찾아왔다. 라아루 총리는 왕이 더 이상 권력을 독단적으로 행사하지 못하도록 다양한 방안을 모색했다. 라다마 2세 사망 직후, 라아루 총리는 그의 미망인인 라부두 왕비에게 접근하여 왕비가 여왕으로 등극하되 실권은 총리가 갖는 방안을 제안하였다. 왕비는 이 제안을 받아들였고 1863년 5월 12일 라주헤리나^{Rasoherina} 여왕으로 등극하였다. 이어 몇 주 후에 여왕은 라아루 총리와 결혼하였다. 이로써 여왕과 결혼한 총리에게 실권이 넘어가는 체제가 수립되었다.

　라아루 총리는 라주헤리나 여왕과 결혼한 후 여러 가지 소문에 시달렸다. 말라가시인들은 자신들의 왕을 암살한 배후에 라아루 총리가 있다고 믿어 그를 좋게 여기지 않았다. 더욱이 라다마 2세가 죽지 않고 살아 있다는 소문이 돌면서 라아루 총리는 술과 연회에 빠져들었다. 급기야 그의 아우인 라이니라이아리부니^{Rainilaiarivony}가 라주헤리나 여왕과 가까워지면서 라아루 총리는 총리직에서 실각하였다. 이후, 라이니라이아리부니가 여왕과 결혼하여 새롭게 총리가 되었다. 라주헤리나 여왕은 후손도 없이 1868년 4월 1

일에 사망하였다.

라이니라이아리부니 총리 ⓒ 위키피디아

라이니라이아리부니 총리는 라주헤리나 여왕이 후손도 없이 사망하자 자신이 왕좌에 오르고 싶어 했다. 그렇지만 주변에서 그를 시기하는 사람들과 그를 끌어내리려는 사람들을 의식해서 새로운 왕비를 찾아냈다. 바로 라주헤리나 여왕의 사촌이자 기독교인으로 영어를 읽고 쓸 수 있던 라무마Ramoma였다. 그녀는 라나발루나 2세로 여왕으로 등극하였다.

당시 마다가스카르에서 기독교인 수가 빠르게 증가하고 있었다. 총리는 그의 권력을 공고히 하고자 영국의 환심을 사기 위한 친기독교 정책을 세웠다. 기독교 교리에 맞지 않는 삼피와 같은 부적의 사용을 금지하고 일부다처제 폐지를 추진하며 기독교 국가로 변모시켰다. 또한 왕궁에서 세례를 받을 수 있도록 하여 더욱 많은 말라가시인들이 기독교로 전향하게 되었다. 1869년, 라나발루나 2세와 라이니라이아리부니 총리는 왕궁에서 기독교 세례를 받았다. 마다가스카르 여왕이 기독교로 개종하면서 영국 선교사들의 영향력은 더욱 커졌다. 프랑스는 이러한 상황을 불안하게 바라볼 뿐이었다.

식민지의 그림자
– 마다가스카르와 프랑스 전쟁

　라이니라이아리부니 총리는 프랑스와 영국 양국과의 관계에서 균형을 유지하며 우호적인 협력을 이어가는 것이 중요하다고 여겼다. 이를 위해 그는 1868년 11월, 프랑스와 친화 조약을 체결하였다.

　1869년 수에즈 운하가 개통되면서 마다가스카르에도 큰 변화가 찾아왔다. 증기선의 발전과 운하 개통으로 마다가스카르에서 유럽까지의 이동 시간이 약 한 달로 크게 단축되었다. 영국은 오랫동안 선교사를 파견하며 마다가스카르에서 영향력을 행사해 왔지만, 식민지로 삼을 계획은 없었다. 게다가 수에즈 운하 개통으로 인도양 무역로의 중요성이 줄어들면서 영국의 마다가스카르에 대한 관심은 더욱 낮아졌다.

　반면, 프랑스는 1871년 프로이센과의 전쟁에서 패배한 뒤 아프리카로 눈길을 돌렸다. 마다가스카르를 지배하면 아프리카와 인도양에서 프랑스의 입지를 강화하고 영국 등 다른 식민 제국과의 경쟁에서 우위를 점할 수 있다고 판단했다. 이에 프랑스는 마다가스카르를 보호령으로 삼으려는 계획을 본격적으로 추진했고 1882년에는 영국과의 협정을 통해 이집트에서 영국의 영향력을 인정하는 조건으로 마다가스카르에 대한 보호령 지위를 승인받기에 이른다.

1883년, 프랑스는 메리나 왕국을 공격하며 주요 항구 시설을 장악했다. 이어 약 30개월간 지속된 제1차 프랑스–마다가스카르 전쟁^{1883~1885}이 발발하였다.

이런 혼란스러운 상황 속에서 라나발루나 2세는 후계자도 남기지 못한 채 사망하였다. 라나발루나 2세가 입양한 공주가 있었지만, 공주는 왕위 계승을 거부했다. 여왕이 되면 총리와 결혼해야 하며, 현재의 남편과 헤어져야 한다는 이유에서였다.

라나발루나 2세의 조카인 또 다른 공주가 유력한 왕위 계승 후보로 거론되었다. 당시 공주는 남편을 잃은 지 석 달이 지나 있었다. 라이니라이아리부니 총리가 그녀를 여왕으로 세우기 위해 남편을 일부러 제거했다는 소문도 돌았다. 그녀는 1883년에 라나발루나 3세로 즉위하였으며, 관례에 따라 총리와 결혼하였다.

프랑스에 엄청난 빚을 진 마다가스카르

라이니라이아리부니 총리는 프랑스와의 전쟁을 외교적으로 해결하기 위해 사절단을 파견했으나, 아무런 성과도 얻지 못했다. 그러나 당시 프랑스는 인도차이나에 군사력을 집중하고 있었고, 마다가스카르 역시 군인들이 장기 대치로 인해 지쳐가던 상황이었다. 결국 1885년, 양측은 평화 협정을 체결했다.

프랑스는 라나발루나 3세를 마다가스카르의 통치자로 인정했으나, 대외정책은 프랑스가 주도하기로 했다. 또한 프랑스는 99년간의 토지 임대 계약을 통해 마다가스카르 내 토지 소유권을 확보했으며 마다가스카르 정부는 프랑스에 1천만 프랑 상당의 금을 지불하기로 합의했다. 프랑스는 타마타브와 디에고 지역에 해군을 주둔시키는 한편, 디에고와 그 주변 지역, 노지베, 생마리 기지에 대한 통제권을 모두 장악했다.

총리는 프랑스에 진 빚을 상환하기 위해 영국에서 2천만 프랑을 차입했다. 조건은 마다가스카르 주요 섬에서 발생하는 관세 수입을 영국 은행에 양도하는 것이었다. 그러나 프랑스는 영국의 경제적 개입을 용인하지 않았고 이에 반발한 영국 은행은 결국 마다가스카르에서 철수했다. 어쩔 수 없이 총리는 프랑스 재무부에서 자금을 빌릴 수밖에 없었고 그 대가로 프랑스는 마다가스카르 주요 섬의 관세 수입을 차지하게 되었다.

1890년 베를린에서 영국과 프랑스는 서로의 식민지 지배권을 인정하는 조약을 체결했다. 영국은 잔지바르에 대한 지배권을, 프랑스는 마다가스카르의 식민지화를 공식적으로 인정받았다. 이로써 프랑스는 마다가스카르에서 영국의 영향력을 완전히 배제할 수 있었다. 이 소식에 라이니라이아리부니 총리는 큰 충격을 받았다. 설상가상으로, 두 아들이 정치적 암투와 왕실 내부 갈등 속에서 비극적인 최후를 맞이하게 되어 총리는 더욱 큰 슬픔에 빠졌다. 라코토와 라라이니 두 아들은 왕족과 총리 가문 사이의 권력 다툼으로 의문의 죽음을 당한 것으로 전해진다.

한편 마다가스카르 경제는 이미 막대한 부채로 위기에 빠져 있었고 결국 금 채굴권을 프랑스에 넘기게 되었다. 프랑스인 선교사들과 현지 말라가시인들 사이의 갈등도 심해졌으며 프랑스인 선교사가 살해되는 사건이 잇따라 발생했다. 프랑스는 이를 구실 삼아 유럽인들의 안전을 보장하기 위해 무력 사용이 필요하다고 주장하며 마다가스카르 정부를 압박했다. 그러나 총리가 별다른 대응을 하지 않자, 프랑스는 마장가를 거쳐 타나까지 570km를 진격하는 군사 작전을 계획했다.

총리는 절박한 마음으로 영국에 도움을 요청했지만, 영국은 이미 프랑스의 마다가스카르 지배를 인정한 상태였다. 외교적으로 고립된 상황에서, 총리는 프랑스의 군사적 위협에 홀로 맞서야 했다.

프랑스군의 진격

프랑스는 마다가스카르를 정복하기 위해 약 1만 5천 명의 병력을 동원하고 본토와 알제리에서 수천 마리의 노새를 구매해 대규모 군사 작전을 세웠다. 마침내 1895년 4월, 프랑스군이 마장가에 도착했지만, 심하게 퇴적된 흙모래로 인해 배가 해안 바로 앞에 정박할 수 없었다. 이에 작은 배들을 동원해 장병들이 물자들을 하나씩 해안으로 옮기는 혼란스러운 상황이 나흘간 계속되었다. 타나에 있던 라이니라이아리부니 총리는 프랑스군이 정박한 지 나흘이 지나서야 이 사실을 알게 되었다.

1895년, 마다가스카르를 정복하는 프랑스군의 선전 포스터 ⓒ 위키피디아

우여곡절 끝에 상륙한 프랑스군은 더 큰 어려움에 직면했다. 병사들은 해발 1,280m의 고산 지대에 위치한 타나까지 약 570km를 20kg에 달하는 배낭을 메고 행군해야 했다. 이로 인해 장병들은 극심한 피로와 질병에 시달리게 되었고, 단순한 행군조차도 쉽지 않은 상황을 맞이하게 되었다.

보급품 운반을 위해 노새를 동원했지만, 노새가 필요로 하는 식량과 물까지 고려해야 하는 상황에서 이 방법은 완벽한 해결책이 되지 못했다. 이에 프랑스는 새로운 수송 수단인 '르페브르 수레'를 고안했다. 이 수레는 물자를 담을 수 있는 작은 컨테이너에 바퀴를 달아 노새가 끌 수 있도록 설계되었다. 그러나 이 계획도 실효를 거두지 못했다.

르페브르 수레는 마장가에서 타나로 이어지는 험난한 산악 지형을 고려하지 않고 개발되었기 때문에 실전에서 제대로 작동하지 못했다. 특히 프랑스가 공격을 개시한 시기는 우기가 시작되는 시기였기 때문에 진흙과 바위로 뒤섞여 있는 험준한 산길을 넘는 데 큰 어려움이 있었다. 진흙탕 속에서 수레가 무거워 수레바퀴가 빠지는 경우가 빈번했으며 병사들은 이를 끌다가 지쳐 쓰러지기도 했다. 노새조차 빈 몸으로 이동하기 힘든 구간이 많았고 수레를 끌고 가는 것은 불가능에 가까웠다. 결국 이러한 열악한 환경 때문에 프랑스군의 진격 속도는 크게 지연되었고 병사들의 사기도 바닥을 칠 정도로 떨어졌다.

〈Le Petit Journal〉이 담은 프랑스군의 행군
ⓒ 위키피디아

한편 라이니라이아리부니 총리는 프랑스의 침략에 대비하기 위해 만반의 준비를 했다. 그는 3만 명의 군인과 4만 명의 예비군을 무장시키고 유럽 상인들로부터 값비싼 총기를 대량으로 구매했다. 문제는 이를 위한 자금을 마련하기 위해 세금을 대폭 인상하면서 말라가시인들의 불만이 커졌다는 점이었다. 이 때문에 나라 안팎의 혼란은 더욱 심화되었다.

프랑스의 위협이 점점 현실화되고 있었지만, 한편으로는 마다가스카르 국민들 사이에서 프랑스군이 험난한 지형을 넘는 과정에서 굶주림이나 질병으로 자연스럽게 소멸할 것이라는 안일한 기대도 퍼져 있었다. 결국 프랑스군이 겪을 고난에 의존하려는 이러한 기대는 마다가스카르의 방어를 더욱 취약하게 했다.

프랑스군은 진격을 시작하면서 르페브르 수레를 끌고 가던 병력의 10% 이상이 질병에 시달리며 전투력을 상실하게 되었다. 아이러니하게도 프랑스 군인들의 생명을 가장 많이 앗아간 것은 마다가스카르 군대의 공격이 아니라 심각한 전염병이었다. 질병으로 인해 부대 병사의 10분의 1이 사망했으며, 일부는 고통을 이기지 못하고 스스로 목숨을 끊는 일도 발생했다.

다수의 병사들이 병원으로 이송되었고, 일부는 프랑스 마르세유로 보내져 말라리아에 감염된 것으로 진단받았다. 당시 프랑스 정부는 마다가스카르에서의 전투 상황이 외부에 알려지는 것을 우려하여 병사들을 위한 별도의 격리 시설을 마련하고 가족과의 접촉을 차단한 채 비밀리에 치료를 진행했다.

한편 타나에서는 프랑스군이 전염병으로 발이 묶였다는 소식에 안도의 한숨을 내쉬었다. 그러나 프랑스군은 물자 부족과 험난한 도로 상황 속에서 르페브르 수레를 포기한 후, 식량과 무기를 직접 짊어질 수 있는 강인한 병사들 약 4천 명을 중심으로 부대를 재정비하고 진격을 재개했다.

말라가시 군인들은 수도에서 서쪽으로 315km 떨어진 안드리바 요새에서 프랑스군과 맞서려 했다. 이 요새는 해발 1,030m에 달하는 천연 요새로서 360도 전방위 방위가 가능한 최고의 전략적 요충지였다. 최고의 무기와 포격이 가능한 포대로 무장했지만, 프랑스의 진격에 장비와 보급품을 버리고 모두 후퇴했다. 당시 마다가스카르에는 전신이 없었기 때문에 수도 타나로 이러한 소식이 전해지는 데 수일이 걸렸다. 라이니라이아리부니 총리는 메리나 왕국의 몰락이 임박했음을 깨달았지만, 남부로 후퇴하기를 거부하고 타나에 머물렀다.

프랑스군은 진격을 시작한 지 6개월 만에 타나에 도달했다. 군대는 여왕궁을 향해 진군했고 여왕은 항복의 뜻을 담아 흰 천을 궁 밖에 내걸었다. 마침내 1985년 9월 30일 프랑스는 수도를 점령했다.

여왕궁 ⓒ sandy

이 전쟁으로 양측 모두 큰 희생을 겪었지만, 전투로 사망한 프랑스 군인은 20여 명에 불과했다. 대부분의 사망자는 말라리아와 같은 질병 때문이었다.

왕국의 마지막 숨결
- 유배된 지도자들

　마침내 1895년 10월 1일 프랑스는 마다가스카르 점령을 완수하며 식민지 협정을 체결했다. 라이니라이아리부니 총리는 극심한 충격에 휩싸인 채 협정에 서명을 거부했으나, 프랑스는 여왕과 직접 협정을 체결하고 식민 통치를 확립했다. 라이니라이아리부니 총리는 협정 체결 직후 총리직에서 해임되었다. 그는 1896년 3월 6일 알제리로 추방되었으며 그곳에서 몇 달 지나지 않아 생을 마감했다.

마다가스카르 마지막 여왕 라나발루나 3세 ©
위키피디아

　라나발루나 3세는 식민지 협정 체결 이후에도 상징적인 여왕으로 남게 되었다. 그러나 그녀는 마다가스카르가 식민지로 넘겨지는 상황을 그대로 보고만 있을 수는 없었다. 그녀는 비밀리에 메리나 귀족들을 중심으로 프랑스에 대항하는 봉기를 지시했다. 1895년 12월에 '붉은 숄'을 뜻하는 말라가시어 메나람바Menalamba 혁명이 발발했다.

REPOBLIKA MALAGASY

POSTES 1974

25 **Fmg**

RAINIBETSIMISARAKA

P FORGET   DELRIEU

메나람바를 걸친 농민 ⓒ midi
madagasikara

붉은색은 마다가스카르에서 선조들을 상징하는 색으로, 전통 장례식에서 입는 붉은 숄인 메나람바는 마다가스카르의 문화와 역사의 상징이었다. 농민들은 붉은 흙을 묻힌 숄을 걸치고 행진하며 저항의 의지를 표명했고, 이 움직임은 점점 마다가스카르 전역으로 확산되었다.

프랑스는 처음에는 식민지 협정 체결 후 말라가시 신임 총리를 임명하고 마다가스카르 내 모든 총기와 무기를 몰수한 뒤, 필수 인원만 남기고 철수하는 방안을 고려했다. 그러나 메나람바 혁명이 거세지고 치안이 불안정해지자 프랑스는 마다가스카르의 군대를 해체하고 식민지 행정을 강화하기 위해 총독을 파견했다. 첫 총독으로 조셉 갈리에니Joseph Gallieni 장군이 임명되었다. 한 달이 지나 마다가스카르에 도착한 갈리에니 장군은 그 즉시 여왕궁에 걸린 말라가시 호바 깃발을 프랑스 국기로 교체했다. 그는 영국의 이익을 대변하던 말라가시 개신교 목사들을 처형하는 등 급진적인 정책을 실행하며 "잔인한Maziaka 장군"이라는 별명을 얻었다. 그는 라나발루나 3세를 체포하였으며, 여왕의 어머니의 동생인 라치마망가 왕자와 내무장관을 메나람바 운동에 가담한 혐의로 사형에 처했다. 이러한 강경 조치로 인해 마다가스카르에서 프랑스의 식민 통치가 빠르게 자리 잡게 되었다.

급기야 1897년 프랑스는 라나발루나 3세를 레위니옹으로 유배시켰다. 라이니라이아리부니 총리가 알제리에서 사망한 후, 라나발루나 3세도 알제리로 유배되었고, 그곳에서 1917년 55세의 나이로 생을 마감했다. 여왕은 생

168

전 끊임없이 고향으로 돌아가기를 간청했으나, 프랑스는 이를 허락하지 않았다. 그녀가 사망한 지 21년이 지난 뒤에야 그녀의 유해는 마다가스카르 땅을 밟았다. 현재 그녀의 유해는 타나 여왕궁에 안치되어 있다. 그녀는 마다가스카르 역사에서 중요한 상징적인 인물로 남아 있다.

라치마망가 왕자와 내무장관의 사형 집행 ⓒ 위키피디아

라이니라이아리부니 총리는 말라가시인들 사이에서 탁월한 행정가이자 마다가스카르의 독립을 유지하기 위해 헌신한 지도자로 평가받는다. 총리 재임 당시 사용했던 관저는 2023년에 안드리 라주엘리나 대통령이 박물관으로 개조해서 현재 일반인들도 방문이 가능하다.

식민지 지배에서
독립까지

19세기 중반부터 마다가스카르를 계속 눈여겨보던 프랑스는 마침내 1896년 8월 6일 마다가스카르를 공식적으로 합병하고, 1897년부터 본격적인 식민 지배를 시작했다.

프랑스는 이후 수십 년간 마다가스카르를 통치하며 도로와 철도, 학교, 병원을 건설하고 행정, 군사, 경제 체제를 정비해 나갔다. 한편, 이 과정에서 마다가스카르의 풍부한 천연자원이 대규모로 착취되었다. 또한 말라가시인들에게만 적용되는 원주민 법이 제정되어 그들이 최저 임금 수준으로 프랑스인을 위해 연간 50일간 일하도록 하는 제도가 운영되었다. 제1차 세계대전과 제2차 세계대전 중에는 각각 약 4만 6천 명과 3만 4천 명의 말라가시인들이 프랑스 군대에서 복무했다.

오랜 프랑스 식민지 지배를 겪으면서 말라가시인들은 자주와 주권에 대한 갈망이 커졌다. 1947년 마다가스카르에서 폭동이 일어나 1천여 명의 말라가시 민족주의자들이 프랑스 군을 습격해 20여 명을 살해하는 전례 없는 무장 봉기가 발생했다. 강제 노동, 토지 착복, 정치적 탄압에 대한 불만이

폭발하면서 프랑스 식민주의에 대한 반대 운동이 격화되었다. 이에 프랑스는 강력한 군대를 동원해 폭동을 진압했지만, 수만 명의 사상자가 발생하며 상황은 더욱 악화되었다. 프랑스의 진압에도 불구하고 말라가시인들의 독립에 대한 열망은 더욱 강해졌다. 결국 마다가스카르 독립 문제를 놓고 국민투표가 실시되기에 이르렀다.

1958년 샤를 드골 장군은 마다가스카르에서 국민투표가 열리기 한 달 전에 마다가스카르를 방문했다. 그는 마다가스카르 국민에게 독립 국가로서의 미래를 선택하거나, 프랑스 연방 내에서 완전한 자치가 허용되는 시스템을 선택하도록 했다. 결국 마다가스카르 국민은 독립을 선택하며 마다가스카르 공화국을 선언했다. 이후 마다가스카르와 프랑스는 독립 협상에 착수했고, 마침내 마다가스카르는 1960년 6월 26일 독립을 쟁취했다.

마다가스카르 국기도 독립 이전인 1958년에 채택되었다. 빨강과 흰색은 메리나 왕국의 전통을, 녹색은 독립운동과 농민 계층의 정신을 담고 있다. 오늘날 마다가스카르 골목마다 빨강, 흰색, 녹색의 깃발이 휘날리는 것을 쉽게 볼 수 있다. 특히 독립기념일이 되면 거리 곳곳이 국기 색상의 장식과 조명으로 화려하게 물들고 아이들은 국기 색깔을 한 연등에 불을 붙이고, 축제 분위기는 밤늦도록 이어진다. 마다가스카르인들에게 국기는 단순한 상징이 아니라, 식민 지배를 딛고 일어선 자부심의 증표이다.

독립기념일 연등 ⓒ sitraka

여왕궁 아래 휘날리는 마다가스카르 국기

2부 마다가스카르, 깊숙하게 살펴보기

마다가스카르와
제2차 세계대전의 숨은 연결고리

마다가스카르 플랜과 유대인

마다가스카르는 제2차 세계대전 동안 나치 독일의 유대인 말살 정책과
도 얽힌 일이 있다. 1930년대에 유럽 내 유대인의 수가 급증하며 나치 독일
은 기존의 수용소로는 유대인 인구를 감당할 수 없는 상황에 직면했다. 이
에 유대인들을 유럽 밖으로 이주시키려는 계획을 세우기 시작했으며 그중
하나로 떠오른 곳이 바로 마다가스카르였다. 이 계획은 일명 "마다가스카르
플랜"이라 불렸고 그 시작은 1938년으로 거슬러 올라간다.

당시 독일 외무장관 리벤트롭은 프랑스 외무장관 조흐지 보넷에게 폴란
드 유대인들을 프랑스가 수용할 수 있을지 타진했다. 프랑스는 유대인 처리
문제에 대한 고민을 공유하며 마다가스카르를 그 대안으로 검토 중이라고
밝혔다. 프랑스가 거론한 마다가스카르 플랜은 곧바로 검토되기 시작했다.
폴란드는 실제로 사전 답사팀을 마다가스카르로 보내, 유대인 5천에서 7천
가구를 이주시키는 것이 가능하다고 보고했다.

1940년, 프랑스가 나치에 함락되자 히틀러의 승인 아래 아돌프 아이히만

이 마다가스카르 플랜을 직접 챙기게 되었다. 독일은 4년 동안 매년 100만 명의 유대인을 마다가스카르로 이주시키려는 대규모 계획을 세웠다. 하지만 당시 독일은 북해 항로만 확보한 상황이라 그 먼 아프리카 땅으로 유대인들을 보내는 일은 굉장히 야심 찬 계획이었다. 그러나 실제 이 계획을 실행할 수 있을지 여부는 중요치 않았다. 목적은 단 하나였다. 유럽 내 모든 유대인들을 모아 아프리카로 추방하는 것이었고, 중간에 수많은 사망자가 발생한다 해도 문제 되지 않았다.

그러나 이 비밀 계획이 외부로 유출되면서 상황은 급변했다. 미국 유대인 협회는 마다가스카르의 혹독한 기후와 척박한 환경을 고려해 유대인들이 생존할 수 없다는 보고서를 발표하며 강력히 반대했다. 시간이 지나면서 영국 해군이 독일의 항로를 잇달아 차단했고 1942년에는 연합군이 마다가스카르를 점령하면서 독일의 마다가스카르 플랜은 좌절되었다.

이렇게 마다가스카르로 유대인들을 이주시키려는 나치의 잔인한 계획은 결국 실행되지 않고 역사의 한구석에 묻히게 되었다. 그 대신, 역사적으로 가장 참혹한 비극 중 하나인 홀로코스트가 현실로 나타났다. 인간의 폭력성과 증오가 만들어낸 치명적인 결과는 수많은 이들에게 깊은 상처를 남겼으며 그 기억은 오늘날까지도 인류의 역사에 뼈아픈 교훈을 전하고 있다.

연합군의 첫 승리 – 철갑작전

마다가스카르의 북서쪽 해안 도시 디에고–수아레즈는 제2차 세계대전 당시 연합군이 처음으로 상륙작전을 성공시킨 곳이다. 그 배경에는 이 항구의 독특한 전략적 위치와 오랜 역사가 있다.

1880년대, 디에고는 인도양 항로를 운행하는 증기선을 위한 기지가 절실했던 프랑스인들의 주목을 받았다. 디에고-수아레즈 항구는 인도양에서 가장 수심이 깊은 항구 중 하나였으며 해양 기지로서 최적의 조건을 갖추고 있었다. 프랑스는 1885년 제1차 프랑스-말라가시 전쟁을 통해 디에고 지역의 통제권을 확보했고 이후 이곳을 해양 기지로 개발하면서 레위니옹, 모리셔스 등지에서 인력을 데려와 확장했다.

제2차 세계대전 동안 디에고-수아레즈는 중대한 전환점을 맞이하게 된다. 그 이유는 이 항구가 인도, 아프리카, 중동을 연결하는 중요한 항로의 핵심에 자리 잡고 있었기 때문이다. 특히 상선들이 인도양을 건너기 전에 디에고 항구에 기항하여 연료와 물자를 보급할 수 있어 물류의 핵심 허브로 기능하고 있었다.

1940년 프랑스는 독일에 의해 점령당하게 되었고 프랑스 본토는 나치 독일의 통제하에 들어갔다. 독일은 프랑스 남부 비시에 '비시 정부'라는 친독일 정부를 세웠다. 비시 정부는 사실상 독일과 협력하는 정부였고 마다가스카르를 포함한 프랑스의 식민지를 이전과 같이 관리하게 되었다.

이때, 일본은 전쟁을 확장하며 동남아시아와 인도양으로 그 영향력을 미치기 시작했다. 1940년 일본은 프랑스의 식민지인 인도차이나 북부에 군을 주둔시킬 수 있도록 비시 정부의 허락을 받았다. 그 후 1942년 2월 일본은 버마(오늘날 미얀마)를 점령하고 그 영향력을 인도양까지 확장했다. 일본 잠수함이 이 지역을 장악하게 된다면, 연합군의 주요 항로인 수에즈 운하가 차단될 위험에 처하게 되었다. 이는 인도, 아시아, 호주, 뉴질랜드 등을 포함한 영국의 지배권에 걸쳐 치명적인 손실을 초래할 수 있었다.

이러한 배경에서 연합군은 마다가스카르를 차지해야만 인도양에서 전략적 우위를 유지할 수 있다고 판단했다. 마다가스카르를 확보하게 되면 인도양을 가로지르는 중요한 항로를 보호할 수 있을 뿐 아니라, 인도, 호주,

동남아시아로 이어지는 공급망을 안정적으로 유지할 수 있었다. 결국 디에고–수아레즈는 단순한 항구를 넘어 세계대전의 주요 전장에서 전략적 균형을 뒤집을 수 있는 중요한 열쇠로 작용하게 되었다.

1942년 초, 윈스턴 처칠의 주도로 영국과 연합군은 "철갑작전Operation ironclad"이라는 이름으로 디에고–수아레즈 항구를 점령하기 위한 대규모 상륙작전을 준비했다. 약 1만 명의 영국과 연합군 병력, 그리고 남아프리카 공군이 이 작전에 투입되었다. 1942년 3월, 영국 함대는 남아프리카공화국 더반에서 출발해 마다가스카르로 향했다. 5월 초 대규모 상륙작전이 시작되었고 영국군은 비시 프랑스군의 격렬한 저항에 직면했다.

전투는 치열했다. 영국군의 탱크 일부가 고장 나면서 초기 작전이 난항을 겪었으나, 해상에서의 공격이 다시 이루어지며 결국 5월 7일, 디에고–수아레즈는 연합군의 손에 넘어갔다. 이 전투로 영국군과 연합군은 약 500명의 사상자를 냈고 비시 프랑스군은 600여 명의 사상자와 함께 약 1천 명이 포로로 붙잡혔다.

디에고를 점령한 후에도 전투는 계속되었다. 일본군 잠수함 3척이 디에고에 도착해 반격을 시도했으며, 영국군은 이에 추가 병력을 투입해 마다가스카르 전역을 점령하는 데 성공했다. 마침내 1942년 11월 1일, 비시 정부는 항복했고, 같은 해 12월 마다가스카르 통제권이 프랑스의 독립 임시정부로 넘어갔다.

마다가스카르가 1960년 독립한 이후에도 프랑스는 디에고에 기지를 유지했으나, 1973년과 1975년에 걸쳐 모두 철수했다. 이후 마다가스카르 정부는 디에고의 해군기지를 독립적으로 운영하기 시작했다. 아직도 이곳은 마다가스카르 최대의 해군기지로 남아 있다. 현재 마다가스카르 해군은 총 2천 명 규모로, 본부는 수도 타나에 위치하고 있다. 또한 생마리, 툴레아, 포도

176

팡, 마장가, 노지베에도 작지만 해군기지가 설치되어 있다.

디에고 시내 중심을 지나다 보면 길가에 큰 공동묘지가 눈에 띈다. 그 맞은편으로 조금만 더 들어가면 잘 가꾸어진 정원과 같은, 또 다른 공동묘지가 보인다. 두 개의 묘지는 길을 사이에 두고 마주 보고 있다. 하나는 영국을 비롯한 연합군의 묘지이며, 다른 하나는 프랑스와 말라가시 현지인들이 잠들어 있는 묘지다.

연합군 묘지는 잘 정돈된 잔디밭 위에 바오밥나무와 기념목들이 무성하게 자라고 있고, 경비원이 묘지를 지키며 관광객이나 방문객들에게 역사의 현장을 설명해 준다. 이곳에는 총 315명의 연합군 군인들이 묻혀 있다. 육군 290명, 해군 9명, 공군 15명, 상인 해군 1명이 포함되어 있으며, 출신별로는 영국인이 166명, 호주인 1명, 남아프리카인 10명, 동아프리카인 132명, 모리셔스인 5명, 벨기에인 1명이다. 묘지는 탁월하게 잘 정비되어 있어 그 자체로 역사와 경의를 느낄 수 있다.

연합군 묘지(왼쪽)와 프랑스 묘지(오른쪽)

반면, 도로변에 위치한 공동묘지는 프랑스와 유럽인, 말라가시 군인 총 921명이 묻혀 있지만 황량하기 짝이 없다. 이 묘지는 도로 바로 옆에 위치해 먼지를 그대로 맞고 있으며 묘비나 잔디가 제대로 관리되지 않아 낡은 상태로 방치된 모습이다. 프랑스 묘지에는 마다가스카르에 프랑스 해군기지가 존재했던 1906년부터 1973년까지 사망한 프랑스 군인들이 묻혀 있으며, 특히 1917년부터 1946년 제2차 세계대전 종료까지 사망한 군인들의 숫자가 가장 많다.

프랑스 정부는 비시 정부의 어두운 역사를 되돌아보기를 꺼리는 듯, 이 묘지의 관리를 위해 디에고 시에 별도의 재정 지원을 하지 않고 있다. 도시 한가운데 내버려져 있는 이 묘지의 모습은 한편으로 안타까움을 자아낸다.

이렇게 2차 세계대전 중 마다가스카르는 단순한 섬나라를 넘어서 세계사의 흐름을 바꾼 전쟁의 중요한 무대가 되었다. 이곳에서 벌어진 연합군의 작전은 인도양의 물류와 항로를 보호하며 전쟁의 판도를 바꾼 중요한 전환점이 되었다. 이러한 역사적 경험은 마다가스카르의 지정학적 중요성을 보여주는 사례로 남아 있다.

평화를 품은
민족의 발자취

바닷가 아이들 ⓒ stefano

느림 속에 깃든 평화,
"무라무라"

마다가스카르는 평화를 사랑하는 민족이다. 2024년 세계평화지수^{GPI} 조사 결과, 163개 국가 중 마다가스카르는 44위에 올랐다. 사하라 이남 아프리카 국가 중에서는 22위에 오른 모리셔스를 제외하고 가장 평화로운 민족으로 평가되었다. 우리나라가 46위에 머무른 점을 고려하면, 마다가스카르는 전 세계적으로도 정말 평화로운 나라라고 할 수 있다. 마다가스카르의 현대사를 살펴보면 그 이유를 알 수 있다. 마다가스카르는 쿠데타와 대통령의 살해, 망명 등 정치적 불안에도 불구하고, 다른 아프리카 국가들과 달리 국민이 직접 봉기하거나 내전을 겪은 적이 없다.

마다가스카르 사람들은 진정으로 느긋하고 온순하며 평화로운 민족이다. 소탈하고 순박한 민족의 전형이다. 마다가스카르는 프랑스의 식민지 생활을 겪었음에도 불구하고 불공정한 지배 구조에서 벗어나기 위해 폭력을 무기로 삼지 않은 평화로운 민족이다. 프랑스로부터 독립했지만 억눌린 삶은 크게 달라지지 않았다. 몇 번의 정권 교체와 독재정치, 사회주의 지배가 있었다. 여러 차례 정치적 격변기를 겪으면서도 마다가스카르 사람들은 저항과 폭력을 사용하지 않고 주어진 상황에 순응하며 평화를 택해왔다.

극도로 심각한 상황으로 치달았던 2009년 쿠데타 당시에도 일반 시민들은 평온을 유지하며 일상생활을 이어갔다. 아프리카 대륙에서 여러 차례 쿠데타와 혼란의 상황이 벌어진 가운데서도 2023년 대선도 평화적으로 치러졌다. 독립 이후, 말라가시인들은 수많은 지도자를 거치며 암살과 독재, 정치적 변혁을 겪었지만 폭력보다 평화를 선택하며 지도자들에게 존경을 표해왔다.

젊은 세대에서 이러한 성향은 더욱 두드러진다. 학자 대출금이나 장학금 지급 지연, 대학 측의 과도한 등록금 인상, 교수들의 수업 거부 등 다양한 사회적 문제에 순응한다. 정치권에 분노하는 젊은이들도 무력을 행사하거나 폭력을 통해 주장을 관철하기보다는 평화적인 시위와 정부와의 대화를 통해 문제를 해결하려고 한다. 이러한 특성은 평화를 추구하는 민족성에서 비롯된 것이기도 하지만, 마다가스카르 사회에 깊게 뿌리내린 금기 사항, 즉 물리적 폭력을 행사하는 것에 대한 강한 금기의 영향 때문이기도 하다.

마다가스카르에서 가장 먼저 접하는 말은 "무라무라^{moramora}"다. 이는 현지 언어로 '천천히, 여유 있게'라는 뜻이다. 말라가시인 대부분은 여유를 가지는 것을 삶의 미덕으로 여긴다. 그들은 무슨 일이든 여유를 갖고 진행하며 약속에도 일부러 늦게 나타나는 경우가 많다. 이는 아마도 시골에서 시계 없이 해가 뜨면 일어나고 해가 지면 잠자리에 드는 전통적인 생활 습관에서 비롯된 것일지도 모른다.

한편으로 수도 타나에서 말라가시인들의 삶을 보면, 매우 분주하게 살아가고 있어 "무라무라"는 단지 인생을 바라보는 관점에 불과하다. 수도 타나는 아침 7시만 되어도 부지런히 어딘가를 향해 움직이는 사람들로 붐빈다. 새벽부터 노점상을 열기 위해 접시를 닦는 사람들, 각자의 목적지를 향해

타나의 상인들 ⓒ sitraka

재빠르게 발걸음을 옮기는 수많은 인파가 눈에 띈다. 버스는 여기저기 서서 사람들을 태우고 내리며 사람들의 대화 소리와 차량 경적 소리가 섞여 도시는 소음으로 가득 찬다. 타나 전체에서 활기와 열정이 뿜어져 나온다.

아침의 활기는 타나의 밤이 매우 어둡기 때문일 것이다. 밤거리에는 전기가 들어오지 않아 사람들은 일찍 잠자리에 들고 아침 해가 뜨면 바로 출근한다. 한낮이 되면 햇볕이 너무 뜨거워 오후 2시쯤 시장의 노점상들은 모두 문을 닫는다. 신선 제품을 보관할 냉장 시설이 없어 하루 안에 다 팔아야 하기에 상인들은 한나절에 팔 수 있을 만큼만 채소를 밭에서 뽑아 나온다.

대부분의 다른 가난한 나라들과 달리, 수도 타나에는 길거리에 빈둥거리는 남성들이 눈에 잘 띄지 않는다. 오히려 타나의 남성들에게선 맨발로 지게를 지고 무거운 짐을 지며 언덕을 오르는 모습을 더 자주 볼 수 있다. 땀을 흘리며 힘차게 언덕을 오르는 그들의 모습은 이 민족의 활기와 부지런함을 잘 보여준다.

반면에 마다가스카르 시골 사람들의 일상은 매우 단조로운 "무라무라"의 삶이다. 마다가스카르 남부의 깡촌 시골 마을에서 태어난 에리는 형제가 10명이다. 걷기 시작할 무렵부터 동네 아이들과 함께 제부를 목축하는 일을 맡았다. 학교는 한 시간씩 걸어 다녀야 해서 10살까지 들락날락하다가 말라가시어 읽는 법조차 배우지 못한 채 그만두었다.

10대 중반이 되어 집안일을 맡기 시작하면서, 새벽같이 일어나 전날 먹고 남은 밥에 물을 부어 만든 숭늉으로 간단히 아침을 해결한 뒤 들로 나간다. 아버지가 소작농으로 일하는 밭에서 정오가 다 될 때까지 일하며 점심은 들에서 간단히 옥수수나 카사바를 먹는다. 해가 어둑해지기 전에 집으로 돌아와 저녁은 쌀과 채소볶음 요리나 국물 요리로 해결하고 저녁 8시가 되면 잠자리에 든다.

20세가 되면 동네에서 가족끼리 오랫동안 알고 지낸 여성과 결혼한다. 또래 남자와 결혼하는 이 여성은 매우 운이 좋은 경우다. 대부분 가난에 시달리는 시골에서는 13살이 되면 재부를 많이 가진 주인집 아저씨나 나이 차이가 큰 동네 어른과

제부와 말라가시 ⓒ sitraka

결혼하거나, 아예 결혼하지 않고 첩으로 살아가는 경우도 흔하다. 시골 여성들은 어린 나이에 결혼해 50세가 넘도록 10명 이상의 아이를 낳고 기른다. 남자아이를 선호하는 전통적인 농경사회에서는 아이를 많이 낳을수록 부유해진다고 보기 때문이다. 시골 사람들 남녀 모두가 일요일 오전 교회 예배를 드리러 가는 날을 제외하고는 일 년 내내 같은 일상이 반복되며 그렇게 한 평생을 살아간다.

그래도 채소나 쌀을 경작할 땅이 있으면 큰 걱정이 없다. 대부분은 밭을 임차해 경작하며 땅에서 나는 채소, 쌀, 각종 수확물을 시장에 내다 팔고 땅 주인과 반반씩 나눈다. 땅 부자들은 직접 농사일을 하지 않으면서도 가끔 밭에 들러 수확물을 확인하고 시장 가격의 절반을 가져가는 시스템이다.

소작농들은 작은 밭에서 농작물을 수확해 시장에 팔고 그 수입으로 라디

오를 사고 집에 전기를 공급할 태양광을 설치하며 가끔은 텔레비전도 마련한다. 그러나 대부분은 해가 떨어지면 전깃불조차 들어오지 않는 깜깜한 집에서 외부와 단절된 채 일찍 잠자리에 든다. 이렇게 시골에서는 바깥세상이 어떻게 돌아가는지도 모르고 태어난 곳에서 70세가 넘도록 평생을 살아가는 사람들이 있는가 하면, 마다가스카르 도시의 젊은이들은 넷플릭스를 시청하고 무료로 접속 가능한 페이스북에서 다양한 쇼핑을 즐긴다. 마다가스카르 청년들의 활기와 에너지를 보면 이 나라의 장래가 밝아 보인다.

이들은 페이스북을 통해 긴밀히 연결되어 있으며 모든 뉴스와 소식, 사회적 네트워크가 페이스북을 통해 공유된다. 체계적인 우편 주소 체계가 없는 마다가스카르에서도 모든 종류의 배달주문이 가능하다는 점은 놀랍다.

케이팝에 열광하는 청년들

마다가스카르는 불안정한 오래된 케이블을 사용하는 아프리카 대륙의 내륙 국가들과 달리, 인도양 지역의 섬나라들인 모리셔스, 레위니옹 등과 해저 광섬유 케이블로 연결되어 있어 인터넷 속도도 빠른 편이다. 마다가스카르의 청년들은 이러한 인터넷망을 활용하여 인터넷에서 사업을 창출하며 삼성 휴대전화와 애플 제품을 구매하기를 갈망하고 더 나은 삶을 꿈꾼다. 마다가스카르 인구의 75%를 차지하는 30세 이하의 젊은 층은 성장의 원동력이다. 케이팝에 열광하고 한국 문화와 한국어를 배우는 데 열정을 가진 마다가스카르 청년들은 전 세계와 연결된 문화적 흐름 속에서 밝은 미래를 만들어가고 있다.

독립 이후의 선택
– 친프랑스 노선을 걷다

평화를 사랑하는 말라가시인들은 1960년 독립과 함께 새로운 시대를 맞이했지만, 이후 혼란스러운 현대사를 겪게 되었다. 독립 후, 마다가스카르 해안 지역의 종족들은 더 이상 중부 고원 메리나 종족의 지배를 받기를 원치 않았다. 이에 마다가스카르 북부 해안가 치미에티 종족 출신인 필리베르 치라나나Philibert Tsiranana가 초대 대통령으로 선출되었다. 이후 마다가스카르에서는 대통령이 해안가 출신이면 총리는 메리나 종족 출신이, 대통령이 메리나 출신일 경우 총리는 해안 지역 출신이 되는 관례가 자연스럽게 정착되었다.

필리베르 대통령은 친프랑스 노선을 선택하며 프랑스와의 우호 관계를 지속했다. 그는 메리나 종족의 엘리트들을 잘 활용하고 주요 지방별로 인사들을 채용하면서 두루두루 인기를 얻기 시작했다. 타나 시내 중심가의 루브르 호텔 앞에는 서울의 남산타워처럼 화가들과 다양한 물건을 파는 잡상인들이 모이는 언덕이 있다. 그 가운데 우뚝 서 있는 동상이 바로 필리베르 대통령의 동상이다. 그는 산업 기반 시설을 구축하고 농업을 현대화하며 마다가스카르 사람들의 생활 수준을 향상시키기 위한 정책들을 추진했다.

필리베르 대통령 동상

그는 메리나 종족들로부터 신임을 얻는 데 성공했지만, 마다가스카르 사회는 오랜 식민지 지배와 프랑스의 경제적 지배 등 식민지의 잔재로 인해 사회 불평등과 정치적 불안정이 지속되었다. 게다가 치라나나 정권은 식민지 시대 통치했던 기존 세력들과 밀접한 관계를 유지하고 있었고, 이러한 관계를 청산하지 못한 점이 사람들의 반발을 불러일으켰다. 급기야 1972년 5월 13일, 프랑스의 이익을 대변하는 대통령을 더 이상 받아들일 수 없다며 전국적인 학생 시위가 발생했다. 이 시위는 '루타카^{Rotaka} 혁명'이라고 불린다. 결국 치라나나 대통령은 사임하게 되었고 이후 1972년부터 1975년까지 몇 차례의 쿠데타가 일어나면서 대통령 중 한 명은 취임한 지 6일 만에 암살되는 사건까지 발생하며 마다가스카르는 대혼란에 빠졌다.

라치라카와 북한의
붉은 동맹

디디에 라치라카 대통령 ⓒ 위키피디아

엄청난 혼란 속에서 1975년 6월 15일, 디디에 라치라카가 집권하게 된다. 39세의 해군 장교이며 동쪽 해안가 지방인 베치미사라카 출신인 그는 국수주의자이자 기독교인이면서 마르크스주의자였다. 라치라카 대통령은 제2공화국을 선포하고 마다가스카르를 사회주의 국가로 탈바꿈시키기 시작했다. 그는 은행, 보험사 및 주요 외국 기업들을 적절한 보상 없이 국유화했다. 1970년대 전 세계가 냉전기에 돌입한 상황에서 라치라카 대통령은 소련, 북한과 급속히 가까운 관계를 구축하며 마다가스카르를 사회주의 국가로 변화시켜 나갔다. 우리 정부는 마다가스카르와 1962년에 수교하였으나 1972년 라치라카가 대통령에 취임하기 전 외무장관으로 북한을 방문하고 수교를 이끌어낸 후, 우리 정부는 마다가스카르와 단교하게 되었다. 이후 냉전체제가 무너져 1993년 우리나라와 재수교하기 전까지 라치라카 대통령은 김일성 주석을 형님으로 모시며 거의 20년 동안 북한과 친형제처럼 가까운 관계를 유지했다.

북한이 지어준 이아불루 궁전 ⓒ 위키피디아

북한은 1970년대에 라치라카 대통령의 고향인 타마타브 시에 '선구적인 소년들의 궁'이라는 이름을 붙인 궁전을 지어줬다. 게다가 북한은 서울 올림픽에 마다가스카르가 참가하지 않는 조건으로 타나 수도에 숲 속의 공주가 살 것 같은 거대한 하얀색 궁전을 무상으로 지어주었다. 이아불루lavoloha라고 불리는 이 궁전을 지어준 사실은 유명한 드라마 〈응답하라 1988〉에서 여주인공 덕선혜리이 서울 올림픽에서 마다가스카르 피켓 걸로 선정돼 연습에 매진하다가 마다가스카르의 불참 선언을 듣게 되는 이야기의 실제 배경이다. 이아불루궁은 현재 대통령의 집무실로 사용되며 대사들이 마다가스카르 대통령에게 신임장을 제정하는 장소로도 활용된다.

라치라카 대통령의 급진적인 정책으로 마다가스카르 경제는 빠르게 후퇴하기 시작했다. 기술력과 노하우를 가진 많은 프랑스인들이 떠났고 마다가스카르의 엘리트들도 국외로 이주했다. 특히 코카콜라는 마다가스카르의 주요 특산품인 바닐라 시럽을 사용하고 있었는데, 라치라카의 과격한 사회주의 정책을 비판하며 마다가스카르산 바닐라를 더 이상 사용하지 않겠다고 공표했다. 이 결정은 마다가스카르 경제에 큰 타격을 주었다.

라치라카 대통령은 프랑스의 영향력에서 벗어나기 위해 1972년 교과서를 현지어인 말라가시어로 표기하고 수업도 말라가시어로 하도록 변경했다. 그러나 이 정책은 프랑스 식민지 교육을 받은 지식인들의 비난을 받았고 지속적인 논쟁 끝에 1990년에 폐기되었다.

이러한 정책과 지도층의 부패가 맞물리며 경제는 지속적으로 악화되었고 정치적 불안정은 더욱 심화되었다. 이와 같은 상황 속에서 공산주의 국가들이 차례로 무너지기 시작했으며 1991년에는 냉전체제가 종식되었다. 이러한 국제적 흐름에 영향을 받아, 라치라카 대통령은 산업화 정책을 추진하고 서구 사회의 투자를 유치하려 했다. 하지만, 너무 늦게 시작한 자유경제 정책은 큰 효과를 거두지 못했다. 1991년 마다가스카르에서는 대규모 시위가 발생했고 라치라카 대통령의 퇴임을 요구하는 목소리가 커지게 되었다.

결국 1993년 최초의 민주적 선거가 치러졌고 라치라카는 18년간의 독재정치에서 물러났다. 알베흐 자피Albert Zafy가 신임 대통령으로 선출되었으며 그는 사회 운동을 주도한 의대 교수 출신이었다. 하지만 불과 3년 만에 자피는 의회에서 불신임을 당해 1996년에 다시 대선이 치러졌다. 대선 결과는 모두를 놀라게 했다. 디디에 라치라카 대통령이 50.7%의 신임을 얻어 재선된 것이다.

마크 라발루마나나 대통령 ⓒ 위키피디아

라치라카 대통령의 5년간 혼란스러운 통치 끝에, 2001년 대선에서 타나 시장인 마크 라발루마나나가 51.46%를 얻어 35.9%를 얻은 디디에 라치라카를 누르고 대통령에 당선되었다. 그러나 라치라카 대통령은 대선 결과에 불복하며 물러나지 않았고 라발루마나나 지지자들은 거리 시위를 벌이며 라치라카 대통령의 퇴진을 요구했다.

라치라카는 고향인 타마타브로 내려가 지방 주지사들을 결집하며 대응에 나섰다. 라치라카 지지자들은 수도 타나를 고립시키기 위해 다리를 끊고 주요 도로를 통제했으며 심지어 몇 주 동안 공항을 폐쇄했다. 이로 인해 약 8개월 동안 극심한 정치 소요와 폭력 사태가 이어졌다. 그러나 헌법재판소에서 라발루마나나의 당선이 확정되고 라발루마나나가 대통령으로 취임하자

191

한 달 뒤, 라치라카는 프랑스로 망명을 떠났다.

 라발루마나나 대통령은 입지전적인 인물로 요구르트 장사부터 시작해 마다가스카르 최대의 기업인 티코^{TIKO}를 창립했다. 그는 타나 시장으로 재임할 때부터 혁신적인 활동들로 사람들로부터 많은 인기를 얻었다. 특히 타나 시내의 폐기물을 모두 처분하고 아침마다 부랑자들을 동원해 거리를 청소하도록 했다는 일화도 전해진다. 그는 메리나 종족에서 나온 첫 번째 대통령으로 임기 초반 많은 성과를 거두었다. 취임 직후부터 경제 개발을 위해 세계은행, 유럽연합 등으로부터 대규모 원조를 받아와 도로와 전기 등 대형 인프라 사업을 시작했다. 라발루마나나 대통령이 기업 중심의 세율 정책과 국영기업 민영화 등 개혁을 추진하며 마다가스카르는 놀라운 속도로 발전하기 시작했고 외국인들 또한 그가 초반 5년 동안 이룬 업적들을 보며 감탄을 금치 못했다.

 그러나 그는 2006년 연임에 성공한 이후에는 부정과 부패, 과도한 자유주의적 정책을 추진한 결과, 결국 쿠데타로 대통령 자리에서 물러나게 되었다. 국영기업 민영화와 같은 정책으로 공공요금이 인상되며 국민의 생활고가 더욱 심해졌고 메리나 종족 출신들이 정부 요직을 차지하며 특혜를 누리는 등 독재적인 권력을 휘둘렀다. 급기야 2008년, 그는 기업 투자로 모은 국부를 보잉 737 대통령 전용기를 구매하는 데 사용했다. 약 6천만 달러에 구매했는데, 당시 마다가스카르 국민 대부분은 하루 1달러 미만으로 생활하고 있었다. 이때 안드리 라주엘리나 타나 시장이 부패와 경제 성장 둔화로 위기에 몰린 라발루마나나 대통령을 비판하며 혜성처럼 부상하게 된다.

오렌지 혁명을 이끈
라주엘리나 타나 시장

    안드리 라주엘리나는 마다가스카르 수도 안타나나리보 시장이 되기에는 너무 어린 나이인 34세에 무소속으로 시장 선거에 출마했다. 라발루마나나 대통령 또한 타나 시장으로 부상한 후 대통령까지 올랐기에, 라주엘리나 시장의 급부상은 라발루마나나 대통령에게 긴장감을 주기에 충분했다. 라발루마나나 대통령의 견제에도 불구하고 안드리 라주엘리나는 타나 시장으로 당선되었다. 라발루마나나 대통령은 수도 타나에 대한 중앙정부 지원금을 끊어 버렸고 라주엘리나 시장과의 긴장 관계가 지속되었다.

    그러던 중 라발루마나나 대통령이 6천만 달러의 전용기를 구매한 사실이 알려지자 라주엘리나 시장은 이를 강력히 비난했다. 안드리 라주엘리나 시장은 비바 방송국을 소유하고 있었는데 비바 방송국은 라발루마나나 대통령과 대립각을 세웠던, 당시 프랑스에서 망명 중인 라치라카 전 대통령의 인터뷰를 독점 중계했다. 이 인터뷰에서 라치라카 전 대통령은 라발루마나나 대통령을 비난했다. 이에 라발루마나나 대통령은 비바 방송국을 즉시 폐쇄하고 라주엘리나 시장에게 체포 영장을 발부했다.

    라주엘리나 시장은 이에 굴복하지 않고 반정부 시위를 주도했고 타나 시내 전체가 혼돈에 빠졌다. 라발루마나나 대통령의 장녀가 실질적으로 소유하고 있는 국영 방송국에 방화가 일어났으며 대통령 소유 슈퍼마켓에 대규모 강도가 침입하여 약탈이 자행되는 등 혼란은 극에 달했다.

대규모 반정부 시위 중 사망자가 발생하자 라발루마나나 대통령은 정부가 폐쇄했던 라주엘리나 시장 소유 방송국의 방송 재개를 허용하겠다는 화해의 제스처를 보여 상황이 잠잠해지는 듯했다. 그러나 정부는 라주엘리나 시장을 타나 시장에서 해임하고 새로운 시장을 임명했으며, 이에 반발한 라주엘리나 지지자 수천 명이 시청 앞에서 집회를 가지며 사태는 다시 악화되었다.

이어 수천 명의 시위대가 대통령궁으로 진입을 시도했고 치안 부대가 이들에게 발포하여 최소 28명이 사망했다. 라주엘리나 시장은 정부가 무장도 하지 않고 평화적으로 거리 시위를 벌이던 시위대에게 발포했다며 강하게 비난했다. 라주엘리나 시장은 과도정부 총리를 임명하고 사망자들을 위한 국민 애도의 날을 선포했다. 이 유혈사태로 국민의 반정부 정서가 확산되면서 라발루마나나 대통령은 군대의 지지를 잃고 수세에 몰렸다.

라주엘리나 지지자들은 국방부와 재무부까지 점거하면서 군대와 정부를 사실상 장악했다. 라발루마나나 대통령은 북한이 지어준 이아불루 궁전으로 급히 피신한 후, 결국 사퇴하고 정권을 군부에 이양했다. 군부는 곧바로 라주엘리나 시장에게 정권을 넘겨주었으며 이로써 약 2개월에 걸친 대립과 소요 사태가 막을 내렸다. 2009년 라주엘리나 시장은 마다가스카르의 새로운 통치자가 되었고 2년 이내 대선을 실시하겠다고 발표했다.

그러나 당시 라주엘리나 시장은 아직 40세 전으로, 마다가스카르 대통령이 되려면 40세 이상이어야 한다는 헌법 규정을 충족하지 못했다. 그는 결국 약속했던 2년 내 대선을 치르지 못하고 5년간 과도정부 수반으로 마다가스카르를 통치하게 되었다. 국제 사회는 이러한 과정을 쿠데타로 규정하며 마다가스카르에 대한 모든 원조와 경제적 지원을 중단했다.

야자수가 지키는 타나의 상업 골목 ⓒ nantenaina

대우의
신식민지 건설 논란

안드리 라주엘리나 시장이 반정부 시위 초기에 제기한 주요 사건 중 하나
는 우리나라와 관련된 것이었다. 그것은 바로 한국 기업 대우로지스틱스의
대규모 농지 개발 계획이다. 대우로지스틱스는 옥수수와 오일팜 생산을 위
해 마다가스카르에서 대규모 농지를 임대하는 계약을 추진 중이었다. 정부
와의 협상이 막바지 단계에 이른 2008년 11월, 이 계획은 〈파이낸셜타임스〉
를 통해 보도되었다.

〈파이낸셜타임스〉는 대우로지스틱스 관계자와의 인터뷰를 통해, 대우가
제주도 면적의 7배에 달하는 약 130만 헥타르의 농지를 마다가스카르로부
터 99년간 무상으로 임대하여 옥수수를 경작할 예정이라고 보도했다. 마다
가스카르 전체 경작 가능 농지가 약 250만 헥타르임을 고려하면, 이는 그
절반에 해당하는 막대한 규모의 땅을 무상으로 이용하는 것이었는데, 〈파
이낸셜타임스〉는 이러한 한국 기업의 마다가스카르 진출을 신제국주의로
비유하며 논란을 부추겼다. 또 영국의 일간지 〈더 가디언〉은 식량 위기가
지난 5년간 세 번이나 강타했던 마다가스카르에서 생산된 농산물이 한국으
로 수출될 예정이라는 점을 지적했다. 이러한 내용은 2008년 11월 현지 언

론에서도 보도되었지만, 당시에는 큰 여론의 관심을 받지 못했다.

하지만 반정부 시위가 격화되면서 2009년 1월 야당은 외국 기업에 대한 대규모 토지 임대 문제를 라발루마나나 대통령 퇴진 운동의 주요 이슈로 제기했다. 이는 대통령의 전용기 구매 논란, 비바 방송국 강제 폐쇄와 함께 3대 쟁점으로 부각되었다. 대우 농장 개발 사건은 반정부 시위 초기에 촉발제가 되었고 심각한 반한 감정으로 이어질 수도 있는 위기를 불러왔다.

마다가스카르 농업부 장관과 토지개혁부 장관은 아직 국내적으로 계약이 체결되지 않았다고 해명했으나 효과를 보지 못했다. 이후 마다가스카르 정부는 반정부 시위의 소용돌이에 휩싸이며 혼란에 빠지게 되었다. 결국 대우 로지스틱스는 반정부 시위와 과도정부 수립으로 인해 계약을 더 이상 진척시키지 못했다. 이후 대우는 마다가스카르에서의 농지 개발 사업을 철수하기로 결정하며 이 사건은 마무리되었다.

오늘날에도 마다가스카르의 농지 개발 사업에 대해 일부에서는 외국 자본이 마다가스카르의 땅과 자연을 수탈하려 한다는 비판을 제기하기도 한다. 마다가스카르의 토지는 매우 비옥하며, 기후 조건이 좋아 연간 최대 삼모작까지 가능하다. 라발루마나나 대통령은 당시 마다가스카르 농업에 투자하려는 외국 투자자들에게 매우 관대한 정책을 펼쳤다. 농기계 수입 시 무관세 혜택을 제공했을 뿐 아니라, 경작지를 거의 무상에 가깝게 임대하며 외국 기업이 직접 개간하도록 장려했다.

마다가스카르의 광활한 땅이 여전히 허허벌판으로 잡초만 무성하게 자라고 있는 모습을 안타깝게 여기는 이들도 많다. 이러한 땅에 농사를 짓기 위해서는 대규모 개간 작업과 관개 시설 구축이 필수적이다. 게다가 우기 동안에는 대부분의 도로가 물에 잠겨 수개월 동안 접근조차 어려운 지역이 많다. 외국 기업이 농업을 시작한다 해도 농작물을 시장에 판매하기 위한 도로 건설이 필요하며, 이러한 프로젝트는 제2의 암바토비 규모에 버금가는 대규모 인력 고용과 기반 시설 투자를 요구한다.

당시 대우 사업 현장에 동행하며 중개자로 활동했던 마다가스카르 정부의 한 고위 인사는 대우의 투자가 이루어졌다면 암바토비 니켈 광산과 마찬가지로 마다가스카르 전체의 경제 발전에 크게 기여했을 것이라며 안타까움을 표했다. 문제가 된 땅은 마다가스카르 동부와 서부 지역 곳곳에 흩어져 있었으며 대부분 전기가 들어오지 않는 외진 지역으로 몇 시간을 흙길로 들어가야 도달할 수 있는 곳들이었다. 대우로지스틱스의 투자로 플랜테이션 노동자들의 숙소, 농작물의 경작과 수확을 위한 도로, 곡물 선적과 장비 하역을 위한 선적 시설, 관개 시설까지도 마련될 가능성이 있었다. 물론 이는 어디까지나 가능성일 뿐이었다. 반정부 시위가 없었더라도 이 프로젝트가 초국적 기업과 부패한 지도자들 간의 비밀 협약으로 그쳐 결국 소수 지배층의 이익만 부풀리는 결과로 끝났을지 알 수 없다고 이야기하는 이들도 있다.

쿠데타의 그림자
– 고립된 과도정부

　라주엘리나 과도정부 수반은 쿠데타 이후 라발루마나나 전 대통령이 구매한 전세기를 2,450만 달러에 미국 기업에 매각했다. 그는 과도정부를 5년간 통치하며 2013년 대선 출마를 계획했다. 그러나 당시 마다가스카르 유엔 조정관을 비롯해 남부아프리카개발공동체^{SADC}는 마다가스카르의 정치적 불안 심화를 우려하며 라주엘리나 수반과 그의 정적인 라발루마나나 전 대통령 모두 대선에 출마하지 못하도록 했다.

　이 구상에 따라 남아프리카공화국의 주마 대통령의 중재로 남아공으로 망명 중이던 라발루마나나 전 대통령과 라주엘리나 과도정부 수반 간의 회담이 마다가스카르 인근 섬나라인 세이셸에서 열렸다. 남아공은 양측에게 2013년 예정된 대통령 선거 불출마를 제안했다. 라주엘리나 수반은 라발루마나나 전 대통령이 이를 수용한다면 자신도 받아들이겠다는 입장을 밝혔으나 라발루마나나 전 대통령이 이를 거부하면서 합의에 이르지 못했다.

　마다가스카르 정부는 대선을 치르기 위해 유엔과 미국을 비롯한 국제 사회의 지원이 절실했는데, 당시 국제 사회는 마다가스카르의 과도정부를 승인하지 않고 강도 높은 제재를 가하고 있었다. 미국은 과도정부 수립 이후

아프리카 특혜 관세 제도인 아프리카성장기회법^{AGOA} 대상에서 마다가스카르를 제외하고 고위 인사들에 대한 미국 입국 비자를 제한하며 인도적 지원을 제외한 모든 공적개발원조^{ODA} 사업을 중단했다. 이런 상황에서 마다가스카르의 경제는 심각한 위기에 빠졌으며 국제 사회의 지원 없이는 대선을 치르는 것은 고사하고 과도정부를 더 유지하기도 어려운 실정이었다.

이러한 압박 속에서 결국 라주엘리나 과도정부 수반은 2013년 대선에 출마하지 않겠다고 선언했다. 당시 그는 40세가 되지 않은 젊은 지도자로 헌법상 대선 출마 요건을 충족하지 못했지만 차후 대선에서 더욱 준비된 모습으로 정계에 복귀하겠다고 약속했다.

라주엘리나 수반이 대선 불출마를 결정하자, 라발루마나나 전 대통령도 대선에 불출마하게 되었다. 이어 과도정부 측 인사들 가운데 여러 후보가 대선에 출마했다. 총 33명의 대통령 후보 중 라주엘리나 측 인사가 무려 13명이나 되었다. 그중에서도 라주엘리나 과도정부 시절 재무장관을 지냈던 에리 하조나리맘피아니나^{Hery Rajaonarimampianina}가 유력한 대통령 후보로 부상하며 주목받았다.

대선 후보 등록 결과, 흥미로운 사건이 발생했다. 라발루마나나 전 대통령의 부인인 랄라우 라발루마나나가 대통령 후보로 등록한 사실이 확인된 것이다. 또한 라치라카 전 대통령도 대선 후보로 등록한 것이 밝혀졌다. 라발루마나나 전 대통령의 대리인으로 랄라우 여사가 후보로 나선 것에 분노한 라주엘리나 과도정부 수반은 후보 등록 마감 후 국제 사회와의 약속을 깨고 뒤늦게 후보 등록서를 제출했다.

라주엘리나 수반의 뒤늦은 후보 등록 소식이 알려지면서 혼란은 더욱 가중되었다. 결국 마다가스카르 선관위는 문제의 후보들에 대해 후보 자격을 무효화하는 결정을 내렸다. 라주엘리나 과도정부 수반은 등록 마감 기한을 넘겼다는 이유로, 랄라우 라발루마나나 여사와 라치라카 전 대통령은 헌법에 명시된 거주 요건을 충족하지 못했다는 이유로 각각 후보 자격을 박탈당했다. 랄라우 여사는 남편인 라발루마나나 전 대통령과 함께 남아프리카공화국으로 망명한 이후 마다가스카르로의 귀환이 계속 거부되고 있었다.

결국 라주엘리나 과도정부 수반은 에리 후보를 지지하기로 했다. 이에 라주엘리나 과도정부 수반이 에리가 집권하면 총리나 장관직을 맡고 2018년 대선에 출마하는, 마치 러시아 푸틴 대통령의 재집권 당시와 유사한 시나리오가 전개되고 있다는 얘기가 세간에 떠돌았다.

대선 결과, 에리가 대통령으로 당선되었다. 에리 대통령은 대선 직전에는 당선되면 라주엘리나 과도정부 수반을 총리로 임명하겠다고 약속했지만, 정권을 잡은 뒤 입장을 번복했다. 이로 인해 라주엘리나 전 과도정부 수반과 에리 신임 대통령 간의 갈등이 깊어졌다. 결국 라주엘리나 전 과도정부 수반은 에리 대통령의 취임식에 불참했다. 이후 라주엘리나 전 과도정부 수반은 2018년 대선을 통해 복귀를 목표로 세우고 스위스로 떠났다.

아프리카에서 가장 젊은
대통령의 탄생

안드리 라주엘리나는 마침내 2018년, 40대 초반의 나이에 아프리카 대륙에서 가장 젊은 대통령으로 당선되었다. 그는 2013년 국제 사회의 반대로 대선에 참여하지 못하고 망명을 떠나야 했지만, 2018년 화려한 정치적 복귀를 이루며 주목을 받았다.

안드리 라주엘리나 대통령 ⓒ 마다가스카르
대통령실

2023년 재선 캠페인을 앞두고는 이중국적 논란이 불거지면서 대통령 후보 자격이 박탈될 위기에 처했으나, 이 어려움도 무난히 극복하며 재선 레이스를 이어갔다. 니제르, 말리, 부르키나파소, 가봉 등 여러 아프리카 국가들이 쿠데타로 무너지는 가운데, 라주엘리나 대통령은 대선을 통해 재임에 성공하며 안정적인 리더십을 이어갔다.

2018년 그의 정치적 복귀는 말라가시인들의 큰 지지를 받았다. 2013년 그가 과도정부 수반직을 내려놓으면서 약속한 대로 2018년 대선을 통해 정정당당하게 복귀를 시도하자, 그의 지지자들은 그의 눈부신 부활을 열렬히 지지했다. 2018년 대선 캠페인에서 그는 디제이 출신답게 다른 후보들이 상상조차 하지 못했던 독특한 방식으로 자신을 알렸다. 그는 테크노 음악에 맞춰 헬리콥터에서 무대 위로 내려오는 팝스타 같은 캠페인 연출로 대중의 시선을 사로잡았다. 젊고 에너지 넘치는 이미지와 더불어 아름다운 아내를 둔 성공적인 인물로 비춰진 라주엘리나는 많은 이들의 사랑을 받았다.

그러나 대통령에 당선된 후 그는 시련에 직면했다. 경제 개혁 정책을 펼치려던 찰나, 코로나19 팬데믹이 발생하면서 약 2년간 봉쇄 조치로 사실상 아무런 성과를 내지 못한 채 시간을 보냈다. 2022년 이후 국경이 다시 열렸으나, 물가 및 유가 상승, 외국인 투자와 관광객 감소로 인해 마다가스카르 화폐 아리아리의 구매력이 급격히 악화되면서 상황은 더욱 어려워졌다. 이에 따라 그의 인기도 점차 하락하며 다가오는 재선에서 승리할 수 있을지 불확실한 혼란 속에 빠졌다.

2023년 대선을 불과 4개월 앞둔 시점에서 라주엘리나 대통령이 2014년 프랑스로 망명하며 프랑스 국적을 취득했다는 사실이 언론을 통해 공개되면서 큰 파장이 일었다. 마다가스카르 법에 따르면, 성인이 된 후 귀화를 통해 타국 국적을 취득할 경우 자국 국적이 상실된다. 그러나 대통령실은 별도의 국적 포기 신고가 없었기 때문에 국적이 상실되지 않았다고 주장했다. 이에 반해 야당 대표인 라발루마나나 전 대통령은 라주엘리나 대통령이 이미 국적을 상실했으며, 따라서 더 이상 마다가스카르 대선 후보 자격이 없다고 반박했다.

야당은 이를 근거로 대통령의 후보 자격 상실을 주장하며 선거 자체를 거부하는 거리 시위를 시작했다. 야권은 선거 연기를 요구하며 과도정부 설치,

선거관리위원회 구조 개혁 등 급진적인 요구를 제기했으나 대선을 불과 한 두 달 앞둔 시점에서 현실적으로 실행 가능성이 없는 것이나 마찬가지였다. 야당의 거리 시위에 대한 정부의 강경 진압이 이어지면서 국제 사회에서도 마다가스카르의 정치적 혼란과 인권 침해 가능성에 대한 우려를 표명했다.

야권의 선거 보이콧이 심화되는 상황에서 대선 캠페인이 시작되었다. 라주엘리나 대통령과 함께 선거 캠페인에 참여한 야권 후보는 시테니 후보를 포함한 단 두 명뿐이었다. 그러나 야권 연합의 선거 보이콧 전략은 결과적으로 실패로 끝났다. 대선은 예상과 달리 비교적 조용하고 평화롭게 치러졌으며 투표율은 46.33%로 2018년 대선의 53.9%보다는 낮았으나 여전히 유의미한 수준을 기록했다. 게다가 기대치도 않게, 라주엘리나 대통령은 1차 투표에서 과반수 이상을 확보하여 결선 투표 없이 당선을 확정지어 버렸다.

야권 후보 연합은 대선 성립 자체를 부정하며 국제 사회의 개입과 지원을 요청했지만 대선이 비교적 평화롭고 질서 있게 치러지며 라주엘리나 후보의 당선 정당성이 국제적으로 인정받은 상황에서, 이들의 주장은 힘을 잃었다. 2024년 초, 라주엘리나 대통령의 2기 정부가 공식 출범하며 마다가스카르의 정치와 경제는 점차 안정을 찾아가기 시작했다. 라주엘리나 대통령은 재선 성공 이후 더욱 공고해진 정치적 기반 위에서 국가 발전을 위한 행보를 이어가고 있다.

2024년 한-아프리카 정상회의(서울)에서 안드리 라주엘리나 대통령과 함께

프랑스와 영토 분쟁
– 흩어진 섬

2019년에 라주엘리나 대통령이 취임하자마자 프랑스령 인도양 군도인 '흩어진 섬Les Iles Eparses'을 되찾는 일을 중점적으로 추진했다.

마다가스카르 연안 인도양에 '흩어진 섬'이라고 불리는 5개의 섬이 있다. 이 중 4개의 섬은 프랑스 식민지 시대에 발견되어 마다가스카르를 식민 통치했던 프랑스령으로 자연스럽게 편입되었다. 마다가스카르가 독립한 이후에도 이 흩어진 섬들은 마다가스카르로 반환되지 않고 여전히 프랑스령으로 남아 있다. 마다가스카르 정부는 프랑스 정부에 수년간 군도들을 반환해 달라고 요청하고 있지만 해결의 기미가 전혀 보이지 않고 있다. 이 중 글로리오소 섬Glorioso은 코모로도 주권을 주장하고 있어 마다가스카르와 이해관계가 충돌하고 있다. 흩어진 섬 중 트로멜린Tromelin 섬은 마다가스카르가 아니라 모리셔스가 영유권을 주장하는 상황이다.

마다가스카르는 1960년에 독립한 후 십여 년이 지난 1972년 이후 이 섬들에 대한 영토 주권을 주장하기 시작했다. 마다가스카르 정부는 유엔을 통해 프랑스가 흩어진 섬 주권을 조속히 반환하도록 강력히 요청했다. 1979년에는 유엔 총회 결의안을 상정하는 데 성공했다. 그 결과 유엔은 프랑스 정부

2장 평화를 품은 민족의 발자취

가 즉시 마다가스카르에 이 도서들을 반환하기 위한 협상 절차를 개시할 것을 권유하며, 마다가스카르의 주권 및 영토 보전을 저해하는 조치를 철회하도록 촉구하는 결의를 채택했다. 그러나 유엔 결의는 법적 구속력이 없기에 프랑스 정부는 이러한 유엔의 결정에 별다른 조치를 취하지 않았다. 프랑스로서는 인도양 아프리카의 거점 지역으로 배타적 경제 수역 확보에 이득이 되는 이 지역들을 마다가스카르에 반환할 실익이 없었다.

그러다 2000년대 초, 주앙 데 노바Juan de Nova라고 불리는 섬을 비롯한 유로파Europa, 바사 드 인디아Bassas de India 연안에 석유와 천연가스가 매장된 것으로 알려지면서 양측 간의 분쟁이 본격적으로 심화되기 시작했다. 주앙 데 노바섬은 포르투갈 항해사인 주앙 데 노바João de Nova가 1506년에 이 섬에 도착한 후 자신의 이름을 따서 명명한 섬이다. 프랑스는 이 섬에 군대를 파견하고 프랑스령 자연보호구역으로 지정해 철저히 관리하고 있다. 따라서 이곳은 누구나 쉽게 출입할 수 없으며 프랑스 정부의 특별 허가를 받아야만 입장이 가능하다.

프랑스 정부는 2005년, 급기야 이 지역들을 레위니옹 부속 프랑스 행정구로 공식 편입하는 조치를 취했으며 2007년에는 레위니옹과 같은 프랑스 영토로 공식 선포하는 절차를 밟았다. 2020년 아프리카 순방 중, 마크롱 대통령은 이 섬들이 프랑스의 국가적인 자연의 보고이며 확실한 프랑스 영토임을 기자 회견을 통해 밝혔다. 이렇듯 프랑스는 여전히 이 지역들이 국제법상 프랑스 영토에 해당한다고 주장하고 있지만, 마다가스카르와의 영유권 분쟁은 앞으로도 지속될 것으로 보인다.

3장

18개 부족의
다채로운 풍경

바오밥 거리를 걷는 여인들 ⓒ 2photo pots

2부 마다가스카르, 깊숙하게 살펴보기

18개 부족의 형성

16세기 대항해시대가 시작되면서 유럽인들은 동인도로 향하는 새로운 항로를 찾기 위해 마다가스카르에 주목하기 시작했다. 포르투갈을 시작으로 네덜란드, 프랑스, 영국 등 여러 나라가 차례로 이 지역에 진출했고 마다가스카르의 향료, 목재, 노예 등을 차지하려고 치열하게 경쟁했다. 그 결과 마다가스카르는 수 세기 동안 불안정과 분쟁에 시달리게 된다.

17세기 말에서 18세기 초, 해적들이 마다가스카르에 자주 드나들며 정착하기 시작했고 이로 인해 해적들과 현지인들이 혼혈을 이루며 새로운 문화가 형성되었다. 이 다양한 이주민들은 점차 '말라가시'라는 독특한 종족을 형성하면서 정착하게 되었고 마다가스카르에는 18개의 주요 부족들이 생겨났다. 이 부족들은 '푸쿠Foko'라고 불리며 각기 고유의 전통과 의식을 유지하며 그들만의 독특한 문화인 '카라자베Karazabe'를 발전시켰다.

마다가스카르의 북쪽에서 남쪽까지 광범위하게 퍼져 있는 다양한 부족들은 프랑스 식민지 시절 행정적으로 18개 부족으로 구분되었다. 문헌에 따라 부족 이름이 조금씩 다르지만, 수도 타나를 중심으로 왕국을 이룬 메리나 종족과 마다가스카르 최대 항구 도시인 타마타브를 중심으로 성장한 해적

후손인 베치미사라카 종족이 그 중 대표적이다. 어떤 문헌에서는 원시적인
수렵과 채집 생활을 이어가는 미케아 부족도 18개 부족에 포함하기도 한다.

[마다가스카르의 부족 지도] 그림: 배현지

통일 왕국을 이룩한 메리나 종족

메리나^{Merina} 종족은 마다가스카르에서 가장 중요한 부족으로 마다가스카르 중부 고원의 수도 도시인 안타나나리보에 거주하는 이들이다. 메리나는 이메리나에서 기원한 말로 '고원에서 거주하는 사람들'을 뜻한다. 메리나 종족은 "항상 고향으로 돌아오는 사람들"로 불리기도 하는데, 이는 메리나 종족이 갖고 있는 강한 유대감과 고향에 대한 애착을 보여준다. 메리나 종족들은 초기 바짐바 이민자들을 쫓아내고 이쿠파 강가를 중심으로 고원 지방인 수도 타나와 경기도에 해당하는 아날라망가에 모여서 부족을 형성했다.

메리나 종족은 16세기 초에 중부 고원 지방에 정착하여 부족을 이루기 시작해서 18세기 마다가스카르에서 통일 왕국을 이루었다. 메리나 종족 중 왕족은 '안드리아나'라는 칭호를 사용하는데, 마다가스카르에서 이름에 '안드리'가 붙으면 귀족 출신임을 말한다. 마다가스카르의 현 대통령인 안드리 라주엘리나도 '안드리'라는 이름을 통해 마치 왕족의 혈통을 이어받은 듯한 인상을 주며 그가 지닌 배경에 대한 흥미를 더한다.

메리나 종족은 인도네시아나 동남아 사람들과 비슷한 외모에 18개 부족 중에 가장 밝은 색의 피부를 갖고 있어 외모로도 쉽게 구분된다. 오늘날 메리나 종족 수는 마다가스카르 전체 인구의 약 25%를 차지한다. 마다가스카르 대통령을 포함하여, 정부의 요직, 부와 명예를 이룬 중산층 대부분이 메리나 종족 출신이다. 마

메리나 종족 ⓒ Gabriela

다가스카르의 전체 인구가 3천만 명에 못 미치는 점을 생각하면, 18개 종족 내 메리나 종족이 차지하는 중요성을 가늠할 수 있다.

아프리카 해적의 후손, 베치미사라카 종족

마다가스카르 동부와 북부 해안가에 정착한 베치미사라카^{Betsimisaraka} 종족은 마다가스카르에서 메리나 다음으로 큰 부족으로 전체 인구의 약 15%를 차지한다. 이들은 동쪽 아프리카 해적과 섞여 자나–말라타, 즉 혼혈 후손으로 불린다. 베치미사라카 종족은 동부 해안가, 타마타브를 중심으로 정착해서 유럽 항해사, 아프리카 해적들과 깊은 교류를 하였다. 특히 해적들과 친분을 맺어 무기와 선진 기술들을 제공받으면서 다른 종족들이 위협을 느낄 만한 강력한 부족으로 성장했다.

18세기 초 유럽인 해적과 말라가시 공주 사이에 태어난 라치밀라우는 런던에서 교육받은 후 다시 마다가스카르로 돌아왔다. 그는 마다가스카르 북동쪽 해안에 흩어져 있던 부족들을 모두 통합하여, 거대한 새로운 부족을 형성했다. 그 부족이 바로 베치미사라카 종족이다. 흩어져 있던 부족들을 하나로 뭉쳤기에 말라가시어로 '떨어질 수 없는 많은 무리들', 즉 베치미사라카가 부족 이름이 되었다. 라치밀라우는 통일 부족을 만든 후, 아프리카 대륙 동쪽을 침략하는 야심에 찬 계획도 세웠다. 시칼라바 종족과 뭉쳐 엄청난 영향력을 발휘하

베치미사라카 종족 ⓒ leontiev

게 되었지만, 왕국을 형성하진 못했다.

베치미사라카 종족은 팡갈란 운하를 따라 주로 어업에 종사하며, 리치와 정향 농사를 짓는다. 이 종족은 독특한 장례 문화를 가지고 있다. 고인이 소유했던 카누를 관으로 만들어, 해변 근처 작은 지붕 아래에 두는 것이다. 마다가스카르 휴식의 성지라 불리는 타마타브 인근 마하벨루나 해변을 가다 보면 신기한 장소들이 눈에 띄어 발길을 멈추게 된다. 망그로브 숲과 라비날라 사이에 독특한 건물이 줄지어 서 있는 것을 볼 수 있다. 지붕은 양철로 덮여져 있다. 그 안에는 카누들이 두 개씩 마주하고 있는데, 이들은 모두 관이다. 이 관 안에는 완전히 부패한 시신이 바다를 향해 안치되어 있다. 우리에게는 너무도 생소한 이 독특한 묘지들은 말레이 이민자들이 들여온 관습이다.

바다와 함께 살고 죽는 이 종족은 조상 숭배, 금기 사항에 대한 철저한 숭배로도 유명하다. 제부를 숭상하는 이들은 나무 말뚝에 무늬를 조각하고 제부의 뿔로 장식한 후, 이를 땅에 꽂아 피소쿠나를 세운다. 이곳에 제부의 피를 뿌려 신성함을 부여하고 삶에 어려움이 닥칠 때마다 피소쿠나 앞에서 조상에게 조언을 구하며 어려움을 극복한다.

소싸움 사비카의 원조, 베칠레우 종족

베칠레우^{Betsileo} 종족은 마다가스카르 교육과 문화의 도시인 피아나란추아^{Fianarantsoa} 고원 주변 지역에 거주하는 종족들이다. 별칭은 천하무적의 종족이다. 베칠레우 종족은 18세기 초반까지는 강력한 종족이었으나 18세기 중반 이메리나 왕국의 라다마 1세가 통일하기 시작하면서 작은 왕국으로 분열되었다.

이 종족은 전통적으로 농업을 중시하는 벼농사의 대가들로서 한 해에 삼모

작을 하고, 추수할 때마다 음악과 춤으로 축제를 벌인다. 메리나 종족들과 마찬가지로 죽은 자의 뼈 뒤집기 행사인 파마디하나^{Famadihana} 의식을 거행한다.

베칠레우 종족은 남근숭배 신앙을 보여주는 조형물, 바틀라이를 세우는 것으로도 잘 알려져 있다. 자신들의 영토 경계를 분명히 나타내기 위한 목적으로 세우지만, 축제나 조상들의 영혼을 기리는 행사에서 등장하기도 한다.

베칠레우 중심부에 있는 약 3만 명의 인구가 거주하는 작은 도시인 암보시차^{Ambositra}에서는 각종 나무 공예품을 볼 수 있다. 전통적으로 나무공예에 종사하는 이들을 자피마니리라고 부른다. 이들은 로즈우드, 에보니, 마호가니 등 각종 나무로 조각품을 만드는데, 메리나 왕국의 잔인했던 여왕 라나발루나 1세의 위협을 벗어나서 노예로 전락하지 않기 위해 산속으로 도망간 이들이다. 이들은 나사, 못과 같은 목공 도구를 하나도 사용하지 않고 맨손으로 집 한 채를 지을 수 있는 실력자들이기도 하다. 놀랍도록 정교한 방식으로 나무 부품 하나하나가 다른 나무 부품에 삽입되어 전체 틀이 연결된다. 자피마니리들의 목각 예술은 마다가스카르 고대 전통의 상징으로 인정받아 2003년에 유네스코의 인류 구전 및 무형 유산 걸작으로 선정되었다.

베칠레우 종족은 극한 스포츠인 마다가스카르의 로데오, 사비카^{Savika}로도 유명하다. 사비카는 소 제부에 맞서 오래 매달려 있는 사람이 승리하는 전통 스포츠다. 마다가스카르 축제에서 최고의 장관을 이루는 행사이자, 소위 마다가스카르의 익스트림 끝판왕이다. 유명 방송 프로그램인 〈태어난 김에 세계 일주 시즌3: 마다가스카르 편〉에서 기안84와 그의 팀은 소와 인간의 대결인 사비카를 지켜보며 손에 땀을 쥐는 장면을 선보였다. 사비카 선수들이 흉터를 자랑스럽게 보여주자 기안84는 "이분들이 명예의 전당 같은 거구나."라며 감탄했고 덱스는 "최고의 강한 남자를 뽑는 콘테스트 같다."라며 놀라워했다. 행사를 지켜본 빠니보틀은 "스포츠 같기도 하고 의식 같기도 하다."라고 평했다. 실제로 사비카는 베칠레우 종족의 성인식으로서 수백 년 동안 이어져 온 전통 의식이다.

음피사비카라 불리는 전사들은 그들을 발로 짓밟고, 뿔로 들이받거나 공중으로 날려 보낼 만큼 강력한 제부들의 힘에 맞서 싸운다. 사비카는 말라가시어 '미사비카^{잡는다}'에서 유래한 말로, 사람이 제부 뿔을 잡고 싸움을 해서 '사비카'라는 이름이 붙여졌다. 사비카가 시작되면 제일 먼저 제부를 괴롭혀서 화나도록 만든다. 음피사비카는 제부 뒤로 몰래 접근하여 제부의 뿔과 목을 맨손으로만 잡아서 제압해야 하는데, 제부에게 밟히거나 찔리지 않고 가능한 한 오래 버티고 서있어야 한다. 싸움은 제부가 지칠 때까지 계속된다. 제부는 신성시되며 말라가시인들에게 소중한 자산이기 때문에 절대로 싸움 도중에 제부가 죽는 일이 생겨서는 안 된다. 가끔 음피사비카들이 머리에 심각한 타격을 받기도 하지만, 대부분은 팔, 허벅지 등에 다치는 정도에 불과하다. 오히려 부상 흉터가 그들의 명예와 자부심의 상징이 된다. 제부 싸움은 언뜻 보기엔 잔인한 스포츠처럼 보일 수 있지만, 실제로 이를 즐기는 사람들에겐 전혀 그런 느낌이 아니다. 오히려 규칙에 맞춰 진행되는 전통적인 경기로, 싸움보다는 환호와 즐거움이 넘치는 축제의 장이다. 오늘날에는 마다가스카르 최고의 명절인 부활절이나 성령강림절 같은 축제에 마다가스카르 전역에서 즐기는 스포츠가 되었다.

가시의 사람들, 안탄드루이 종족

마다가스카르 남쪽 지방 끝단 포도팡 쪽으로 내려가면 피부가 아주 검은 안탄드루이^{Antandroy} 사람들이 산다. 다른 지역에서는 이들을 "가시의 사람들"이라고 부른다. 그들을 둘러싼 자연환경이 워낙 험해서다. 이 지역은 비도 오지 않고 주변에서 물도 풀도 보기 힘든 건조한 지역이다. 이들은 가뭄이 끝없이 이어지며 사막 먼지가 날리는 척박한 땅에 살면서도 긍정적이고 생명력 있는 삶을 살고 있다. 부적과 전통 생활방식을 고수하며 다른 지역으로 이주하지 않고 조상의 영토를 지켜나가고 있다.

한-마 재수교 30주년 기념, 전통복 입은 아이들의 〈반달〉 합창

안탄드루이 종족은 조상의 무덤을 매우 화려하게 장식하는 것으로 알려져 있다. 돌로 만든 무덤에 거대한 페인팅을 칠해서 멀리서도 눈에 띄는 형상을 만든다. 이들은 무덤에 제부 뿔을 얼마나 장식하느냐에 따라 고인의 재력을 평가한다. 살아있는 동안에는 제부에 손도 대지 않는다. 고인이 죽고 나서야 고인의 명예를 높이기 위해 제부를 죽여 잔치를 벌인다. 마을 유지가 사망한 경우, 100마리가 넘는 제부를 살육하여 연회를 연다. 마을 사람들뿐 아니라 차로 한참을 가야 하는 먼 곳에 사는 친척들을 모두 모아 제부 잔치를 벌인다. 그래서 장례식도 사망한 뒤 바로 이뤄지지 않고, 심할 경우 몇 달 뒤에 치러지기도 한다.

장례식이 시작되면 먼저 시신을 관에 넣어 의식을 행하고, 며칠 동안 제부를 잡아서 고기 잔치를 벌인다. 이어 관을 무덤에 안장하고 제부 뿔을 무덤 주위에 둘러 장식하는 작업을 이삼일 동안 진행한다. 장례식 직후 고인의 가족들은 고인이 살던 집을 불태워 버리고 유족들은 다시는 고인의 무덤 가까이에도 가지 않는다.

안탄드루이 부족이 사는 남부 지역은 매우 건조하여 다른 말라가시인들과 달리 쌀을 주식으로 먹지 못한다. 대신, 옥수수, 카사바, 고구마와 같은 작물을 주로 먹고 키위와 비슷한 맛을 내는 선인장 과일을 먹기도 한다. 안 탄드루이 사람들은 사막 한가운데에서 자란 달콤한 선인장 과일처럼, 어려운 환경 속에서도 묵묵히 자신만의 방식으로 삶을 이어가고 있다.

메리나와 버금가는 강력한 부족, 사칼라바 종족

서쪽 해안으로 가게 되면 사칼라바^{Sakalava} 종족이 나오는데 메리나 종족 다음으로 가장 강력한 종족이다. 사칼라바인들은 "긴 평원의 사람들"로 불리는데, 바오밥 거리로 유명한 무룬다바 근처 서쪽 해안 전체에 광범위하게 걸쳐 있다. 사칼라바 사람들은 메리나 종족이 뭉치기 시작하던 1820년대 이전까지는 가장 강력한 종족이었다. 18세기 초에 그들이 세운 왕국은 남서쪽 툴레아부터 마다가스카르섬의 북쪽 위 지방에까지 영향력을 미쳤다. 이들은 아프리카 대륙인, 반투족 후손으로 아프리카인들과 흡사한 외모를 가지고 있으며, 가장 힘이 센 종족이다.

이들이 강력해진 건 항해와 어업을 중심으로 아프리카 대륙과 연결된 데다가, 아랍인들과 활발한 무역을 통해 막강한 힘을 키울 수 있었기 때문이다. 그들은 아랍인, 서양인들로부터 총과 직물, 목걸이, 술 등 원하는 것은 무엇이든지 손에 얻을 수 있었다. 이러한 활발한 무역 덕에 그들은 강력한 무기를 소유하면

반투족의 후손들 ⓒ alessandro

서 마다가스카르에서 가장 강력한 군대를 형성했다. 하지만 너무 거대한 영토 탓에 통합된 왕국을 이루지 못했다. 북부의 보이나^{Boina}와 남부의 메나베^{Menabe} 왕조로 나뉘었다가, 19세기 중반에 들어서면서 종족 구성원 간 내분으로 와해되었다.

이들은 주로 목축업에 종사하며, 반투인들과 같이 할례 의식을 치른다. 특이하게도 할례 후에 할아버지가 손자의 잘라낸 피부 조각을 먹는다. 사칼라바 종족들은 죽은 자들을 바위 동굴에 매장한다. 이들은 피탐푸하라는 의식도 거행하는데, 강가에서 죽은 자의 유해를 씻은 다음에 신성한 곳에 안치하는 의식이다.

무룬다바에서는 묘지 박물관을 방문할 수도 있다. 방문에 앞서 마을 이장과 같은 역할을 하는 푸쿠누루나의 허가를 받아야 한다. 묘지에 도착해서는 약간의 럼주를 땅에 뿌리는 예식을 치러야 한다. 각 묘에는 고인의 삶을 표현한 조각들이 울타리를 이루고 있다. 특히 성행위를 묘사한 조각들이 눈에 띄는데, 이는 단순한 외설이 아니라 고인의 인생과 업적을 상징하는 역할을 한다. 예를 들어, 거대한 발기를 한 조각상은 생전에 강건했던 인물임을 의미하며 가슴이 강조된 여성과 함께 있는 조각상은 많은 자녀를 두어 명예로웠음을 나타낸다. 반면 감옥에 갇힌 모습을 한 조각상은 생전에 빚을 갚지 못해 수감 된 과거를 암시하는 등, 긍정적인 의미뿐만 아니라 다양한 해석이 존재한다.

남동쪽 끝단 포도팡의 부족, 안타누시 왕국

안타누시 종족들은 마다가스카르 남동부에서 거대한 왕국을 이루었다. 안타누시 종족들은 에파우 강가를 따라 톨라나로^{Taolagnaro}, 프랑스인들이 포도팡이라고 이름 붙인 남동쪽 지역에 정착하기 시작했다. 이들은 이어 아누시 북쪽 지방으로 넘어가면서 '아누시 지역에 사는 부족'이라는 뜻으로 안타누시로 굳어지게 되었다.

16세기 초 마다가스카르 남동부 바닷가에 좌초된 유럽인들은 10m가 넘어가는 단단한 나뭇집을 짓기 시작했다. 이 집들은 안타누시 왕국의 왕궁으로 활용되었다. 이어 포르투갈의 유명한 탐험가인 디에고 로페스 드 세쿠에라가 마다가스카르섬에 표류해 있는 선원들을 구조하기 위해 마다가스카르 땅을 밟았다. 안타누시 왕은 포르투갈인들이 자기네들 금과 은을 캐갈 뿐만 아니라 천주교를 설파하는 등 원래의 목적인 선원들 구출을 넘어서는 활동을 하는 것에 화가 났다. 그래서 포르투갈인들을 모두 쫓아내고 천주교는 절대 믿지 못하도록 포고했다.

남동쪽에 세워진 안타누시 왕국은 북서쪽 끝 반대편에 있는 마장가까지 확장될 정도로 번영했다. 최초의 유럽인들과 교류한 덕택인지 17세기에 거대한 왕족을 이루었다. 안타누시 종족의 최전성기에는 마다가스카르의 30%가 안타누시 왕국이었다. 그러나 메리나 종족이 세력을 확장하면서 포도팡에 메리나 군 수백 명이 점령했고 이후 왕국의 흔적은 찾아보기도 어려울 정도로 사라져 버렸다.

맨손 격투기 무랑이의 원조, 바라 종족

바라^{Bara} 종족도 사칼라바 종족과 마찬가지로 아프리카인 반투족에서 나왔으며, 강력한 무사들이다. 바라 종족은 아프리카 해협에서 1천 명의 용사를 이끌고 마다가스카르로 건너온 아프리카 무사들의 후예라고 전해진다. 바라 종족들은 메리나 왕족에 굴복하지 않고 끝까지 맞서 싸운 종족이다. 바라 종족은 인도네시아인들이 마다가스카르에 도착하기 전부터 마다가스카르에 살았던 최초의 원주민이라고 주장한다.

이들은 1527년 600여 명의 포르투갈인이 탄 배가 조난 당했을 때 그들과 맞섰던 종족이기도 하다. 난파당한 포르투갈인들은 "포르투갈 동굴"이라 불리는 곳에 숨어 지냈다고 전해지지만, 이 이야기는 지금까지도 논쟁의 대상이다.

포르투갈 동굴은 마다가스카르에서 가장 유명한 관광지 중 하나인 이살루 지역의 테니키 동굴을 가리킨다. 하지만 이 동굴이 정말 포르투갈인들의 은신처였는지는 미스터리로 남아 있다. 어떤 이들은 이곳이 포르투갈인이 아니라, 마다가스카르 전설 속 존재인 '칼라누루Kalanoro'가 살았던 흔적이라고 주장한다. 동굴 내부의 높이가 겨우 1.4m에 불과해 성인 유럽인이 생활하기엔 불가능했다는 것이 그 근거다.

또 다른 설에 따르면, 테니키 동굴은 10세기경 마다가스카르를 오가던 아랍 상인들의 은신처였다고 한다. 왜냐면 동굴 벽의 틈새 구조가 마치 이들이 기도할 때 방향을 맞추는 '미흐랍'과 놀랍도록 닮았다는 이유에서다.

어떤 이야기가 진실이든, 이 동굴이 "포르투갈 동굴"로 불리게 된 것은 바라 종족이 역사 속 어느 시점에서 포르투갈인들과 접촉했으리라는 추측에서 비롯되었다. 하지만 그 접촉이 협력의 손길이었는지, 칼날을 겨눈 충돌이었는지는 여전히 풀리지 않은 수수께끼로 남아 있다.

바라 부족은 '무랑이Moraingy'라고 불리는 맨손 격투기를 한다. 이는 복싱과 레슬링을 통합한 전통 무술인데, 어떤 무기나 장비도 없이 팔과 다리만 사용한다. 시합할 때는 타악기를 사용

무랑이 ⓒ 위키피디아

한 배경음악이 흐른다. 흥미롭게도 무랑이는 18세기 노예가 번성하던 시기에 마다가스카르 전역으로 퍼졌다. 당시 노예들은 싸울 수 있는 권리가 없었고 무기를 소지할 수도 없었기에, 서로 다툼이 있을 때 음악을 배경으로 춤을 추듯이 싸웠다. 노예 주인들은 이를 공연으로 생각했지만, 실제로는 싸움을 주인에게 드러내지 않으면서 승부를 가를 목적이었다.

바라인들은 독특한 관습이 많다. 바라인들은 형제끼리 결혼하는 것도 가능하다. 다만, 제부를 희생양으로 삼아 제사를 드리고 신부와 신랑이 함께 죽은 제부의 피를 마시는 의식을 치러야 한다. 바라 종족들은 제부를 숭배하며, 목축업을 중심으로 살아간다.

바라 종족 남성에게 성인으로 인정받는 과정은 결코 쉽지 않다. 이들에게 성년이란 단순한 나이가 아니라, "이웃의 소 한 마리쯤은 훔쳐 올 배포"를 의미한다. 결혼을 앞둔 청년이라면 더욱 그렇다. 예비 신부의 부모에게 좋은 인상을 남기려면 반드시 제부를 훔치는 데 성공해야 하고, 훔친 소를 팔아 지참금을 마련하는 것이 전통이다. 바라 종족 사회에서 소 도둑질은 범죄가 아니라 용기의 증명이며, 진정한 남자로 인정받기 위한 통과의례인 셈이다. 바라 종족들의 이러한 관습은 아이러니하게도 다알루라고 불리는 제부 강도떼들의 출현을 유도했다. 다알루의 공격은 오늘날 큰 사회적 문제가 되고 있다.

아랍문자 쏘라베를 만든 안테무루 종족

작은 소도시 마난자리^{Mananjari}가 있는 동쪽 해안에 거주하는 안테무루^{Antemoro} 사람들은 "해변의 사람들"이라고 불린다. 이들은 마다가스카르에 가장 늦게 정착한 부족이다. 이들은 15세기 말에 마다가스카르에 정착한 이슬람의 영향을 직접적으로 받았다. 마다가스카르 남동부에 정착하기 시작한 무슬림 이주민들은 인도네시아계를 몰아내고 안테무루 왕국을 형성했다. 그러나, 이 왕국은 19세기 후반에 내분으로 인해 종적을 감추게 된다.

안테무루 종족은 마다가스카르에서 문자라는 강력한 도구를 손에 쥔 최초의 종족이었다. 아랍과 페르시아의 영향을 받은 이들은 이슬람 달력처럼 음양력을 사용했으며, 아랍인들이 들여온 책들을 접하면서 자신들만의 독창적인 문자 체계를 만들어냈다. 그것이 바로 '쏘라베^{Sorabe}', 뜻 그대로 '위대한 글자'라는 의미를 지닌 문자였다. 당시 라틴 문자나 말레이 계열 문자보다 더 크고 위대하다는 뜻이 담겨 있다.

쏘라베는 단순한 문자가 아니었다. 이는 아랍어와 말라가시어가 뒤섞인 독특한 언어로 문자가 없는 시대에 안테무루 종족이 자신들의 역사와 문화를 기록하는 강력한 무기가 되었다. 아랍 문자에서 파생된 이 글자로 구전되어 오던 전설과 종교적 가르침, 생활 습관까지 모든 것이 기록되었다. 그런데 이들은 이 귀한 지식을 아무에게나 공유하지 않았다.

안테무루 종족은 쏘라베를 비밀스럽게 지켜나갔다. 이들에게 문자란 단순한 글자가 아니라, 조상들이 계시한 신성한 언어였다. 이슬람을 독점적으로 수용한 이들은 문자가 없던 다른 종족들과 달리 자신들만의 기록 문화를 구축하며 더욱 강력한 권력을 다졌다. 여성과 외부인들에게는 쏘라베를 배울 기회조차 주어지지 않았다.

이 신비로운 언어는 특별한 종이에 기록되었는데, 안테무루 종족의 이름을 따 "안테무루 종이"라 불렸다. 무화과나무와 뽕나무 껍질을 활용해 제작된 이 종이는 만드는 과정부터 예사롭지 않았다. 껍질을 재 섞인 물에 끓이고, 절구에 빻고, 갈대 채 위에 펼쳐 말리고, 바나나 잎에 기름을 발라 매끄럽게 다듬는 등 정교한 공정을 거쳐야 했다. 이렇게 만들어진 종이는 표면

이 거칠어 특별한 잉크를 사용해야 했다. 오늘날까지도 이 전통적인 방식이 전수되고 있다.

18세기, 쏘라베는 마다가스카르 전역으로 퍼져나갔다. 메리나 왕국의 초기 왕들은 이 신비로운 문자를 궁정으로 들여와 귀족들에게 배우게 했고 결국 쏘라베는 권력과 부의 상징이 되었다. 쏘라베를 읽고 쓸 줄 안다는 것은 곧 귀족 계층에 속한다는 뜻이었고 이는 엄청난 특권이었다. 오늘날에도 타나 여왕궁을 방문하면 메리나 왕족들이 남긴 쏘라베 문서를 볼 수 있다.

하지만 이 강력한 문자는 시대의 흐름을 이겨내지 못했다. 1960년 마다가스카르가 프랑스로부터 독립하면서, 프랑스어와 말라가시어가 빠르게 자리잡으며 쏘라베는 점점 자취를 감췄다. 한때 왕과 귀족들의 언어였던 쏘라베는 그렇게 역사의 한 페이지로 남겨졌지만, 오늘날에도 일부 학자들과 장인들에 의해 그 흔적이 조용히 이어지고 있다.

알루알루 ⓒ adobe stock

나무 조각상 알루알루를 세우는 마하팔리 종족

마하팔리Mahafaly 종족은 마다가스카르 남서부 지역에 거주하며 조상 섬기기를 가장 중시하면서 살아가는 부족이다. 이들은 돌아가신 조상을 기리기 위해 무덤 위에 세우는 나무 조각상, 알루알루Aloalo로 유명하다. 이 조각상만 봐도 고인이 종사했던 직업이나 특징을 알 수 있다. 예를 들어 농사꾼이면 쟁기 조각을 걸어둔다든지, 어업에 종사했을 때는 물고기를 놓는 것이다. 하나의 무덤에 서너 개의 알루알루가 있기도 하고, 고인의 가족 수에 따라서도 숫자가 늘어난다. 더욱 화려하고 멋진 조각들이 걸려 있을수록 고인의 사회적 명성이나 재산 수준 또한 높다. 이들은 다른 남부 지역과 마찬가지로 집안의 어른이 돌아가시고 나서야 고인이 소유한 제부를 모두 죽여서 잔치를 벌인다. 대부분은 고인의 묘비 장식을 위해 평생 마련한 가축을 팔거나, 거대한 빚을 지기도 한다.

숲속에 사는 사람들, 타날라 종족

타날라Tanala 또는 안타날라Antanala라는 이름은 '숲속에 사는 사람들'이라는 뜻이다. 이들은 마다가스카르 동부의 울창한 우림과 가파른 이쿵고 산맥에 자리 잡고 있다. 이들은 초기 정착민 바짐바의 후손으로 알려져 있으며, 강인한 전사들로서 오랜 역사를 자랑한다. 특히 메리나 왕국이 마다가스카르를 통합하려 했을 때, 타날라 종족은 마지막까지 저항한 부족 중 하나였다. 프랑스가 메리나를 침략하기 전, 프랑스는 먼저 타날라 종족과 은밀한 협약을 맺었다. 프랑스는 타날라 종족을 보호해 주겠다고 약속했고, 그 대가로 프랑스의 침략 전쟁에 개입하지 말 것을 요구했다. 결국, 타날라 종족의 묵인하에 메리나 왕국은 프랑스에 점령당했다.

타날라 종족은 아기가 태어나더라도 곧바로 축하하지 않는다. 아이가 3개월을 무사히 넘겨야만 가족으로 정식 인정된다. 만약 아이가 건강하게 자라면, 온 마을이 "마무아카 자자"라는 아이의 탄생을 공식적으로 축하하는 의식을 거행하며 축제 분위기에 휩싸인다. 제부 소를 잡아 거대한 연회를 열고, 공동체 전체가 모여 새 생명의 탄생을 축하한다. 그러나 아이가 태어나자마자 생을 마감한다면, 가족의 묘지가 아닌 외부의 은밀한 곳에 조용히 묻어야 한다.

붉은 칭기의 사람들, 안타카라나 종족

북쪽 도시 디에고 근처에 있는 붉은 칭기 지역에 사는 안타카라나 종족들은 "붉은 산의 사람들" 혹은 "칭기의 사람들"로 불린다. 무룬다바 근처에 있는 칭기 베마라하 국립공원이 아니라, 북쪽 디에고에서 좀 더 올라가야 나오는 칭기 국립공원에 정착한 이들이다. 안타카라나인들은 17세기 초 사칼라바 종족들 내분으로 떨어져 나와 칭기 바위에 정착하기 시작했다. 19세기에는 메리나 왕국의 침략을 피해 칭기 동굴에서 숨어 지내며 독특한 정체성을 형성했다.

안타카라나인들은 5년마다 옛날 안타카라나 왕국의 수도였던 앙바투하라나라는 마을에서 "창가—차이나"라는 깃발을 세우는 전통 의식을 거행한다. 남성들은 숲에서 두 그루의 큰 나무를 뽑아 왕의 기둥을 만든 후, 꼭대기에 왕의 깃발을 설치한다. 이어서 큰 축제가 펼쳐진다.

안타카라나 종족들은 19세기 후반 디에고에 잠입한 프랑스 군인들과 손을 잡았다. 그들은 힘을 합쳐 북부에 머물던 메리나인들을 쫓아냈다. 이러한 안타카라나 종족들의 도움 끝에 프랑스는 북부 지방을 점령해서 끝내 1896년 마다가스카르 식민지화에 성공할 수 있었다.

자존심이 강한 베주인들

베주인들은 바오밥 거리, 무룬다바가 있는 메나베 지역의 사칼라바 종족들에서 나온 한 분파다. 그들은 뛰어난 선원들이어서 "바닷가의 유목민"으로 불린다. 베주는 마다가스카르에 도착한 최초의 사람 중 해안가에 머문 사람들을 지칭하는 말이기도 하다. 이들은 툴레아에서 무룬다바까지 이어지는 서쪽 해안가에 정착했다. 이들은 마다가스카르 여러 부족 중에 할례를 하지 않는 유일한 부족이다.

베주인들은 또한 절대 바닥 위에서 잠을 자서는 안 된다는 금기 사항이 있을 정도로 자존심이 강한 민족이다. 베주인들은 바다와 뗄 수 없는 밀접한 관계에 있다. 아이가 태어나면 태반을 병에 담아서 바닷가에 가라앉히는 상징적인 의식을 치르는데, 그 의식을 치러야만 아기는 베주인으로 인정받는다.

모래의 민족, 안테이파시 종족

타마타브에서부터 동쪽 해안을 따라 연결된 팡갈란 운하^{Pangalanes} 맨 끝에 있는 파라팡가나에 사는 종족이다. 안테이파시 종족들은 전체 인구의 약 1%에도 못 미치는 조그마한 부족이다. 파라팡가나는 사막과 같은 건조한 지역이다. 모래가 많아서 "모래의 민족"으로 불린다.

이들은 적은 인구에도 불구하고, 메리나 왕국이 19세기 중반 마다가스카르를 통일하고자 여러 차례 이들을 공격했으나 이에 불복하고 끝까지 저항을 지속했다. 메리나 왕국은 안테이파시 종족들을 정복하기 위해 안테이파시 이웃 부족이자, 한때 이들이 지배했던 자피소로인들을 지원하는 술책을 쓰기도 했다. 결국 안테이파시인들은 메리나 왕조의 정복 전쟁을 피해 외딴 섬으로 도망가서 숨어버렸다. 메리나인들은 배를 만들어 그 섬까지 쫓아가서 성인들은 모조리 죽이고 살아남은 이들은 노예로 데리고 갔다. 프랑스의 식민지 하에서도 메리나 종족과 안테이파시 종족 간 적대감은 계속 남아 있었다. 안테이파시인들은 독립 직전 1950년대 말에 메리나 종족에 대항하는 정당을 창설하며 영향력을 과시하기도 했다.

가장 규모가 작은 부족, 안탐바후아카 종족

마다가스카르의 다양한 부족들 중, 인구가 가장 적으면서도 "인구가 많은 이들"이라는 아이러니한 이름을 가진 안탐바후아카Antambahoaka 종족이 있다. 이들은 마난자리 근처 남동쪽의 작은 섬에서 기원했으며, 독특한 성년식 축제인 삼바차를 하는 것으로 유명하다.

이 축제는 단순한 할례 의식이 아니다. 7년마다 약 4주간 열리는 거대한 부족의 전통 행사이자, 어린 소년들이 어엿한 성인으로 인정받는 신성한 의식이다. 축제는 아랍 조상들의 전통을 따라 노아의 방주를 상징하는 오두막의 지붕을 장식하는 일에서부터 시작된다. 마을 어머니들은 아들들이 입을 왕의 권위를 뜻하는 붉은색 옷과 모자를 준비하며, 특별한 성년식 매트를 손수 짠다. 그리고 절정의 순간, 팡갈란 운하에서 신성한 물을 떠 와 할례를 받은 소년들의 상처를 씻어준다. 단순한 통과의례가 아니라, 소년들이 부족의 창시자인 아랍인 라미니아의 아들로 공식 인정받는 신성한 시간인 것이다.

"머리를 자르지 않는 사람들"이라는 독특한 이름을 가진 치미에티Tsimihety 종족도 있다. 그 이름의 유래가 흥미롭다. 메리나 왕국의 강력한 왕 라다마 1세가 사망했을 때, 마다가스카르 전역에서는 그의 죽음을 애도하며 머리를 깎았다. 하지만 치미에티 종족은 이를 거부했다. 그들은 "우리의 머리는 우리의 자유다!"라고 외치며 자신들만의 정체성을 지키며 독립적인 부족으로 남았다. 이들은 19세기 메리나 왕국의 팽창에도 끝까지 정복되지 않은 유일한 부족이다. 자유를 상징하는 머리카락처럼, 그들의 정신도 꺾이지 않았다.

18개 부족에 포함되지는 않지만, 미케아^{Mikea} 종족은 마다가스카르에서 가장 특이한 삶을 살아가는 부족 중 하나다. 이들은 가시나무가 빽빽한 건조한 숲속에서 자연을 보호하며 지금도 전통적인 방식으로 채집과 사냥을 통해 생계를 유지한다. 현재 그들의 인구는 약 1,500명에 불과하지만, 수백 년 동안 변하지 않은 삶의 방식을 유지하고 있다.

　　마다가스카르에는 또 하나의 이례적인 부족이 있다. 바로 마쿠아^{Makoa} 종족이다. 이들은 마다가스카르 토착 부족이 아니라, 19세기 포르투갈령 동아프리카^{오늘날의 모잠비크}에서 노예로 끌려온 사람들의 후손이다. 당시 모잠비크는 노예 무역의 중심지였으며 마쿠아 종족은 노예 신분을 의미하는 단어로 쓰이기도 했다. 메리나 왕국은 노예 무역에 적극적으로 관여했다. 하지만 운명의 장난처럼, 강인한 체격을 가진 마쿠아 종족은 프랑스 식민지 시절에는 노예 신분을 벗어나 프랑스 경찰과 군인으로 대거 채용되었다.

　　마다가스카르의 18개 부족은 각기 다른 문화적 색깔을 지닌 독특한 세계다. 그들은 전통을 고수하며 때로는 현대와 충돌하기도 하지만, 그들의 정체성은 여전히 살아 숨 쉰다. 그들의 삶은 마치 색색의 실타래처럼 얽히고 설켜 마다가스카르를 하나의 거대한 문화의 보물창고로 만들어가고 있다.

아프리카를 넘어선
독특한 문화 양식

마다가스카르는 지리적으로 아프리카와 가깝지만, 문화적으로는 오히려 아시아와 더 밀접하게 연결되어 있다. 공용어인 말라가시어는 말레이·폴리네시아 계열에 속하며 건축 양식 또한 아프리카 대륙의 둥근 가옥보다는 네모난 구조가 일반적이다. 이러한 특징은 마다가스카르가 단순한 아프리카 국가가 아니라, 인도양을 가로지르는 다양한 문화가 혼합된 독특한 섬나라임을 보여준다.

마다가스카르의 주 종족인 메리나 종족은 남아시아 및 보르네오 지역과 유사한 문화를 지니고 있다. 장례 문화와 조상 숭배가 대표적인 예로, 마다가스카르 사람들은 이승의 삶을 잠시 스쳐 가는 과정으로 여기고 죽음 이후의 세계를 더 중요하게 여긴다. 이러한 신념은 건축 방식에도 반영되어 생명이 깃든 집은 상대적으로 약한 나무나 갈대로 짓지만, 조상을 모시는 무덤은 단단한 돌로 세운다.

그러나 이러한 전통은 역사적 변화를 겪으며 바뀌어 갔다. 메리나 왕국 시절, 서양 선교사들의 영향으로 벽돌 건축이 도입되었으며, 1868년 라이니라이아리부니 총리가 이를 공식적으로 허용하면서 가옥 구조에 변화가 생

마다가스카르 건축 양식 ⓒ andrianjaka

겼다. 이후 프랑스 식민지 시대를 거치면서 마다가스카르의 전통 가옥은 돌과 벽돌을 활용한 형태로 정착되었다.

한편, 마다가스카르가 아시아적 요소를 강하게 띠고 있음에도 불구하고, 해안 지역을 중심으로 아프리카의 영향도 남아 있다. 일부 말라가시 방언에는 반투어 계열과 유사한 단어들이 포함되어 있으며, 제부의 귀에 이름표를 붙이는 풍습 같은 아프리카 기원의 전통도 존재한다.

이처럼 마다가스카르는 아시아, 아프리카와의 유대 속에서 독자적인 문화적 정체성을 형성했으며 외부의 영향과 역사적 흐름에 따라 끊임없이 변화를 거듭해 왔다.

언어로 엮은 문화,
말라가시어의 힘

마다가스카르는 약 3천2백만 명의 인구가 같은 말을 사용한다. 아시아와 아프리카, 아랍 등 다양한 종족이 섞여 있는 마다가스카르에서 통일된 하나의 언어가 사용된다는 것은 매우 이례적인 일이다. 마다가스카르 언어는 말라가시라고 부른다. 말라가시어는 아프리카에서 유일한 오스트로네시아어족이다. 인도네시아 사람들과 외모도 비슷한데, 언어도 인도네시아어나 말레이어와 사촌 관계에 있다. 불어를 공용어로 사용하고 있지만, 일상생활에서는 말라가시어를 사용한다. TV 뉴스와 각종 드라마, 방송에서 사용되는 언어도 말라가시어가 대부분이다.

말라가시 언어와 불어를 혼용하는 습관은 지역 도시 이름에서도 그대로 나타난다. 주요 도시는 말라가시어 도시 이름과 불어 이름이 다르게 불린다. 예를 들어 마다가스카르 제1의 항구도시의 불어 명칭은 '타마타브'이고, 말라가시어로는 '토마시나'라고 한다. 북서쪽 끝단, 현지인들이 노지베 다음으로 좋아하는 여행지는 간단히 디에고라고 불리는데, 정식 불어 명칭은 '디에고–수아레즈'이고 현지어로는 '안치라나나'다. 남동쪽 끝단에 있는 도시 포도팡도 불어 이름이다. 말라가시어로는 톨라나로라고 하는데, 툴레아와 유사하여 주의가 필요하다.

　말라가시어는 원래 자체적인 글자가 없고 아랍어 음자로 글을 썼다. 아랍어 글자체에 말레이 폴리네시아 언어를 혼합해서 사용하는 쏘라베가 전해져왔으나 아랍어 쓰기는 상대적으로 글자가 어려운 탓에 대중화되진 못했다. 그러던 중 1820년대에 기독교 선교사들이 많이 유입되면서 현대화해야 할 필요성을 깨달은 라다마 1세가 알파벳을 들여오면서부터 배우기 쉬운 로마자를 채택하게 되었다. 물론 영국 선교사들의 영향력이 컸다. 로마자로 말라가시어를 기록하기 시작하면서 외국인 선교사들과의 교류가 더욱 늘어났다. 이어 동아프리카에서 온 반투족들의 영향으로 말라가시어에도 변화가 있었다. 말라가시어 구조는 인도네시아어와 유사하지만, 주요 단어들은 아프리카 반투 언어와 연결되어 있다.

　19세기 초, 라다마 1세가 로마자 표기법을 도입하면서, 마다가스카르 언어와 사람을 지칭하는 새로운 영어 단어가 탄생했다. 바로 '마다가스칸Madagascan'이다. 당시 국왕의 자문을 맡고 있던 영국인들이 기존의 '말라가시Malagasy' 대신, 영어 어법에 맞춘 '마다가스칸'을 제안했을 가능성이 크다. 그러나 '말라가시'와 '마다가스칸' 중 어느 단어를 써야 하는지를 두고 오늘날에도 논쟁이 있다.

　대다수 사람들은 '마다가스칸'이 전통적인 마다가스카르의 정체성을 반영하지 못한다고 주장한다. 이 단어는 영국식 영어에서 만들어진 신조어에 불과하며 마다가스카르의 문화와 사회적 특징을 제대로 담아내지 못한다는 것이다. 반면 '말라가시'는 오랜 역사 속에서 현지인들이 스스로를 지칭해온 단어로, 문화적 정체성을 존중하는 표현으로 받아들여진다.

　하지만 또 다른 언어적 문제도 있다. 영국의 영향력이 줄어들고 마다가스카르가 프랑스 식민지로 편입되면서, 프랑스인들은 '말라가시' 대신 '말가시

Malgache'라는 단어를 사용하기 시작했다. 문제는 '말가시'라는 단어가 프랑스어로 '주의력이 없는 일꾼'을 의미하는 비하적 표현일 가능성이 높다는 점이다. '말mal'은 '나쁜'이라는 뜻을, '가시gache'는 '반죽 주걱'이나 '흙손'을 뜻하는데, 이를 합치면 '서툴고 둔한 노동자'라는 뉘앙스를 풍긴다. 실제로 프랑스 식민지 시절, 일부 식민 지배층은 마다가스카르 하인들을 경멸적인 의미로 '말가시'라고 불렀다는 주장도 있다.

마다가스카르가 프랑스 식민지가 된 후 1897년에 초대 총독 조셉 갈리에니는 효율적인 식민지화를 위해 말라가시어와 불어를 함께 공식어로 채택했다. 하지만 결국 불어가 유일한 공식어가 되었고, 말라가시 지배층은 불어를 모국어처럼 사용했다. 그 결과, 말라가시어는 교육받지 못한 사람들의 언어로 전락했고 불어를 유창하게 구사하는 것이 곧 상류층의 상징이 되었다.

이러한 불균형을 해소하려 했던 인물이 1970년대부터 약 23년간 마다가스카르를 통치한 디디에 라치라카 대통령이다. 그는 불어와 말라가시어의 격차를 줄이고자 모든 공립학교에서 수업을 말라가시어로 진행하도록 했다. 그러나 문제는 교재였다. 말라가시어로 된 교과서는 전무했고 이전에도 프랑스에서 지원받은 불어 교재 몇 권이 전부였다. 결국 교육 시스템은 큰 혼란에 빠졌고 라치라카 대통령이 물러난 후 불어가 다시 기본 교육 언어로 자리 잡았다.

그럼에도 불구하고, 라치라카의 개혁은 일정 부분 영향을 미쳤다. 오늘날 일부에서는 마다가스카르인들의 불어 구사력이 낮다고 지적하는 경우가 있다. 세계화의 시대에서 효율적인 소통을 위해 불어 교육은 여전히 중요하다고 볼 수 있다. 결국 '말라가시', '마다가스칸', '말가시'라는 단어 하나에도 마다가스카르의 복잡한 역사와 정체성이 녹아 있다. 단순한 단어 선택이 아닌, 문화적 존중과 정체성의 문제로 바라볼 필요가 있다.

기독교 문화권의
숨은 이슬람

.

마다가스카르는 기독교 국가라고 정의해도 될 만큼 기독교 인구가 약 85%에 달한다. 개신교, 카톨릭 교회가 지방 구석구석 골목마다 세워져 있다. 프랑스 식민지 이전 영국, 프랑스 등 유럽의 선교사들이 마다가스카르에 들어왔다. 이들은 병원과 학교를 세우며 마다가스카르의 현대화를 견인했다. 기독교 인구는 33년간에 걸친 암흑의 지배기인 라나발루나 1세의 기독교 탄압을 견디면서 줄어들기는커녕 더욱 확대되었다. 왕권을 이어받은 라다마 2세는 기독교를 메리나 왕국의 공식 종교로 지정했다. 서양 선교사들이 뿌리내린 기독교는 아직도 마다가스카르 주류층을 이루고 있다.

수도 타나를 중심으로 고원 지역으로 퍼져나간 기독교와 반대로 이슬람은 마다가스카르 해안 지역을 중심으로 퍼져 있다. 아랍 무역상들은 약 7세기쯤에 마다가스카르에 들어와 이슬람을 전파했다. 12세기경 마다가스카르를 통한 해상 무역이 확대됨에 따라 이슬람이 더욱 퍼지기 시작했다. 무슬림들은 '안탈라오차'로 불리는데, 오늘날 마다가스카르 북서쪽 마장가를 중심으로 정착했다.

인도네시아계나 아프리카계 반투족에 비해 적은 수에도 불구, 이슬람은 마다가스카르의 문화에 여러 가지로 영향을 미쳤다. 말라가시어의 계절 이름과 달과 요일 이름, 그리고 할례 의식 등이 이슬람의 영향력을 보여준다. FSM은 마다가스카르 내 이슬람 연합으로 1962년 창설된 이래 마다가스카르에서 이슬람 전파를 위해 다양한 문화 활동 등을 펼치고 있다.

마다가스카르는 아프리카에서도 테러의 위협이 없는 안전한 국가 중 하나다. 그러나, 이슬람 극단주의의 영향에서 완전히 자유롭지는 못하다. 2007년 케냐의 극단 이슬람주의자인 코모로 출신의 압달라 파줄이 마다가스카르에 숨어 있는 것으로 보도되었다. 급기야 디디에 라치라카 대통령이 알카에다의 신봉자이며 빈 라덴 티셔츠를 수입하도록 했다는 소문까지 나기 시작했다. 당시 라치라카 대통령은 알제리 등 아랍국가들과 친분이 높았다. 게다가 그는 인도계와 말라가시 무슬림계의 지지를 받았고 FSM 출신들이 라치라카 정부에서 한 자리를 차지하고 있었다. 그런 와중에 마다가스카르 광산에서 활발히 활동하던 빈 라덴의 이복형제 중 한 명이 사망함에 따라 빈 라덴 가문에서 마다가스카르에 재정적 지원을 하고 있었다는 소문까지 퍼져나갔다. 더군다나, 1990년대에 발생한 일이긴 하지만, 마다가스카르에서는 한때 큰 논란이 된 사건이 있었다. 인도계 재력가 가문으로 알려진 이리지 가문의 한 인사가 이란계 테러리스트를 지원한 혐의로 체포된 것이다. 이 사건이 공개되면서 관련 뉴스가 한동안 떠들썩했고, 마다가스카르 사회에서도 큰 파장을 일으켰다.

오늘날에는 마다가스카르와 이슬람 극단주의 간 연관성을 지적하는 얘기는 나오지 않고 있다. 아마도 이슬람 인구가 조용히 그 숫자를 늘려가고 있기 때문일지도 모른다. 현재 마다가스카르 인구의 약 10%가 이슬람인 것으로 파악된다. 무엇보다도 이슬람이 과거에는 해안가 지방을 중심으로 활동했으나, 오늘날은 수도 타나 지역을 중심으로 영향력을 확대하고 있다. 정부 내각 인사나 의원 중에서 무슬림 인구가 늘어가고 있다. 이슬람 인구가 늘어가고 있는 것은 수도 타나에 있는 모스크의 위상을 봐도 쉽게 알 수 있다. 주요 상가가 위치 해 있는 곳곳마다 거대한 담벼락 안에 하얀색 모스크가 세워져 있고, 이른 아침부터 기도 소리가 울려 퍼진다. 프랑스 한 연구기관에 따르면, 2019년 한 해에만 16만 명의 말라가시인들이 이슬람으로 개종했다고 한다.

이슬람 인구가 꾸준히 증가하고 이들의 정치적 영향력도 확대되면서 2022년 라주엘리나 정부는 마다가스카르 역사상 처음으로 이슬람력을 기준으로 한 공휴일을 공식 지정했다. 이전까지 공휴일은 대부분 가톨릭 절기에 맞춰져 있었으나, 이제는 무슬림의 가장 중요한 명절인 이드 알아드하도 국가적으로 기념하게 되었다. 마다가스카르의 무슬림들은 이날을 맞아 전통적인 방식으로 제부를 희생하는 의식을 치르며 마다가스카르 특유의 문화가 반영된 축제 분위기 속에서 공동체와 함께 기쁨을 나눈다.

파디,
마다가스카르의 숨은 전통

마다가스카르 지방을 여행하려면 금기 사항, '파디^{Fady}' 즉 하지 말아야 할 것들을 잘 알아야 한다. 금기 사항은 한마디로 지방 곳곳에서 전통적으로 내려오는 미신 같은 것들이다. 말라가시어로 '죄송합니다'는 '아자파디'라고 하는데, 이는 글자 그대로 "이것이 제게 금기가 되지 않도록 해주십시오." 라는 뜻이다. 그만큼 '파디'는 마다가스카르 생활 곳곳에 스며져 있다. 어떤 곳에서는 특정 요일에 아무것도 하면 안 되고 산을 등반할 때는 항상 흰 닭을 제물로 바치는 의식을 행해야 한다. 마을 공동으로 지키는 파디를 어기게 되면 선조들뿐 아니라 마을 전체에 불경한 일이기 때문에 그런 일을 행한 자는 즉시 마을을 떠나야 한다.

파디는 마을마다, 가정마다 달라서 마다가스카르 전체에서 통용되는 파디를 이해하는 것은 불가능하다. 어떤 가정들은 자신들의 파디를 절대로 비밀로 하고 외부에는 일절 알려주지도 않는다. 일반적으로 통용되는 파디는 일상생활 구석구석에 스며있다. 식사 중에 누워서는 안 되고, 식사 중에 노래해서도 안 된다. 식사 중에 누우면 부모님의 목에 음식물이 걸리게 된다고 하고, 식사 중에 노래하면 이빨이 길게 나서 보기 흉하게 된다고 한다.

음식물 섭취는 신성한 행위이므로 함부로 행동해서는 안 된다는 의미다. 게다가 달걀을 다른 사람에게 직접 건네는 것도 파디다. 항상 먼저 땅 위에 놓고 다른 사람이 가져가도록 해야 한다. 단순히 깨트리지 않도록 조심하기 위한 것인데 금기 사항으로 지켜야 하는 규율이 된 것이다. 임신한 여성은 장어를 먹으면 안 되는데 태아가 장어처럼 미끄럽게 되어 몸속에서 빠져나가 버린다는 믿음 때문이다. 제부 젖을 짜내는 걸 여자가 해서도 안 된다. 부정을 탈 수 있어서다. 아이가 태어나면 못생겼다고 부르거나 돼지나 강아지와 비유되어야 하는데 그래야만 귀신이 질투하지 않는다는 얘기도 있다.

카멜레온을 만지는 것도 파디다. 어떤 지방에서는 소금을 달라고 직접적으로 말하는 것도 금기다. 소금이라는 단어를 쓰지 않고 음식의 맛을 내는 것이라고 표현해야 한다. 또한 무덤을 파는 데 사용되는 삽은 너무 단단해서도 안 된다. 살아 있는 사람과 죽은 사람 간에 관계가 너무 단단해서는 안 된다는 생각에서다. 메리나 종족들 간에는 화요일에 장례식을 치러도 안 되는데 왜냐면 화요일은 말라가시인들에게 죽기에 너무 쉬운 날로 여겨져서 다른 죽음이 뒤따라온다고 생각한다. 무덤 주변에 있는 죽은 나무나 풀들을 마구 베거나, 동물들을 죽여서도 안 된다. 무덤 앞에서 손가락질을 해서도 안 되기에 주먹을 쥐거나 손을 펼쳐서 손가락을 모두 동일한 방향으로 보여야 한다.

다양한 종족 간에도 서로 다른 파디가 있는데, 바라 종족들 사이에서는 염소는 파디로 여겨지며 염소를 키워도 안 되고 염소 고기를 먹어도 안 된다. 반대로 툴레아 근처에 자리를 잡은 베주 종족들 사이에서는 염소가 아니라 양을 키우거나 양고기를 먹는 것이 파디다. 악어 고기나 거북이를 먹는 것이 금기인 경우도 있다. 북쪽 지방에서 온 사람들은 집안의 서쪽으로 다녀서는 안 되고 대신 동쪽으로 걸어야 하고 남쪽 문으로부터 올라와야 한다는 금기 사항도 있다.

파디를 지키기 위해 끔찍한 일들도 자행되기도 한다. 한 아이가 일식이나 월식일 때 태어나면 극도로 불운한 운명을 타고났다고 여겨진다. 일부 지역에서는 아이의 불운을 씻어내기 위해 소가 가득한 우리에 아이를 가두는 의식을 행한다. 만약 아이가 살아남으면 불운이 사라졌다고 보고 건강하게 키워 나가지만, 그렇지 않을 경우 이는 타고난 운명이라 받아들인다. 이처럼 자연 현상과 인간의 운명을 연결하는 관념은 마다가스카르의 파디 문화에서 깊이 뿌리내린 믿음 중 하나다.

또 다른 예는 쌍둥이가 태어나면 저주받았다고 생각하여 숲속에 내다 버리는 것이다. 부모가 계속 쌍둥이를 키우고 싶어 하면 마을에서 축출시켜 버린다. 기독교 선교사들은 이런 관행을 보고 너무 놀란 나머지 쌍둥이를 내다 버리는 파디를 폐지하기 위해 여러 노력을 기울였고 그 결과 오늘날 쌍둥이를 버리는 행위는 법적으로 금지되었다. 그러나, 아직도 먼 시골 마을에서는 쌍둥이를 무덤에도 묻지 않고 내다 버리는 경우가 있다고 한다.

파디는 마다가스카르 내 기독교가 뿌리를 내리면서 기존 관습들과 섞이면서 새로이 형성된 것들도 있다. 예를 들어, 오늘날에도 마다가스카르 지방 고원 깊숙이 들어가면 백인들이 자신들의 심장을 빼가려고 온 사람이라고 믿는 이들이 있다. 이들은 백인 외국인을 말라가시어로 '파카푸' 즉, 심장을 파내가는 사람이라고 부른다. 이와 같은 파디는 19세기 기독교 종파 간 세력 다툼을 벌이면서 반대 종파가 인간의 피를 먹는 짐승에 지배받고 있다는 파디를 퍼뜨리면서 생겼다고 한다.

그렇다고 파디를 단순히 무조건 지켜야만 하는 금기 사항으로만 이해해서도 안 된다. 특정 활동이나 음식, 날짜 등 무엇에든지 특별한 의미를 부여하는 말라가시인들의 생활 관습으로 넓게 이해해야 한다. 삶을 좀 더 윤택하게 하려고 정해 놓은 규칙 같은 것이다.

산속 꼬마 악마,
'칼라누루'

칼라누루 / 그림: 배현지

칼라누루^{Kalanoro}는 말라가시인들이 믿고 있는 전설로 마다가스카르섬에서 살고 있는 인간을 닮은 꼬마 악마다. 이들은 아주 아주 옛날, 마다가스카르에 오스트로네시아인들이 오기 전인 태초부터 이 섬에 살았던 것으로 알려진 최초의 인간이다. 하지만, 숲이 파괴되고 인간들이 장악하면서 오늘날에는 영혼처럼 존재한다고 믿어진다. 이들은 바짐바라고도 불린다. 시골 마을에서는 아직도 칼라누루가 깊은 숲속 은밀한 곳에 살고 있다고 믿고 있다. 이들은 칼라누루가 돈과 성공을 가져다주고, 예언하는 신령한 영을 가진 기이한 동물이라고 여긴다.

칼라누루는 원숭이 형 괴생물체처럼 생겼다. 구전으로 전해오는 칼라누루는 1m가 채 되지 않는 작은 동물이지만 힘이 굉장히 세고 몸 전체가 털로 덮여 있으며, 긴 송곳니와 달아오르는 붉은 눈과 굽은 긴 손가락을 가지고 있다. 흥미롭게도 칼라누루 발가락은 세 개밖에 없고 발가락 모양도 인간과 다르게 거꾸로 달려 있다. 칼라누루가 도망갈 때 뒤에서 따라오는 사람에게 착시효과를 일으키기 위해서다. 그래서 칼라누루를 숲속에서 마주친다고 해도 절대 따라잡을 수가 없다. 칼라누루는 사람들에게 얼굴을 보이지 않는데, 간혹, 손가락이나 발가락이 덫이나 바위에 걸린 경우는 볼 수도 있다고 한다. 칼라누루는 낮에는 절대 밖으로 나가지 않으며 밤에만 밖으로 나온다. 인간이 먹는 모든 것을 다 먹을 수 있는데 고기는 생으로 먹는다.

칼라누루는 아이들을 납치하기도 하는데, 아이들을 해치려는 목적이 아니라, 아이들 부모가 아이를 학대할 경우에 한해서다. 납치된 아이들을 되찾으려면 럼주나 쌀과 같이 칼라누루가 원하는 물품을 중개인을 통해 전달해야 한다. 어린아이와 같은 목소리를 내는 칼라누루 중개인은 부모들에게 칼라누루가 원하는 것을 가져다줄 것을 지시한다. 부모들이 이에 수긍하면 아이들을 되찾을 수 있게 되는데 주로 굴 깊은 곳에서 아이를 찾게 된다. 마다가스카르 남쪽에 있는 안도보라 동굴에는 칼라누루에게 음식을 바친 다음에 납치된 아이들을 찾았다는 얘기가 수없이 전해진다.

칼라누루 중개인은 주로 약초를 재배하는 주술사들이다. 이들은 칼라누루에게 있는 긴 머리의 영을 전수받아 마법의 힘을 갖고 있다고 한다. 베칠레우 부족의 경우, 칼라누루가 아이를 훔쳐 간 후, 아이에게 칼라누루의 영을 씌워서 아이 키가 더 이상 자라나지 못하도록 저주를 내린다고 믿는다. 그래서 비상식적으로 키가 작은 아이들을 칼라누루의 자식들이라고 부른다.

사람들은 칼라누루가 마법의 힘을 갖고 있어서 사람들의 소원을 들어주거나, 임신에 성공하게 하거나, 병을 낫게 해줄 수도 있다고 믿는다. 그래서 오늘날에도 집안에 사고가 생기거나 물건을 잃어버리면 칼라누루 중개인을 찾아가서 조언을 구한다. 누군가 대단히 빨리 성공 가도를 달릴 경우, 그 사람의 뒤에 칼라누루가 있다고 믿기도 한다.

칼라누루는 수도 타나에 사는 젊은이들에게는 도시 전설과 같은 이야기다. 하지만, 말라가시라면 누구나 칼라누루에 대해 들어본 적이 있다. 시골에서 자란 사람들의 경우 칼라누루의 존재를 굳게 믿고 있다. 최근에도 칼라누루 중개인을 찾아가 도움을 받았다는 이야기가 흔히 들린다. 외국인들이 칼라누루를 직접 목격했다는 증언도 있다. 미국인 탐험가인 체이스 새먼 오스본은 신혼 커플로 보이는 칼라누루 두 명이 모닥불 옆에서 성행위를 하는 모습을 본 적이 있다고 했다. 칼라누루와 같은 존재는 인도네시아나 태평양 섬나라에서도 흔한 얘기다. 실제로 칼라누루가 존재하는지는 영원한 신비로 남아 있을 것이다.

조상 숭배
– 마다가스카르의 영원한 유산

말라가시인들에게 죽음은 끝
이 아니다. 살아 있는 자와 죽
은 자는 여전히 친밀한 관계를
유지하며, 삶은 죽어서도 계속
된다고 믿는다. 그래서 조상들
은 단순한 '과거의 사람들'이 아
니라 여전히 가족과 함께하는
존재로 여겨진다. 이들은 "땅의

계단식 논 ⓒ node

신"이라 불리며, 후손들에게 복을 가져다줄 수 있는 힘을 지닌다고 믿어진다.

말라가시어로 조상을 뜻하는 '하자나razana'는 단순한 선조를 의미하는 것
이 아니다. 하자나는 조상을 경배하는 개념이며, 조상을 기쁘게 하면 후손
들이 복을 받는다고 여긴다. 말라가시인이라면 누구나 죽으면 하자나가 될
수 있지만, 예외도 있다. 이를테면, 어린아이가 할례를 받기 전에 죽거나,
젖니가 나기도 전에 생을 마감하면 하자나가 되지 못한다. 또한 사회적으로
완전히 고립되어 살아온 성인이나 죄수들도 예외다. 이들은 가족 무덤에 묻

히지 못하고, 이는 말라가시 사회에서 최악의 형벌로 여겨진다.

말라가시인들은 무덤을 또 다른 '집'으로 여긴다. "생전에 한 집에서 함께 살았던 가족이 죽은 후에도 같은 무덤에 묻힌다."라는 속담이 있을 정도다. 무덤에 묻히고 나면 조상들은 신비한 힘을 얻어 후손들에게 행운과 부귀를 가져다준다고 믿는다. 그래서 가족묘에 잘 안장되는 것이 매우 중요하다.

말라가시 문화에서 조상과 함께 신으로 숭배되는 존재가 있다. 바로 '자나하리^{Zanahary}'다. 하자나가 선조를 뜻하는 말이라면, 자나하리는 창조신을 의미한다. 말라가시인들에게 자나하리는 기독교의 하나님과 비슷하지만, 전통적인 말라가시의 신으로 여겨진다. 메리나 왕국의 탄생 신화에서도 자나하리가 등장하는데, 그는 왕국의 신화적 왕인 아네리네리나를 지상으로 내려보내고, 그가 인간 세상에서 정착하도록 도와주었다. 메리나 왕국의 거의 절반을 학살한 것으로 알려진 라나발루나 1세는 기독교를 박해하면서 전통적인 말라가시인들의 신인 자나하리를 숭배했다. 2005년, 기독교 신자인 마크 라발루마나나 대통령이 마다가스카르 국가 가사에서 '자나하리'를 '예수'로 바꾸려 했지만, 의회가 이를 거부하면서 여전히 '자나하리'라는 표현이 국가에 남아 있다.

말라가시인들은 조상을 단순히 숭배하는 수준을 넘어, 조상이 여전히 이들과 함께 살아간다고 믿는다. 조상의 영혼을 '룰루 부카차$^{Lolo\ Vokatra}$'라고 부르며, 이들은 단순한 유령이 아니라 실제로 가족과 함께 생활한다고 여겨진다. 그래서 마다가스카르 곳곳에서 도플갱어를 봤다는 이야기가 나오는데, 이는 전생의 기억을 그대로 간직한 채 여러 번 환생하는 조상들의 모습이라고 한다. 지역마다 조금씩 다르게 믿지만, 남부에서는 특정 혈통만 죽음 후에도 돌아올 수 있다고 믿고, 북부에서는 죽은 조상이 고향에서 멀리 떨어진 곳에서 새로운 삶을 시작한다고 본다. 룰루 부카차는 보통 사람과 다를

바 없지만, 약간 창백한 피부와 특유의 냄새로 구분된다고 한다.

말라가시 문화에서 빠질 수 없는 또 하나의 개념은 '하시나^{Hasina}'다. 이는 신성한 힘을 의미하며, 인간뿐만 아니라 동물, 식물, 심지어 돌과 하늘에도 존재한다고 믿는다. 누구나 하시나를 가질 수 있지만, 힘의 크기는 다르다. 여왕과 귀족들은 강한 하시나를 지니고 있으며 노예들도 하시나를 갖고 있지만 그 힘은 상대적으로 약하다. 심지어 장소에 따라서도 하시나의 힘이 달라진다고 믿는다. 예를 들어, 집을 떠나면 하시나가 줄어들고 교회 뜰보다 예배당 안에서 하시나가 더 강해진다고 여긴다.

죽게 되면 살아 있을 때보다 하시나의 힘이 더욱 강해진다고 믿는다. 죽은 자가 후손들에게 복을 내리지 않으면, 하시나를 잃어버린 것으로 간주된다. 그래서 가뭄이 들거나 수확이 적으면 조상들에게 제사를 올리며 축복을 기원한다.

말라가시인들의 조상 숭배는 가끔 과도하게 보일 때도 있다. 예를 들어, 가족이 외국에서 사망하면 무슨 수를 써서라도 시신을 본국으로 가져와 가족 무덤에 안장하려 한다. 또한 집을 떠날 때 흙을 담아 가는 전통이 있는데, 이는 무사히 귀가할 수 있도록 조상들이 도와줄 것이라는 믿음에서 비롯되었다.

장례 문화도 지역마다 다채롭다. 대부분의 말라가시인들은 '사사^{sasa}'라는 의식을 치르는데, 이는 장례 후 유족들이 빠른 물살이 흐르는 강에서 옷을 깨끗이 세탁하며 죽음의 기운을 씻어내는 전통이다. 안테이파시 종족은 고인의 물건과 시신을 함께 숲속 깊은 곳에 안치하고, 바라 종족은 동굴을 무덤 삼아 시신을 보관한다.

그러나 외부인들이 보면 충격적인 장례 풍습도 있다. 메나베와 사칼라바 지역에서는 귀족이 사망하면 시신을 태양 아래 그대로 방치해 빠르게 부패하도록 한다. 그리고 흘러나오는 체액을 마시는데, 이는 죽은 자의 좋은 기운을 흡수하기 위해서라고 한다.

타나에서는 장례식이 열리면 수십 대의 차량이 줄지어 이동하는 독특한 광경을 볼 수 있다. 과거에는 차량에 거는 국기의 위치에 따라 행렬의 의미를 구분하기도 했다. 무덤에 안장하기 위해 가는 차량의 경우 국기가 차량의 오른쪽에 달려 있고, 안장을 마치고 돌아가는 경우 왼쪽에 달려 있는데, 장례식으로 가는 차량을 배려해 주고 위로하기 위해서였다고 한다.

이처럼 마다가스카르의 장례 문화와 조상 숭배는 단순한 의식을 넘어, 삶과 죽음이 긴밀하게 연결된 독특한 철학을 반영하고 있다. 죽음이 끝이 아니라 또 다른 삶의 시작이라는 말라가시인들의 믿음은 오늘날까지도 그들의 삶 깊숙이 자리하고 있다.

파묘,
두 번째 장례식을
거행하는 나라

마다가스카르 역시 우리나라와 마찬가지로 무속 신앙과 풍수지리 등 초자연적인 힘을 믿는다. 또한, 전통적으로 시신을 염하여 장례식 동안 조문객들이 마지막으로 애도할 수 있게 하며 시신은 매장하는 방식으로 장례를 치른다. 최근에는 화장하는 관습이 점점 일반화되고 있다.

2024년 개봉된 한국 영화 〈파묘〉는 대물림되는 불치병에 시달리는 한 집안이 조상의 묘를 파고, 관을 다시 들어내는 상황에서 일어나는 신비한 일들을 다룬 영화이다. 마다가스카르는 전 세계에서 보기 힘든 조상의 시신을 꺼내 다시 매장하는 장례 풍습이 있다. 이 풍습은 '파마디하나Famadihana'라고 불린다. 독특하게도 7년마다 무덤에 묻힌 가족의 시신을 꺼내어 관을 바꿔주고 수의를 갈아입히며 무덤 주변을 정비하고 흙도 간다. 이 의식을 행할 때는 시끌벅적한 축제 분위기가 며칠간이나 지속된다. 신나는 음악에 맞춰 춤과, 맛있는 음식, 노래 등으로 축제를 벌인다. 가족들은 명예로운 행사를 위해 풍성한 음식과 술과 음료수를 대접한다. 춤을 신나게 추다가 배가 꺼지면 다시 음식을 먹고 신나는 파티를 벌인다.

우리나라의 경우, 이미 죽은 사람에 대해 죄를 묻는 예외적인 상황에서만 시체를 무덤에서 꺼내 참수하는 부관참시라는 형벌이 있다. 그만큼 우리나라에서 무덤을 파헤치는 행위는 최대의 형벌로 여겨진다. 그런데 마다가스카르는 오늘날까지도 우리와는 상반된 전통을 유지하고 있다.

파마디하나는 이미 가족묘에 안치한 시신을 다시 꺼내서 정갈한 비단 수의로 재단장해서 다시 묻는 방식이 대부분이다. 그러나, 새로운 묘지가 조성되어 기존 가족묘에 안장된 시신을 새 묘지로 옮기는 의식으로 치러지기도 한다. 아니면 가족묘에 묻히지 못하고 다른 먼 곳에 매장된 가족의 시신을 몇 년이 지나서야 가족묘로 안치하는 경우도 있다.

파마디하나는 수도 타나 주변부에 사는 메리나 종족을 중심으로 마다가스카르 전역에서 거행된다. 마다가스카르의 건기 시즌인 7월부터 11월까지는 파마디하나의 계절이다. 파마디하나를 거행하는 날짜는 미리 정해져 있는 것은 아니다. 가족묘에 묻은 다음, 7년이 되어가기 전쯤에 집안 누구라도 꿈에 조상이 나타나 추위를 불평하기 시작하면 가족 모임을 연다. 조상이 추위에 떨고 있으니 새로 수의를 입히자고 합의하고 날짜를 정하게 된다.

파마디하나는 한 마을 전체가 모여서 즐기는 축제의 장이다. 가정마다 음식이나 수의나 어떤 종류의 것이든 준비해 온다. 항상 대낮에 잔치를 벌이는데, 마을 사람들은 똑같은 옷으로 맞춰 입거나 춤을 추면서 흥겨운 분위기 속에서 의식을 행한다.

파마디하나에서 가장 중요한 순서는 푸쿤타니 대장, 즉 우리 동사무소장 같은 분이 무덤에 도착해서 행사의 시작인 무덤 뚜껑을 여는 것을 공표하는 것이다. 허가가 떨어지자마자 트럼펫과 밴드 연주로 시끄러운 음악이 시작되고, 무덤 뚜껑을 열고 시신을 꺼낸다. 말라가시인들은 음악 소리에 죽은 자가 깨어나 자신들과 같이 축제에 참여한다고 생각한다. 가족 무덤이기에 부모님과 친척들이 다 같이 묻혀 있다. 가장 최근에 묻힌 시신은 무덤 맨

아래쪽에 놓여있다. 가장 가까운 가족이 직접 무덤에서 시신을 꺼내고 다른 친척들은 보조한다. 항상 다리가 먼저 나오고 머리가 뒤에 나오도록 시신을 들어낸다.

이제 가장 중요한 의식인 수의를 재단장하는 절차가 시작된다. 기존에 싸고 있던 수의는 그대로 두고 정갈한 비단 수의로 다시 덧입히고 핀으로 고정한다. 가족들은 시신을 만지기도 하고 속삭이듯이 얘기도 나누면서 의식을 진행한다. 시신에 향수를 뿌리면서 소원을 빌기도 한다. 임신하고 싶은 여성들은 더욱 가까이 모여든다. 시신을 감싸고 있던 천을 만지면 신성함을 입어 임신이 가능해진다고 믿기 때문이다. 시험에 합격하고자 하는 학생들도 신성한 기운을 받기 위해 시신을 만진다. 그리고 시신을 다시 어깨에 들어 올리고 노래에 맞춰서 춤을 추면서 무덤을 일곱 번 돌면서 다 같이 서로 축복한다. 준비해 온 음식을 나눠 먹으면서 춤을 추고 노래를 한다. 이 시점에서 눈물이 날 수도 있지만 축제의 장으로 즐기기 때문에 눈물은 조용히 닦아내야 한다. 마지막 댄스가 끝나고 무덤 안으로 시신을 다시 넣으면서 작별 인사의 시간을 갖는다. 시신이 다시 묘지에 잘 안치되고 입구는 더 이상 움직이지 못하도록 봉해진다.

〈태어난 김에 세계 일주 시즌3: 마다가스카르 편〉에서는 기안84, 빠니보틀, 덱스가 파마디하나에 참석해 축제처럼 흥겨운 분위기에 감탄하며 마을 사람들과 어울려 춤을 춘다. 그들은 "원초적이고 본능에 충실한" 마다가스카르의 독특한 장례식 문화를 직접 체험하며 그 분위기에 자연스럽게 녹아든다.

보통 말라가시인들은 매 5년에서 7년 사이에 이러한 의식을 거행한다. 특히나 조상에 대한 의무로 여겨지기 때문에 화려한 축제를 위해 만반의 준비를 해야 한다. 가난한 농경민들이 무덤을 새로 짓고 다시 묘지를 파내는 이런 의식을 치르기 위해서는 재정적으로도 많은 부담이 된다. 또한 모인 친척들에게 근사한 식사를 내야 하는데 가장 인기가 있는 음식이 제부 고기 요리이다. 마을 전체 사람들을 먹일 축제 요리뿐만 아니라 곡을 연주하는 밴드와 비단 수의 가격도 만만치 않다. 가난한 농민들이 땀을 흘리며 땅을 경작한 수입들이 이렇게 땅으로 다시 묻히게 된다. 젊은이들은 이 전통 관습이 카톨릭이나 기독교가 다수인 오늘날의 마다가스카르에 맞지 않다고 배척하기도 한다.

파마디하나 ⓒ 위키피디아

마다가스카르의 길거리를 걷다 보면 다양한 색의 비단 천이 눈에 띄는데, 이 천은 바로 시체를 싸기 위한 최고급 명주실이다. 현지 통화로 60만 아리아리, 한화로 약 20만 원에 달하는 이 천은 현지 노동자들이 한 달 월급을 통째로 내야 할 만큼 큰 비용이다. 조상들이 후손들에게 해를 끼칠 수 있다고 믿기에 시신의 수의를 새로 갈아주는 일은 매우 중요하다. 그래서 오늘날에도 이 전통은 여전히 이어지고 있다. 여기서 우리는 죽은 자와 살아있는 자가 이어주는, 끊어지지 않는 믿음과 전통의 고리를 마주하게 된다.

마다가스카르판 굿,
'트룸바'

마다가스카르에서는 착한 영혼을 불러들이고 악령을 쫓는 퇴마 의식이 깊숙이 뿌리내려 있다. 고립된 섬나라 특성상 주술과 전통 의식이 중요한 역할을 해왔는데, 그중에서도 특히 사칼라바 지역과 메리나 중부 고원에서 행해지는 '트룸바Tromba' 의식이 유명하다. 트룸바는 착한 영을 불러들이고, 그 영을 통해 지역의 어려운 문제를 해결하려는 의식이다. 마치 우리나라의 무당이 신내림을 받아 사람들을 돕는 것처럼, 이 의식은 사람들의 신앙과 생활을 깊게 이어준다. 트룸바 의식을 통해 주술사가 황홀경에 빠져 조상의 영혼과 소통한다고 믿으며 그 영혼이 후손들에게 중요한 메시지를 전한다고 여긴다.

트룸바 의식에서는 선물로 럼주, 돈, 옷감 등을 나누며, 좋은 기운을 불러들이기 위해 춤을 추고, 노래와 유흥이 넘쳐난다. 사람들은 기쁨 속에서 조상의 영이 자신들의 삶에 개입하도록 기원하며 이 의식을 이어간다.

남부 지역에서는 또 다른 강력한 퇴마 의식인 '빌루Bilo'가 거행된다. 이 의식은 병이 낫지 않는 경우, 제물을 바쳐 병을 치유하거나 악령을 쫓는 의식이다. 빌루 의식은 일주일간 지속되며 주술사는 춤을 추고 가족들은 병자를 둘러싸고 의식을 치른다. 마지막 날에는 제부를 제물로 바쳐 조상들에게 헌납하고 제부의 간을 요리하여 병자에게 먹이고, 가족과 함께 나누며 조상을 경배하는 의식이 진행된다. 제부를 마련할 형편이 안 되면 약초로 대신하기도 한다. 마지막으로, 마을 사람들은 빌루를 상징하는 조각상을 만들어 병자를 사로잡고 있던 악을 그 조각상에 옮긴 뒤, 이를 강물에 흘려보내며 퇴마 의식을 마친다.

이처럼 마다가스카르에서는 사람들의 삶과 죽음, 그리고 영혼의 세계가 깊게 얽혀 있으며 전통적인 의식들이 여전히 강력하게 이어지고 있다.

한국은 탈춤,
마다가스카르는 히라가시

히라가시^{Hira Gasy}는 마다가스카르 중부 지방에서 유래하는 노래와 춤이 어우러지는 공연을 말한다. 이 전통 공연은 메리나 왕 중 가장 유명한 왕인 안드리아남뿌이니메리나 왕이 군림하던 당시 오랫동안 전쟁으로 인해 피폐해 있던 군중들의 심리를 달래고 종족들 간의 단합을 꾀하기 위해 창설한 것으로 전해진다. 1803년 이메리나 왕국을 통일한 후 오랜 전쟁으로 인해 메말라진 군중들을 위로하면서 전쟁과 정치로부터 사람들의 관심을 돌리기 위한 정치적 수단으로도 역할 했다. 또한 통일 왕국을 만들면서 국민에게 단일한 메시지를 전파하기 위해 공연 예술을 활용한 것이다.

히라가시는 바코하자나로 불리기도 하는데 '바코카'는 말라가시어로 '전통'을 뜻하며 '하자나'는 '조상'이라는 뜻으로 '조상들의 전통'이라는 뜻이다. 모든 전통 예술 양식을 망라하는 예술이기에 이렇게 불린다.

유네스코는 2023년에 히라가시를 인류무형문화유산으로 지정했다. 우리 탈춤과 같이 어느 장소에서든지 사람들이 모일 만한 곳에서는 아무 데서나 공연이 가능하다. 드럼, 이야기, 춤과 민속 노래 등이 포함되며 히라가시 가사는 도덕적이면서도 문화적 가치를 담고 있다. 히라가시는 말라가시인의 모든 축제에 빠지지 않는 공연 중 하나다. 아이들은 부모를 따라 공연장 바닥에 자리를 깔고 손뼉을 치며 관람하고, 일요일 오후마다 마을 여기저기 최고의 구경거리인 히라가시 공연이 진행된다.

전통적으로 깊은 종교적 성향을 지닌 말라가시인들에게 기독교 문화가 자리 잡은 후, 기독교 문화는 그들의 전통과 어우러져 독특한 형태로 결합되었다. 히라가시는 단순한 오락을 넘어, 전쟁과 노동에서 벗어난 사람들에게 희망과 위안을 주기 위한 목적을 담고 있어 화려한 의상과 경쾌한 음악이 동반된다. 자연스러운 목소리로 함께 손뼉을 치며 흥겨운 분위기가 만들어지고 공연은 마이크 없이, 마치 원형 극장에서 펼쳐지는 듯한 느낌을 준다.

히라가시에서 가장 유명한 장면은 바로 카바리라는 연설이 펼쳐지는 부분이다. 유머가 넘치고, 사랑과 결혼 같은 로맨틱한 이야기부터, 정치적 상황을 풍자하는 내용까지 다양하게 다뤄진다. 카바리는 마을 어른들이 자신의 생각을 발표하는 전통적인 웅변의 형태로, 주민들에게 중요한 메시지를 전달하는 장이 된다. 그다음에는 잔잔한 음악과 전통 무술, 그리고 춤을 추는 이들이 등장하면서, 공연은 점차 화려해진다. 여기서 마다가스카르의 국민 악기인 발리하가 공연에 등장하는데, 이 악기는 두꺼운 대나무 통에 현을 달아 소리를 내는 독특한 방식으로, 28개의 현이 동시에 울려 퍼지며 사람들의 마음을 사로잡는다. 대나무 본체에서 떼어낸 줄기를 이용해 현을 만들고, 이를 대 위에 걸쳐 뜯거나 쳐서 소리를 내는 방식이 그 자체로 매력적이다.

공연은 마지막에는 짧고 감동적인 노래로 마무리된다. 이 노래는 사람들의 마음속에 여운을 남기며, 전통과 신앙, 그리고 공동체의 힘을 다시 한번 되새기게 한다. 히라가시의 공연은 단순한 예술적 표현을 넘어서, 마다가스카르 사람들의 삶과 신앙을 엿볼 수 있는 중요한 문화적 전통이다.

마다가스카르 의복의
숨은 이야기

히라가시 공연자들이 입은 람바와 람바 천 ⓒ 위키피디아

메리나 종족 남성들이 입던 의복, 말라바리^{Malabary}는 마다 가스카르 축제나 공식 행사에 입는 의상으로 자리를 잡았다. 비단으로 만들기 때문에 말라 가시인 중에서도 상류층이 입 는 의복이다. 말라바리의 유래 는 흥미롭다. 인도양에 위치한 마다가스카르의 이웃 섬인 레 위니옹은 한때 프랑스의 지배 를 받게 되었고, 이에 따라 많 은 인도계 이민자들이 레위니 옹 농장노동자로 유입되었다. 1848년 프랑스는 모든 프랑스 식민지에서 노예제를 폐지하기로 하였고, 이에 따라 레위니옹에서도 노예

제도가 폐지되면서 인도계 이민자들이 마다가스카르로 많이 넘어왔다. 이들은 결혼식이나 축제에서 입던 세르와니라는 의상을 착용했고, 마다가스카르에도 널리 퍼졌다. 당시 프랑스인들은 타밀 노동자들을 말라바라고 불렀는데, 그 영향으로 이들이 입던 의복이 마다가스카르에서는 말라바리라고 불리게 되었다.

마다가스카르 전통 의복을 얘기하면서 '람바Lamba'를 빼놓을 수 없다. 람바는 '옷감' 전체를 뜻하기도 하고 마다가스카르 고유의 전통 의상을 일컫기도 한다. 람바는 스커트, 숄, 스카프 등으로 다양하게 걸칠 수 있다. 람바는 섬세한 자수와 선명한 색감으로 결혼, 장례식 등 마을에서 중요한 행사가 있을 때 주로 착용한다. 그뿐 아니라 아이를 등에 업을 때 사용하기도 하고, 베개, 매트나 담요뿐 아니라 시체를 싸는 용도로도 쓰인다.

람바는 우리의 전통 베틀과 유사하게 생긴 나무 프레임으로 만들어진 전통 직기로 짜낸다. 마치 우리 조선시대 아낙네들이 모시와 삼으로 베옷을 만들어 입는 같은 방식이다. 나무 프레임에 원하는 패턴을 만들기 위해 위사를 날실 위아래로 통과시켜 섬유를 서로 맞물리게 해서 촘촘하게 직물을 만들어낸다. 람바는 어떤 행사에 걸치느냐에 따라 다른 이름을 붙이는데 장례식에서 착용하는 람바는 붉은색 람바라는 뜻에서 람바메나라고 불린다. 람바는 라나발루나 3세가 그로버 클리블랜드 대통령에게 선물할 정도로 고급스러운 직물이다.

람바를 숄로 쓸 때는 보통 왼쪽 어깨로 내리는데, 애도의 기간으로 장례식에서 입을 때는 오른쪽 어깨 너머로 걸쳐야 한다. 람바를 만드는 데 가장 일반적으로 사용되는 재료는 라피아Raffia 잎이나 명주실이다. 누에고치에서 얻은 비단으로 만든 람바는 고급스럽고 선명한 색감으로 유명하다.

라피아는 낮게 자라는 마다가스카르 야자수 잎에서 채취되는 섬유인데,

라피아 가방

특유의 질기고 유연한 특성 덕분에 바구니, 모자, 매트 등 다양한 공예품으로 변신한다. 라피아는 마치 선인장처럼 메마르고 가뭄이 잦은 지역에서 자라며 자연의 인내력을 상징하는 식물이다. 마다가스카르에서 생산되는 라피아 가방은 유럽을 넘어 전 세계에서 큰 인기를 끌며 마다가스카르를 대표하는 수출 품목으로 자리 잡았다. 라피아로 만든 각종 공예품은 마다가스카르 사람들의 탁월한 손재주를 잘 보여준다.

바오밥 거리 © adobe stock

3부

마다가스카르, 구석구석 탐방하기

MADAGASCAR

마다가스카르 버킷리스트

- 놓칠 수 없는 명소들

붉은 땅
마다가스카르

상공에서 마다가스카르를 바라보면 붉은색 토지 벌판이 끝없이 펼쳐진다. 마다가스카르 어디를 가도 붉은색이 가득하다. 강물과 흙집들, 심지어 논밭까지 많은 부분이 붉은색을 띠고 있다. 붉은 황톳길은 전통적으로 마다가스카르 땅에 철

마다가스카르 붉은 땅 ⓒ Pixabay

과 미네랄이 풍부한 데서 기인하지만, 토양이 황폐해지면서 그렇게 된 부분도 있다. 화전 농업과 타비의 과도한 사용으로 토양이 부식되면서 점차 붉은색을 띠게 되었고 강물마저 붉어진 것이다.

이처럼 붉은 대지가 펼쳐진 마다가스카르는 지형과 기후 또한 지역마다 뚜렷한 차이를 보인다. 마다가스카르는 동서로 산맥이 갈라지며 동쪽에는 우림지대가, 서쪽에는 건조한 사바나 기후가 펼쳐진다. 수도 타나에서 동쪽으로 줄을 그으면 마다가스카르에서 가장 큰 항구 도시인 타마타브가 위치

한다. 동남쪽으로는 포도팡, 북동쪽에는 디에고, 북서쪽에는 마장가, 남서쪽에는 툴레아가 있다. 수도를 중심으로 한 중부 고원 지대는 앙카라차와 안드린지차 산맥 줄기를 따라 이어지며, 해발 약 2천 m가 넘는 고원이 형성되어 있다.

중부 고원 ⓒ gemmmm

중부 고원 지대의 동쪽에는 열대우림이 있는 해안 지대가 있다. 안다시베나 라노마파나 같은 곳에서는 여우원숭이, 거북이, 그리고 새끼손가락 손톱보다 작은 화려한 색깔의 카멜레온을 볼 수 있다. 남서쪽으로 내려가면 가시나무 숲과 바오밥나무처럼 전 세계에서 보기 힘든 식물들이 무성하게 자라 있는 풍경이 펼쳐진다. 특히 서쪽 해안의 메나베에는 여행자들이 가장 많이 찾는 명소인 바오밥 거리가 있다. 북쪽으로 올라가면 아름다운 해안선을 따라 천혜의 해변 풍경이 펼쳐진다. 특히 노지베 섬은 맑고 투명한 바다와 다양한 산호초, 그리고 형형색색의 물고기들로 가득한 해변을 자랑하며 스노클링을 하루 종일 즐겨도 지루하지 않은 풍경이 이어진다.

우림 지대 ⓒ andrianjaka

마다가스카르는 한때 6개의 자치주로 나뉘어 있었다. 이들 자치주는 안타나나리보, 안치라나나, 피아나란추아, 마장가, 토마시나, 툴레아로 구성되어 있었다. 이후 6개 자치주 체제가 폐지되면서, 마다가스카르는 23개의 행정구역으로 재구성되었다. 당시 주의 명칭은 현재 각 지역의 주요 도시 이름으로 자리 잡았다. 이 새로운 행정 구역에는 수도 안타나나리보가 포함된 아날라망가, 북부의 디에고—수아레즈가 위치한 디아나, 타마타브가 있는 아치나나나, 바닐라로 유명한 삼바바가 있는 사바 지역 등이 포함된다. 23개 행정 구역 각각에는 대통령이 임명한 주지사가 지방 자치제 형태로 각 지역의 정책을 운영하고 있다.

마다가스카르로 가는 항공편은 주로 에티오피아를 경유하는 방법이 일반적이다. 한국에서 출발할 경우, 에티오피아 항공의 직항편으로 아디스아바바에 도착한 뒤 수도 안타나나리보로 연결되는 항공편이 추천된다. 이 연결편은 경유 시간대가 잘 맞아 가장 편리한 노선이다. 최근에는 세이셸을 들러 두바이로 경유하는 아랍에미리트 항공 노선이 새로 취항하면서 선택의 폭이 넓어졌다. 이 외에도 마다가스카르에서 비행기로 겨우 2시간 거리에 있는 신혼여행지로 유명한 모리셔스섬을 경유해 마다가스카르에 도착할 수도 있으며, 파리를 거쳐 들어가거나, 남아프리카공화국이나 케냐를 여행한 후 입국하는 경로도 있다.

마다가스카르에 도착하면 최대 90일 동안 체류할 수 있는 도착 비자를 간편하게 발급받을 수 있어 입국 절차도 비교적 수월하다. 프랑스어를 구사할 수 있다면 여행이 훨씬 수월하겠지만, 간단한 영어로도 기본적인 의사소통이 가능해 큰 어려움 없이 여행을 즐길 수 있다.

마다가스카르는 남반구에 위치하고 있어 한국과 계절이 정반대다. 가장 여행하기 좋은 시기는 우기가 끝나고 건기가 시작되는 4월에서 10월까지다. 특히 7~8월은 고원 지대에 위치한 안타나나리보의 경우 아침저녁으로 기온이 영하까지 내려갈 정도로 다소 춥지만, 낮에는 햇살이 따뜻해 캘리포니아와 같은 경쾌한 날씨를 보인다. 해안가 지역은 이 시기에 더욱 온화한 날씨를 보여 여행하기에 최적의 계절이다.

마다가스카르는 생물 다양성의 천국으로 유명하지만, 수도 타나의 도심 공기는 생각보다 깨끗하지 않다. 매연과 숯의 냄새가 일상 속에 깊숙이 스며들어 있어, 공기의 질은 기대에 못 미친다. 한 여행객은 매운 공기에 콧물이 멈추지 않아 여행을 중단해야 했다. 특히 천식이나 기관지염이 있는 사람이라면 더욱 주의가 필요하며 마스크는 필수 아이템이 될 수 있다.

여행을 준비할 때 가장 중요한 요소 중 하나는 치안이다. 2025년 현재 마다가스카르는 외교부 여행경보에서 '여행자제' 지역[참색경보]으로 지정되어 있다.

마다가스카르 사람들은 대체로 온화하고 친절한 성향을 지니고 있으며, 관광업이 발달한 덕분에 외국인을 대상으로 한 범죄 발생률은 비교적 낮은 편이다. 그러나 코로나19 이후 경제 상황이 악화되면서 강도와 절도 사건이 눈에 띄게 증가했다. 최근에는 한국인 선교사 두 분이 무장 강도의 습격을 받아 목숨을 잃는 안타까운 사건이 발생했다. 이분들은 장인과 사위 관계로, 한국에서의 안락한 삶을 뒤로하고 마다가스카르에서 농업 선교에 헌신하기 위해 무라망가 지역에 정착했다. 그러나 이곳에 온 지 2년 만에 강도의 공격으로 세상을 떠났다. 이 안타까운 사건은 마다가스카르의 치안이 결코 안심할 수 없는 상황임을 상기시킨다. 평소에는 평온하지만, 때때로 강력 범죄가 발생할 수 있기에 언제나 경계를 늦추지 말아야 한다. 아울러, 아프리카 전역에서 외국인을 대상으로 한 납치 범죄가 끊이지 않고 있으며 마다가스카르도 예외는 아니다.

마다가스카르에서는 지방뿐 아니라, 수도 안타나나리보에서도 총기나 산탄총을 든 강도들이 외국인을 대상으로 범죄를 저지르는 일이 잦으며 집을 비운 사이 도난 사건이 발생하는 것은 일상적인 일이다. 특히 경비원, 운전 기사, 가정부 등 내부 사정을 잘 아는 현지인과 내통해 벌어지는 사례가 많아 더욱 주의가 필요하다.

수도 타나에서는 낮에는 비교적 안전하게 거리를 돌아다닐 수 있지만, 소매치기와 날치기를 경계해야 한다. 특히 야간에는 수도뿐만 아니라 지방에서도 외출을 삼가는 것이 좋다. 안전한 여행이야말로 마다가스카르의 아름다움을 온전히 즐길 수 있는 첫걸음이 될 것이다.

1장 마다가스카르 버킷리스트 – 놓칠 수 없는 명소들

천 명의 전사들의 도시,
마다가스카르 수도 안타나나리보

안타나나리보

마다가스카르의 수도는 자연과 어우러진 독특한 아름다움을 품고 있다.
안타나나리보에 첫발을 디디는 순간, 눈앞에 푸른 논밭이 끝없이 펼쳐진다.
강둑에서는 여인들이 알록달록한 옷을 펼쳐 말리고 맨발의 청년들은 덜컹거
리는 제부 수레를 끌며 흙길을 걷고 있다.

이 모든 풍경은 마치 우리의 옛 시골집을 떠
올리게 한다. 거리마다 밝은색 집들이 언덕을
따라 지어져 있고, 붉은 흙벽을 배경으로 연
보라색 자카란다가 줄지어 서 있는 모습도 인
상적이다. 구시가지가 있는 아날라켈리
시장 중심가의 언덕은 멀리서 보면 마치 몽마
르트 언덕이나 나폴리의 지중해 마을을 연상
시킨다. 높은 언덕마다 집들이 빼곡히 들어서
있고 좁은 골목길을 차들이 곡예하듯 다닌다.

대통령궁이 있는 루브르 호텔 근처 언덕에
서는 아누시 호수가 내려다보인다. 11월이 되

시티즌 레스토랑 ⓒ andrianjaka

면 아름다운 보랏빛 자카란다 꽃이 아누시 호숫가를 물들이는데, 이 시기에 시티즌^{Citizen} 레스토랑에서 점심을 즐기며 보랏빛 호수를 바라보는 풍경은 장관이다.

자카란다 ⓒ salym

안타나나리보는 17세기 초, 메리나 왕국의 안드리안자카 왕이 약 1천 명의 군사를 이끌고 점령한 도시다. 그는 이곳을 수도로 삼고 가장 높은 언덕에 왕궁을 건설했다. '안타나나리보'라는 이름은 '마을' 또는 '성곽'을 뜻하는 '타나나'와 '천'을 뜻하는 '아리보'가 합쳐진 말로, 1천 명의 전사들이 점령한 것을 기념하여 '천 명의 도시'라는 의미를 담고 있다.

안타나나리보는 해발 1,280m의 고원 지대로 쌀 생산이 용이하고 높은 위치 덕분에 외적의 침입을 막기에도 적합한 장소였다. 메리나 왕궁의 말라가시어 공식 명칭은 '루바 드 만자카미아다나'이며, 메리나 왕국의 군주들 중 여왕들이 많았기 때문에 간단히 여왕궁이라고도 불린다.

18세기에 메리나 왕족은 안타나나리보와 암부히망가 두 곳에서 거주했다. 암부히망가는 현지어로 '푸른 숲'을 뜻하는데, 오늘날의 아날라망가 지역을 떠올리면 그 의미를 상상하기 어려울 정도로 변화했지만, 당시에는 나무가 우거진 숲이었다. 안드리아남뿌이니메리나 왕은 메리나 왕국을 통일하면서 왕국의 중심을 암부히망가에서 안타나나리보로 옮겨가기 시작했다.

안타나나리보는 메리나 왕족이 지배하는 동안 수도로서의 위상을 갖추며 점차 영역을 확장해 나갔다. 1895년 프랑스에 점령되어 식민지가 된 이후에도 수도로서의 기능을 계속 유지했다.

타나의 건물들 ⓒ brent

타나를 이야기할 때, 시내 중심부의 상징적인 장소인 시청 주변을 빼놓을 수 없다. 구시가지 중심부에는 아날라켈리 시장과 시청, 그리고 소라노Soarano 역이 있다. 약 1km가 넘는 이 거리는 1945년에는 연합군의 승리를 기념해 '자유의 거리'로 불렸으며 1960년 마다가스카르 독립 이후에는 '독립의 거리'로 명명되었다. 이곳에는 프랑스 식민지 시대에 지어진 건축 양식들이 즐비하며 갈리에니 장군이 직접 지휘하여 건축한 건물들도 있다.

시청을 마주 보고 있는 독립의 거리 양쪽에는 아케이드가 있다. 이곳은 1937년에 지어졌고 1960년대에는 아치형 통로 안에 과거에는 알베르 카뮈 문화원이라 불렸던, 오늘날의 프랑스 문화원이 들어서 있다. 또 그곳 안에는 다양한 상가 건물들도 생겨났다. 아날라켈리 근처에 있는 프랑스 대사관도 문화원과 함께 건축되었다.

독립의 거리는 1908년부터 1910년까지 약 2년에 걸쳐 프랑스 건축가 조르주 푸샤가 설계한 소라노 역에서 시작된다. 1909년에는 수도 타나와 타마타브를 연결하는 최초의 기차가 이 역에서 출발했다. 푸샤는 당시 프랑스에서 유행하던 기차역 건축 양식을 소라노 역에 그대로 옮기기를 원했다. 돌 조각품과 장식용 난간, 웅장한 첨탑 양식으로 꾸며진 소라노 역은 파리 기차역이었던 오르세 박물관을 축소해 놓은 듯한 인상을 준다.

소라노 역이 세워진 자리에는 과거 깨끗한 샘물이 흐르는 큰 샘이 있었는데, 그래서 이곳을 말라가시어로 '좋은 물'을 뜻하는 '소라노soarano'라고 부르게 되었다. 소라노 역은 100년이 지나면서 보수공사를 제대로 하지 않아 망했고 기차 운행도 점차 줄어들어 명맥만 이어오다가, 2008년에 대대적인 보수공사를 통해 미술관과 수공예품 상점, 문화 행사 등이 열리는 공간으로 잠시 탈바꿈했다. 하지만 상업용 기차 운행이 완전히 중단되면서 지금은 역사적인 공간으로 남아 있다.

독립의 거리 한가운데에는 타나 시청이 자리 잡고 있다. 이 건물은 프랑스 식민지 시기인 1936년에 지어졌으며, 1972년 마다가스카르 혁명인 '루타카'로 인해 1공화국이 막을 내린 것을 기념하는 '5월 13일 광장'의 왼쪽에 위치해 있다. 시청은 1972년 화재로 모두 소실되었지만, 안드리 라주엘리나가 시장으로 재직할 당시 재건축을 시작해 2010년에 완공되었다.

타나 시청 앞에는 1972년에 제작된 타나시 깃발이 걸려 있다. 노란색과 파란색이 교차하는 이 깃발의 노란색 바탕에는 마다가스카르의 상징인 제부가 그려져 있고, 파란색은 자연과 나무를 상징한다.

타나 시청 ⓒ andrianjaka

이곳은 또한 한때 아프리카뿐만 아니라 전 세계에서 가장 큰 야외시장으로 간주되었던 주마Zoma 전통 시장이 있던 자리이기도 하다. 주마 시장은 18세기 말 마다가스카르를 통일한 안드리아남뿌이니메리나 왕이 만든 시장이다. 그는 1794년경 타나를 이메리나 왕국의 수도로 변모시키면서 동서남북

273

마다가스카르 사람 누구나 타나에서 교류하고 물건을 사고팔 수 있도록 만남의 장으로 이 시장을 설립했다.

이 시장은 처음에는 '안주마^Anjoma', 즉 '큰 시장'으로 불렸는데, 이후에 매주 금요일에 시장이 열렸기에, 말라가시어로 금요일을 뜻하는 '주마'로 간단히 불리기 시작했다. 200년 넘게 마다가스카르의 중심지로 자리매김했던 주마 시장은 1997년 정부에 의해 문을 닫았다. 당시 시장이 지나치게 노후화되고 지저분해 도시 미관을 해친다는 이유였는데, 시민들의 반대는 크지 않았다. 이는 20년 넘게 지속된 사회주의 정책으로 인해 외국인 투자자들이 떠나면서 마다가스카르 경제가 급속히 침체되었고, 그 결과 주마 시장은 도시 부랑자와 쓰레기 더미로 가득 찬 슬럼가로 변했기 때문이었다. 파라솔이 잔뜩 늘어선 노천 시장이었던 이곳은 이제 '아날라켈리'라고 불리는 보다 현대적인 시장으로 탈바꿈했다.

독립의 거리와 마주 보는 곳에는 마다가스카르 대통령궁과 루브르 호텔로 이어지는 언덕 계단이 있다. 이 수백 개의 계단은 '타나의 천 개의 계단'이라 불린다. 계단을 따라 올라가는 길은 '라나발루나 1세 거리'라는 이름을 갖고 있다. 마다가스카르의 암흑기를 지배했던 그녀가 기독교인들을 이 언덕 아래로 산 채로 굴러 떨어뜨렸기 때문이다. 계단을 따라 계속 올라가 언덕 꼭대기에 이르면, 마다가스카르 최초의 대통령 필리베르 치라나나의 동상이 있는 독립 광장에 도달한다. 언덕 위에는 안타니나레니나 정원이라 불리는 사각형의 공원이 자리 잡혀 있고, 공원 중앙에는 마다가스카르 공화국의 표어인 '자유, 애국, 진보'가 새겨진 기념비가 세워져 있다.

정원 바로 맞은편에는 암보히시루후차^Ambohitsirohotra 왕궁이 있다. 1886년 프랑스 최초의 총독 미르 드 빌레^Myre de Villers가 총독 관저로 사용할 적절한 장소를 물색하던 중, 라이니라이아리부니 총리가 이 언덕 위의 부지를 제공했다. 1889년에 완공된 이 왕궁은 돌로 화려하게 지어진 웅장한 건물로 당시 프랑스의 건축 양식을 그대로 반영하고 있다. 특히 1층 접견실은 높은 천장과 웅장한 그림들로 장식되어 있어 베르사유 궁전을 연상시킨다. 이 건물은 마다가스카르가 프랑스로부터 독립한 후에도 프랑스가 소유했으나, 1975년에 이르러 마다가스카르 정부에 이양되었다. 이곳은 타나 시내를 내려다볼 수 있는 최고의 전망대지만 현재는 대통령 집무실로 사용되고 있어 일반인의 출입이 제한된다.

왕궁 앞 거리는 2009년 쿠데타 당시 경찰이 시위대를 진압하며 많은 사상자가 발생했던 장소로, 이 비극을 기억하기 위해 라주엘리나 대통령이 세운 기념비가 서 있다.

조금 더 올라가면 '하늘이 더 얇고 가까운 곳'이라는 뜻을 지닌 이마리볼라니차 전망대^{Point de vue Imarivolanitra}가 있다. 안드리아남뿌이니메리나 왕은 종종 이곳에서 언덕 아래 농민들이 일하는 모습을 바라보며 산책했다고 전해진다. 왕은 나무로 된 높은 연단과 계단을 설치해 평민들도 전망을 즐길 수 있도록 했다고 한다. 1866년경에는 영국 선교사들이 이곳에 개신교 출판소를 세워 마다가스카르 최초의 신문인 '좋은 말씀^{Ny Teny Soa}'을 발간했다.

골목을 따라 조금 더 올라가면 타나에서 유명한 식당인, 아누시 호수를 내려다볼 수 있는 레스토랑 메종 뷰 로얄^{Maison Vue Royale}이 있다. 이곳을 지나면 안두알로 성당에 도달한다. 안두알로 성당은 1873년에 건축을 시작해 1890년에 완공된 고딕 양식의 석조 건물로, 두 개의 사각형 탑은 높이가 30m에 이른다. 이 성당은 프랑스 식민지 시대와 깊은 연관이 있는 유서 깊은 장소로 제2차 세계대전 중에는 신자들이 매일 저녁 성당에서 프랑스의 승리를 기원하며 묵주 기도를 바친 곳이기도 하다. 성당이 세워지기 전에는 선

거대한 성모상

교사들이 지은 나무로 된 조그마한 예배당이 있었다. 성당 앞에는 전통 의식에 사용되던 작은 호수도 있었으나, 19세기 중반 아누시 호수가 조성되면서 1897년에 매립되었다. 성당 오른쪽 언덕 뒤편에는 성당을 등지고 도시를 내려다보는 거대한 성모 마리아상이 세워져 있어 방문객들의 눈길을 끈다.

타나 여행에서 절대 놓쳐선 안 될 하이라이트는 바로 여왕궁이다. 마다가스카르의 상징적인 유산인 여왕궁은 메리나 왕국의 중심지로, 19세기 마다가스카르 역사의 중요한 순간들이 이곳에서 펼쳐졌다. 언덕 위에 자리 잡은 웅장한 궁전은 도시 전체를 내려다보며, 과거 왕조의 권위와 위엄을 보여준다. 비록 화재로 일부가 소실되었지만 복원된 건물과 유적은 여전히 매력적이다. 궁전 안을 거닐며 옛 왕실의 흔적과 마다가스카르 역사를 직접 체험할 수 있다.

타나에서는 여우원숭이를 볼 수도 있다. 타나 외곽으로 약 1시간 거리에 여우원숭이 공원이 있지만, 이곳을 방문할 여유가 없다면 시내에 있는 침바자자 공원Tsimbazaza에서 수십 마리의 여우원숭이가 뛰노는 모습을 여유롭게 구경할 수도 있다.

아니면 타나 인근 하이킹 코스로 유명한 '푸른 바위'라는 뜻을 가진 암바투망가Ambatomanga에서 정통 메리나 부족의 시골 정취를 느낄 수도 있다. 이곳에서는 붉은 흙길을 따라 전통 가옥이 늘어선 풍경을 감상할 수 있으며 소 떼를 몰고 가는 농부들의 모습을 통해 한가로운 전원의 분위기를 느낄 수 있다.

타나 시내 곳곳에 숨겨진 역사를 제대로 느껴보고 싶다면 워킹 투어에 참여해 보는 것도 방법이다. 여행사를 통해 예약하면 영어 가이드가 독립의 거리부터 여왕궁까지 함께 걸으며 타나의 생생한 이야기를 들려준다. 마치 '시간 여행자'가 된 듯

암바투망가 ⓒ andrianjaka

타나의 역사와 숨결을 가까이에서 느낄 수 있는 특별한 경험이 될 것이다.

타나 전망대에서

안치라베는 수도 타나에서 약 170km 떨어져 있어 주말 여행으로 다녀올 수 있는 최고의 관광 도시다. 이 도시는 해발 1,500m의 숲 한가운데 자리 잡고 있다. 온화하고 맑은 날씨, 역사가 담긴 온천, 그리고 아름다운 자연 명소 덕분에 많은 외국인들이 찾는 여행지다. 안치라베는 말라가시어로 '소

안치라베 성당 ⓒ andrianjaka

금이 많은 곳'이라는 뜻이다. 온천수가 솟아나는 것을 보고 19세기 후반 선교사들이 마다가스카르의 휴양 도시로 개발한 곳이다. 프랑스 식민지 시절 총독부의 별장으로 쓰였던, 안치라베에서 가장 유명한 호텔 이름도 '온천장Hotel des Thermes'이라고 불린다.

19세기 메리나 왕국의 여왕들은 수천 명의 신하와 군대를 이끌고 이곳에서 몇 달씩 휴식을 취하곤 했다. 전쟁을 막 끝낸 왕족들도 근육통을 치유하기 위해 온천에 몸을 담갔다. 모

로코 국왕 모하메드 5세 또한 1954년 프랑스에 의해 마다가스카르로 망명하는 동안 안치라베를 자주 찾았다고 한다. 이곳은 온천수만큼이나 혹독한 추위로도 알려져 있다. 고산 지대에 위치해 겨울철에는 기온이 0도까지 떨어지기도 한다.

안치라베는 수도 타나에서 무룬다바나 남쪽 끝 도시 툴레아로 향할 때 거치는 경유지이기도 하다. 이곳에서 점심만 먹고 바로 이동하는 많은 여행객들이 수제 화덕피자로 유명한 잔디나^{Zandina} 레스토랑을 찾는다.

안치라베 시내의 온천 시설도 충분히 매력적이지만, 조금만 나가면 멋진 호수들을 만날 수 있다. 안치라베에서 7km 떨어진 '안즈라이키바^{Andraikiba}' 호수에서는 조각배를 타고 호수를 구경할 수 있다. 하늘과 맞닿은 듯한 아름다운 이 호수에서는 수상 스포츠도 즐길 수 있다. 하지만 마다가스카르의 다른 호수들처럼, 이곳에도 금기 사항, 즉 파디가 있다. 비단 천이나 돼지고기 조각을 호수에 던지는 것은 금지되어 있다.

이 호수에는 오래된 전설도 전해진다. 아주 옛날, 지역의 한 유지가 두 여성 중 누구와 결혼할지 망설이다가, 먼저 호수를 헤엄쳐 건너온 여성을 아내로 맞겠다고 했다. 그러나 두 여성 중 한 명은 유지의 아이를 임신한 상태였고, 결국 호수를 건너다 익사하고 말았다. 현지인들은 매일 아침 아름다운 여성이 인어공주처럼 물에서 나와 하염없이 바위에 앉아 있다가 다시 호수로 들어가는 모습을 보았다고 증언한다. 사람들은 이 여성이 호수에서 죽은 임신한 약혼자라고 믿는다.

또 다른 명소는 숲속의 호수, 치치바^{Tritriva} 호수다. 안치라베에서 15km 정도 떨어진 이 호수는 에메랄드빛 물빛으로 여행객들을 매료시킨다. 더운 여름날에는 가끔 수영을 즐기는 사람들도 볼 수 있다. 그러나 이 호수는 신성한 곳으로 여겨져 수영을 하는 것은 금기 사항이다. 수영을 하면 목숨을 잃

| 된다는 전설이 있다.

치치바 호수에는 마다가스카
르판 로미오와 줄리엣 이야기
· 전해 내려온다. 한 남녀가
사랑에 빠졌지만, 부모님의 강
한 반대에 부딪혔다. 남성은 귀
족 가문의 출신이었지만 여성
은 가난한 집안 출신이었기 때

치치바 호수 ⓒ 위키피디아

문이다. 결국 반대를 견디지 못한 두 사람은 초록빛 호수의 바위 절벽에서
몸을 던졌다. 전설에 따르면 두 사람은 나무로 환생했으며 그 나무는 이전까
지 나무가 하나도 없던 호수의 메마른 한쪽에 자라기 시작했다고 전해진다.

바오밥의 성지,
무룬다바

무룬다바 ◄————————

무룬다바는 모잠비크 해협을 사이에 두고 마다가스카르의 남서쪽 해안을 따라 수 km에 걸쳐 펼쳐진 하얀 모래사장을 끼고 있는 해변 도시다. 전 세계에서 신비로운 천년의 나무 바오밥을 보기 위해 몰려드는 마다가스카르 최고의 관광지로 연간 약 4만 명의 관광객이 방문한다. 수도 타나에서 무룬

바오밥 거리의 여인 ⓒ gemmmm

다바까지의 거리는 약 650km로, 차량으로 하루 종일 달려야 도착할 수 있다.

무룬다바 바오밥 군락지는 몇 km 밖에서도 눈에 띈다. 드넓게 펼쳐진 논밭 너머로 높이 솟아오른 바오밥나무 주변을 맴도는 흰 새들의 형상까지, 한 폭의 그림 같은 풍경이 멀리서 보아도 아름답다. 바오밥 거리를 따라 늘어선 약 20그루의 바오밥나무들은 말 그대로 장관을 이룬다. 그 주변에 있는 다른 어떤 식물들도 바오밥나무의 위엄과 압도적인 형태를 따라잡을 수 없다. 30m가 넘는 거대한 바오밥

나무들 아래로 맨발로 지나가는 현지인들, 람바를 걸치고 물을 긷고 걸어가는 여인들, 제부 마차에 짐을 한가득 싣고 아이들을 태운 현지인들의 모습이 모두 하나같이 어우러져 한 폭의 그림처럼 펼쳐진다.

무룬다바 바오밥 거리는 시내에서 한참 차로 들어가야 나온다. 탁시부르스를 타고 들어갈 수도 있고, 사륜구동을 타고도 갈 수 있다. 우기 때는 턱이 낮은 택시로는 절대 들어갈 수 없다. 흙길에 미끄러져 사고로 이어질 수도 있다. 만일 우기 때 들어가게 되면 바오밥나무 아래 물이 고여 바오밥 형상이 반사된 멋진 사진을 찍을 수 있다. 아침저녁으로 다른 아름다움을 감상하기 위해 하루에 두 번 시내에서 바오밥 거리로 들어갔다 나왔다를 마다하지 않는 관광객들도 많다.

무룬다바 바오밥 거리에서 놓쳐서는 안 될 또 다른 명소는 바로, 마다가스카르의 바오밥 사진작가로 유명한 신미식 사진가가 마다가스카르에 대한 깊은 애정을 담아 지은 '꿈꾸는 도서관'이다. 바오밥 거리로 향하는 길목에 눈길을 사로잡는 태극기가 휘날리는 학교가 보인다. 이는 조용문 선교사가 설립한 학교로,

꿈꾸는 도서관 ⓒ 조용문

바로 옆에는 신미식 사진가가 지은 2층짜리 아름다운 도서관이 자리하고 있다. 신미식 사진가의 예술적 감각이 어우러진 사진들과 따뜻한 감성이 돋보이는 이곳에 들러보는 것도 특별한 경험이 될 것이다.

무룬다바는 1년 중 우기인 두 달 정도를 제외하고 열 달은 선명한 파란 하늘의 아름다운 날씨를 자랑한다. 무룬다바의 부두는 남쪽의 툴레아와 북쪽

의 마장가를 사이에 두고 있어 두 항구를 연결하는 중요한 역할을 한다. 비록 큰 배가 정박할 수 있는 시설은 없지만, 작은 범선들이 정박하여 옥수수, 콩 등 여러 지역 농산물을 다른 지역으로 운반하는 데 유용하게 이용된다.

무룬다바는 마다가스카르 내 전문 어부들이 모여서 활동하는 어업 도시이기도 하다. 무룬다바 바다에서는 랍스터, 대구, 작은 참치류 등 각종 물고기를 잡을 수 있다. 전문 잠수부들이 채취한 바다 해삼은 중국, 대만 등으로 수출된다. 〈태어난 김에 세계 일주 시즌3: 마다가스카르 편〉에서 기안84는 무룬다바에서 현지인 어부와 함께 바다로 나가 물고기를 잡는다. 무룬다바가 기안84의 첫 번째 버킷리스트인 '작살 낚시'의 주요 배경이 된 것도 우연이 아니다. 무룬다바는 마다가스카르 최고의 어업 마을 중 하나이기 때문이다.

무룬다바는 14세기에 탄생한, 말라가시 역사에서 빼놓을 수 없는 메나베 왕국의 수도였다. 메나베 왕국은 밝은 피부를 가진 왕자들이 세운 왕국이다. '밝은 피부의 군주'라고 불리는 안드리안다히푸치 왕은 17세기 마다가스카르에서 처음으로 총기를 소유한 통치자이기도 했다. 그는 수도를 무룬다바에서 북동쪽 마네바로 옮기면서 영토를 동서남북으로 확장했다. 그가 죽은 후 형제간의 난이 일어났는데 왕자 한 명이 겨우 피신해서 보이나 왕국을 세웠으나, 이어 메리나 왕국에 의해 정복당했다. 형제간의 다툼으로 마다가스카르 최초의 통일 왕국을 세울 수 있었던 메나베 왕국은 역사 속으로 사라졌다.

무룬다바의 아름다운 해변을 보려면 무룬다바에서 바닷길로 약 80km 떨어진 벨로–쉬르–메르Belo sur Mer로 갈 수도 있다. 그러나 우기나 사이클론이 닥치면 이동 자체가 불가능하다. 건기에는 무룬다바와 벨로–쉬르–메르를 연결하는 돛단배를 이용하면 된다. 메마르고 거친 가시덤불이 많은 무룬다바와 생태가 완전히 다른, 푸른 초목을 자랑하는 작은 낙원이 그곳에 있다. 다이빙을 하며 특별한 해양 생태계를 체험하거나, 거북이 보호구역으로 지정된 곳에서는 형형색색의 거북이를 만날 수 있다. 벨로-쉬르-메르에는 프랑스인이 운영하는 자연과 완벽히 어우러진 멋진 호텔이 있어 아름다운 자연과 평화로운 시간을 즐기기에 완벽한 장소다.

바오밥 거리 ⓒ 2photo pots

칭기 베마라하,
시간 속의 보물

칭기 베마라하 ◄————————

무룬다바에서 하루 꼬박 비포장도로를 지나 좁은 운하길을 거쳐야만 도착할 수 있는 또 하나의 신비로운 관광지가 있다. 바로 칭기 베마라하 Tsingy Bemaraha 국립공원이다. 이곳은 안카라나 국립공원 내에 위치하며 마치 화성에서나 볼 법한 비현실적인 풍경을 품고 있다.

안카라나 국립공원은 1956년에 국립공원으로 지정되었다. '안카라나'라는 이름은 '안타카라나인들이 사는 곳'을 의미하며 안타카라나란 '바위에 사는 사람들'을 뜻한다. 이 지역의 상징적인 칭기 바위에 사는 사람들을 지칭하

칭기 베마라하 ⓒ adobe stock

는 이름이다.

유네스코 세계문화유산으로 등재된 칭기 베마라하 국립공원은 카르스트 지형과 석회암 고지대가 깎여 형성된 독특한 풍경으로 유명하다. 100km 길이와 40km 너비에 이르는 석회암 바위들의 숲은 초현실적이고 신

비로운 아름다움을 뿜낸다. 이 국립공원 내의 호수와 맹그로브 숲은 마다가스카르 고유의 동식물종이 서식하는 중요한 보호지역이기도 하다. 이 석회암 바위는 약 2억 년 전에 형성되었으며, 비와 바람에 의해 현재의 모습으로 다듬어졌다.

칭기 국립공원은 사칼라바 종족들이 거주하는 서부 지역에 위치해 있다. 사칼라바인들은 18세기 메리나 종족과의 영토 싸움에서 패배한 아픈 역사를 가지고 있기에, 아직도 메리나인들이 칭기 국립공원을 방문하는 것을 꺼린다. 그들의 조상들이 노할 것을 우려하기 때문이다. 그래서 메리나인들이 이 국립공원을 방문하려면 특별한 제사 의식을 치르고 사칼라바 조상들의 허락을 받도록 했다.

칭기 국립공원에는 마다가스카르 최초의 정착민으로 알려진 바짐바와 관련된 전설도 전해진다. 그 전설에 따르면 바짐바인들은 산속으로 들어가 넓은 광야에 이르렀다. 남자들은 바위에 올라갔고 여인들은 이 바위에서 자라는 아름다운 꽃을 꺾었으며, 아이들은 이 바위에서 나는 '칭, 칭, 칭' 하는 금속 같은 소리에 흥겨워했다. 그러나 날카로운 바위에 찔리게 되면서 더 이상 바위를 걸어 올라갈 수 없게 되었다. 그래서 이 바위산은 말라가시어로 '발꿈치를 든다'라는 뜻인 '미칭기칭기나mitsingytsingyna'에서 유래된 이름, '칭기'로 불리게 되었다고 한다.

칭기로 가려면 반드시 마남볼로 강을 건너야 한다. 이 강 주변에는 바짐바인들의 뼈가 묻힌 바위들이 곳곳에 자리 잡고 있다. 이곳에는 럼주나 천 같은 물건들이 놓여 있어 말라가시인들이 여전히 바짐바인들을 기억하며 그들의 축복을 구하고 있음을 보여준다. 외국인들은 바위 무덤 가까이에 접근할 수 없으며, 카누를 타고 강을 건너며 먼발치에서나 볼 수 있다.

교육의 도시, 피아나란추아

피아나란추아 ←

피아나란추아는 교육의 도시로, '선한 것을 배우는 도시'를 뜻한다. 수도 타나에서 400km 떨어진 이 도시는 19세기 초만 해도 계단식 논으로 둘러싸인 보잘것없는 시골 마을에 불과했다. 그러나 1830년 라나발루나 여왕은 수도 타나와 남부 주요 지역을 연결해 줄 중간 도시가 필요하다고 판단하고 이곳에 두 번째 수도를 건설하기로 결심했다. 이후 피아나란추아는 학문과 수공예품이 공존하는 도시로 발전하기 시작했다.

피아나란추아 ⓒ Tsiandy

피아나란추아에서 지대가 가장 높은 지역에는 정부 건물들이 자리 잡고 있다. 역사 애호가들에게는 역사의 숨결이 느껴지는 좁은 골목길이 특별한 매력으로 다가온다. 길거리에는 서점이 즐비하고, 바구니나 대나무 공예와 같은 수공예품이 많다. 코로나19가 한창이던 시기, 타나에서 피아나란추아까지 15시간 넘게 걸려 저녁 늦게 도착한 적이 있다. 이런 산골 지방에 코로나19 상황에서도 문을 연 호텔이 있다는 것도 놀라웠지만, 따뜻한 빵과 수프, 제부 스테이크 등 코스 요리가 준비된다는 사실이 더욱 인상적이었다. 알고 보니 그 호텔은 호텔리어와 셰프를 양성하는 호텔 학교였다. 코로나19에도 모험을 찾아 마다가스카르를 방문한 여행객들에게 멋진 저녁을 선보인 후, 식사를 준비한 학생들이 흰색의 깔끔한 유니폼을 입고 감사의 인사를 전하는 모습은 예상 밖의 인상 깊은 장면이었다.

피아나란추아의 거리와 골목에는 배움과 학구열이 묻어난다. 이곳에 위치한 피아나란추아 대학교는 이공계 분야에서 마다가스카르 전역에 명성을 떨치고 있다. 대학교들이 밀집해 있는 이 도시를 내려다볼 수 있는 키안자수 언덕은 아카시아와 소나무 사이로 흰 곰팡이가 덮인 기묘한 비석들로 가득하다. 그 옆에는 기독교 조각상이 서 있어 독특한 분위기를 자아낸다. 피아나란추아에는 카톨릭의 역사가 고스란히 남아 있다. 영국 개신교가 수도 타나를 중심으로 활동한 반면, 영국 선교사에 비해 뒤늦게 정착한 프랑스 선교사들은 피아나란추아를 카톨릭 전파의 거점으로 삼았다. 이 때문에 거의 모든 골목마다 성당이 들어서 있으며 골목길의 시작과 끝은 성모 마리아 조각상이 장식한다.

피아나란추아는 마다가스카르 최고의 와인 생산지로도 유명하다. 와인뿐만 아니라 마다가스카르 전통주인 투카 가시Toaka Gasy의 생산지로도 잘 알려져 있다. 투카 가시는 사탕수수를 원료로 만드는 마다가스카르 특산주다. 대량으로 럼주를 생산하는 자마Dzama 회사와는 달리, 투카 가시는 전통적인 방식으로 가정 내 소비를 위해 소규모로 제조된다. 현재 마다가스카르 법은 투카 가시를 가정용 외의 목적으로 판매하는 것을 금지하고 있으며 이를 위반할 경우 벌금을 부과한다. 그러나 투카 가시 애호가들은 밀주로 판매되는 투카 가시를 찾아다닌다. 거리에서 투카 가시 병을 소지하다 적발되면 엄청난 벌금을 내야 하는데도 개의치 않는다. 투카 가시는 파마디하나 의식이나 지역 축제에서도 자주 등장하며 이를 마시면 죽은 자도 살아난다는 명성도 있다. 아쉽게도 투카 가시가 밀주로만 판매되면서, 피아나란추아에서 제조된 특산주는 이제 희귀한 품목이 되었다.

거리 예술 ⓒ joan

이살루 국립공원,
대자연의 신비

이살루

마다가스카르 동남부에 위치한 이살루 국립공원은 모든 마다가스카르 여행객들이 방문하고 싶어 하는 명소다. 독특한 바위와 풍부한 생태계로 유명한 이곳에서는 그랜드 캐년과는 또 다른 황야의 광대함을 경험할 수 있다. 당일치기 여행으

이살루 ⓒ adobe stock

로는 그 광활한 폐허의 아름다움을 온전히 느끼기 어려우며, 최소 3박 이상 머물며 자연의 웅장함에 흠뻑 빠져야 한다.

수도 타나에서 툴레아로 이어지는 약 950km 길이의 7번 국도RN7를 따라가다 보면 이살루의 신비로운 협곡을 마주하게 된다. RN7은 길이만 보면 단조롭고 지루할 것 같지만, 구간마다 독특한 풍경과 기후대가 나타나 도로 여행의 진수를 보여준다. 타나에서 안치라베를 지나면 베칠레오 종족이 거

7번 국도길 © randrianarivelo

주하는 험준하고 황량한 고원의 모습이 드러난다. 피아나란추아에서 반나절 남쪽으로 달리면 건조지대로 들어서는 지점이 나오는데, 그곳을 지나면 마치 사막을 가로지르는 듯한 느낌을 주는 넓은 대로와 끝없이 펼쳐진 바위 언덕들이 나타난다. 여기서 몇 시간을 더 달리면 남쪽의 관문을 지나 오롬베 고원이 시작된다. 가시덤불과 풍성한 알로에가 자라는 거친 스텝 지대가 펼쳐지고 고원지대의 마지막 구간인 라노히라 마을을 지나면 남쪽 대사막의 건조 지대가 모습을 드러낸다. 여기서부터는 따뜻하고 부드러운 열기를 품은 바람이 불어온다.

이살루 바위 공원은 물과 바람에 의해 침식되고 다듬어진 자연의 걸작이다. 여왕 바위는 거대한 바위 형상으로 남쪽 경계를 지키듯 꼿꼿이 서 있고, 바람에 깎인 능선은 폭풍우가 휩쓸고 지나간 대도시의 건물들을 연상시킨다. 이살루 국립

오롬베 고원 © marcelo

공원은 바위산들 사이에 형성된 생물 다양성을 엿볼 수 있는 곳이다. 경비병처럼 우뚝이 서 있는, 자연이 만들어낸 이 거대한 산맥은 시간의 흐름과

역사의 변화를 고스란히 담고 있다.

코로나19가 잠잠해지기 전, 이살루 국립공원을 방문했을 때 당연히 공원은 텅 비어 있었다. 이살루에서 가장 유명한 호텔인 록 로지Rock Lodge에 묵었었는데, 다른 손님은 한 명도 없었다. 해 질 녘 바위 조각 같은 언덕에 올라 석양을 감상하고 별이 쏟아질 듯한 야외 테라스에서 풍경을 보았는데, 이는 말로 표현할 수 없을 만큼 환상적이었다.

이살루 국립공원에서는 매년 세계적으로 유명한 마라톤 대회가 열린다. 강렬한 햇볕 아래 광활한 황야를 달리는 경험은 그 어디에서도 느낄 수 없는 성취감을 선사한다. 공원을 여행할 때는 충분한 차량 연료와 물을 준비하는 것이 필수이며 미로처럼 얽힌 협곡을 탐험하려면 반드시 가이드를 동행해야 한다.

이살루는 사막 같은 바위산뿐 아니라 가시덩굴이 우거진 오아시스도 품고 있다. 라노히라 마을을 지나면 야자수와 라피아 나무로 덮인 가시덤불이 나타나고 연한 초록빛의 숲이 이어진다. 또한, 공원의 가장 아름다운 협곡과 신비로운 테니키 동굴도 꼭 방문해야 할 명소다. 테니키 동굴은 바라 종족과 포르투갈인들의 역사를 간직한 장소다. 이 동굴은 포르투갈인들이 은신처로 사용했다는 이야기로 인해 "포르투갈 동굴"로도 불린다. 테니키 동굴과 이살루 공원은 마다가스카르의 신비로운 자연과 깊은 역사를 품고 있다. 과거와 현재를 이어주는 이곳은 모든 이들의 흔적이 시간이 지나도 여전히 살아 숨 쉬고 있음을 보여준다.

아프리카 대륙에 맞닿은
남단의 끝. 톨레아

툴레아 ←—

마다가스카르에서 최고의 장관을 이루는 횡단 도로인 7번 국도를 따라 끝까지 내려가면 종착지인 툴레아Tulear에 다다른다. 툴레아라는 지명은 한 유럽 항해자가 지었다고 전해진다. 항구에 정박하려던 그가 위치를 물었을 때, 현지인이 '밧줄이 저쪽에 있다'라는 뜻의 현지어 'Toly Eroa'라고 답한 데서 유래해 툴레아라는 이름이 붙여졌다고 한다.

툴레아는 애견가라면 한 번쯤 들어봤을 법한 도시다. 최근 우리나라에서도 많은 관심을 받고 있는 마다가스카르산 개 품종, 코통 드 툴레아가 바로 이곳의 이름을 딴 것이다. 툴레아의 따뜻한 기후와 여유로운 분위기 속에서 자란 이 사랑스

툴레아 해변 ⓒ louloua

러운 개처럼, 이 도시는 마다가스카르 남서부 특유의 평온하고 매력적인 정취를 품고 있다.

293

국도에서 툴레아에 들어서기 전에 바람에 깎인 절벽이 보이는데, 그 형태 때문에 케이프타운의 테이블 마운틴을 따라 '테이블'로 불린다. 툴레아는 모잠비크 해협을 바로 눈앞에 두고 아프리카 대륙과 가장 가까이 붙어 있어 광활한 느낌을 주는 도시다. 흰색의 단조로운 건물이 이어져 다소 삭막해 보이기도 하지만, 알고 보면 단순함의 아름다움이 깊이 깃든 곳이기도 하다. RN7의 끝단에 있는 툴레아는 그 자체로 특별하다. 이살루 공원의 건조한 공기가 남쪽 끝단까지 이어지며, 바닷가의 멋진 전경이 펼쳐진다. 먼 길을 달려온 만큼, 바다에서 불어오는 사막의 열기가 더욱 강렬하게 느껴진다.

툴레아에는 마다가스카르 그 어디에서도 볼 수 없는 금빛 사구 언덕과 모잠비크 해협의 잔잔한 파도가 넘실거리는 해변이 있다. 툴레아 북쪽의 안다부이 해변은 두바이 사막을 닮았다고 하여 '툴레아의 두바이'라고도 불린다. 발끝에 닿는 뜨거운 모래의 온기를 느끼며 10분 넘게 걸어가면 잔잔한 파도가 이는 모잠비크 해협이 모습을 드러낸다. 주변 언덕을 넘어 저 멀리까지 사람 그림자 하나 보이지 않는다. 끝없이 이어지는 모래 언덕과 푸른 바다가 어우러진 경이로운 풍경은 마치 시간이 멈춘 듯한 느낌을 준다.

석양을 바라보며 한참을 고요히 서서 감상했다면, 해가 지기 전에 서둘러 돌아가야 한다. 마을과 떨어진 외딴곳에 위치한 이곳에서는 과거 여행객이 강도를 당하고 살해된 사건이 있었다. 현지인 커플들은 어둑해지기 전에 모래 언덕 아래를

안다부이 사구

은밀한 데이트 장소로 즐겨 찾지만, 적막할 정도로 외딴 이곳은 외국인에게

는 위험할 수 있다.

사랑의 바오밥나무 ⓒ node

툴레아에도 거대한 석상처럼 서 있는 다양한 바오밥나무를 볼 수 있는 바오밥 공원이 있다. 특히 바오밥나무 두 그루가 엉켜 만들어져, 일명 연리지라고 불리는 '사랑의 바오밥나무'와 가시덤불 숲에서 서식하는 여우원숭이들이 이곳의 특별함을 더한다.

툴레아 중심 언덕에 있는 상필^{Sans Fil}은 지역 주민들의 만남의 장소로 항상 생동감이 넘친다. 식민지 시대의 건축 양식도 여기저기 보인다. 건조한 기후에서 잘 자라는 키위와 비슷한 맛의 선인장 열매 라이케타와 타마린 열매는 시장 어디서나 쉽게 맛볼 수 있다. 툴레아의 조개 시장도 빼놓을 수 없는 볼거리다. 툴레아 해변은 경사가 완만하고 썰물과 밀물의 시차가 커서 커다란 갯벌이 형성된다. 어부들은 갯벌에서 캐낸 조개껍데기를 강렬한 태양 아래서 건조하거나, 원하는 문양을 새겨 관광객에게 판매한다. 목걸이로 만드는 작은 조개부터 소라 나팔 모양의 거대한 조개까지 다양한 조각품을 만날 수 있다.

툴레아 근교에서 가장 인기 있는 해변은 생 아우구스틴만이다. 이곳은 툴레아에서 남쪽으로 약 37km 떨어져 있으며, 석회암 고원으로 보호된 항구 깊숙이 자리 잡아 천혜의 자연 조건을 갖춘 곳이다. 생 아우구스틴만은 초기 유럽인들이 정착한 항구로 유명하다. 포르투갈, 영국, 프랑스인들은 16세기와 17세기에 걸쳐 무역 중개항구를 모색하는 과정에서 향신료를 얻기 위해 이곳을 찾았다. 그들은 유럽에서 가져온 보석과 은을 제부 고기와 과일로 교환하고 물자를 채운 뒤 다시 항해에 나섰다.

이곳에서는 해적과 노예 상인들도 활개를 쳤다. 세상과 동떨어져 살기를 원했던 해적들의 은신처로 안성맞춤이었다. 생 아우구스틴만은 마다가스카르에서 활동한 해적선 이야기를 담은 대니얼 디포의 소설로 추정되는 『해적왕』에도 등장한다. 한편, 영국 상인 리처드 부스비는 마다가스카르를 "지구상에서 가장 저렴한 천국"이라 부르며 툴레아에 농장을 세워 정착하기를 계획했다. 그러나 비위생적인 환경, 질병, 그리고 말라가시인들과의 분쟁으로 인해 그 꿈은 실패로 돌아갔고, 그는 1646년에 완전히 툴레아를 떠났다.

툴레아 지방에서 또 다른 유명한 해변인 이파티 만도 꼭 방문해야 할 관광지로 꼽힌다. 이파티는 툴레아 시내 바닷가에 비해 진흙이 덜한 덕택에 바닷가를 따라 방갈로들이 즐비하다. 이파티에서 더 북쪽으로 올라가면, 툴레아 사람들만 알고 있다는 환상적인 바닷가가 이어진다. 도로가 험할 수 있지만, 자연 그대로의 때 묻지 않은 마다가스카르의 아름다운 만이 몇 시간 동안 이어진다.

해변가 ⓒ sandy

툴레아 인근에서는 아프리카 전통 스타일의 독특한 숙소를 경험할 수도 있다. 바쿠바 로지 Bakuba Lodge 라는 이 호텔은 툴레아에서 약 7km 떨어진 곳에 위치해 있다. 건조한 사막 한가운데, 수영장과 돌로 마감한 고급스러운 객실들이 자리 잡고 있으며 잠시 들러 휴식을 취하거나 주변을 둘러보는 것만으로도 특별한 경험을 선사한다.

툴레아에서 남쪽으로 조금 더 내려가면 황량한 관목 지대가 나타난다. 이어서 건조한 툴레아보다도 더 사막 같은 지역을 가로지르면 마다가스카르의 극 남단인 생마리 곶에 도달한다. 생마리 곶을 넘어서면 끝없이 펼쳐진 무의 세계가 시작된다. 이곳에서는 케이프타운과 같은 아프리카 대륙의 남단처럼 오직 남극까지 이어지는 대양만 보일 뿐이다.

바쿠바 로지

위생 환경이 좋지 않았던 시절, 마다가스카르 남단에 위치한 툴레아는 유럽인들이 정착하기에 너무도 험난한 지역이었다. 오늘날에도 툴레아는 아프리카와의 지리적 근접성이라는 장점을 충분히 살리지 못하고 있다. 툴레아 항구는 마다가스카르의 북서쪽에 위치한 마장가 항구에 비해서도 물류 환경이 열악하다. 이는 수도 타나와 도로망 연결이 쉽지 않고 아프리카와의 직접적인 교역량이 많지 않기 때문이다. 아프리카 개발 은행은 재원이 마련되는 대로 툴레아 항구 확장 사업에 착수할 계획이다. 이 사업이 진행되면 툴레아를 포함한 마다가스카르 남서부 지역의 물류 흐름에 중요한 전환점이 될 것이다.

최초의 유럽인이 닿은 땅,
디에고-수아레즈

마다가스카르 북쪽 오른편 끝에 위치한 안치라나나Antsiranana는 아름다운 해변으로 유명한 관광지다. 라치라카 대통령 집권 이후 모든 도시 이름을 말라가시어로 되돌리면서 기존 프랑스인들이 사용하던 디에고-수아레즈Diego-Suarez라는 이름

르 멜빌(Le Melville) 레스토랑에서

은 현지어인 안치라나나로 바뀌었다. '안치라나나'는 '항구'를 뜻한다. 디에고-수아레즈는 마다가스카르를 최초로 발견한 유럽인 디에고 디아스와도 관련이 있어 역사적으로 중요한 도시다. 1500년에 포르투갈 선장 디에고 디아스가 마다가스카르에 처음 정박한 이후, 1506년에는 페르난도 수아레즈Fernando Suarez 장군이 이곳을 방문했다. 그래서 두 유럽인의 이름을 따서 이곳을 디에고-수아레즈라 명명했다. 오늘날 많은 외국인에게는 디에고라는 이름이 더 친숙하다. 디에고는 다양한 인종이 공존하는 혼합의 도시로, 아

랍인, 유럽 혼혈인, 인도인 등이 어우러져 독특한 조화를 이루고 있다.

디에고만은 리우데자네이루만에 이어 세계에서 두 번째로 큰 자연만으로, '세계의 불가사의'라 불릴 정도로 탁월한 아름다움을 자랑한다. 디에고만은 여러 작은 만으로 이루어져 있는데 주요 만으로는 안두부자바자하만, 안차하조만, 치알라만 등이 있다.

디에고는 높은 산맥에 완전히 둘러싸여 있다. 디에고로 연결되는 국도 RN6는 우기에는 통행이 불가능하여 연중 약 5개월간만 이용할 수 있다. 또한, 비포장도로와 낭떠러지로 이어진 도로 상황 때문에 접근이 쉽지 않은 도시다. 그러나 타나와는 비행기 편이 자주 운행되며 마다가스카르 최고의 관광지인 노지베와도 비행기로 연결되어 항공편이 더 편리하다. 노지베에는 이탈리아와 직항편이 일주일에 네 편이나 운영되는데, 이탈리아인 수백 명이 매주 노지베에 와서 관광을 즐긴 다음 이어 디에고를 방문한다. 그래서 이곳에서 이탈리아어에 능숙한 말라가시 가이드도 쉽게 만날 수 있다.

디에고는 말라가시인들에게 노지베 다음으로 사랑받는 관광지로, 매년 약 5만 명의 관광객이 방문한다. 이는 마다가스카르 연간 관광객의 약 20%에 해당한다. 디에고는 유럽에서 출발한 크루즈가 들리는 항구이기도 하다. 밤이 되어 정박했던 크루즈 선이 왔다가 떠나는 모습은 장관을 이루는데, 도시 전체가 어두운 가운데 바다가 마치 크리스마스트리처럼 빛나는 광경이 연출되기 때문이다.

디에고의 아름다움은 시청 건물에서부터 시작된다. 시청 뒤로는 절벽 도로가 항구를 따라 이어지며, 바다 한가운데 위치한 화강암 원뿔 '슈가로프Sugarloaf'가 보인다. 해안 도로를 따라가다 보면 '몽딴 데 프랑세Montagne des Français' 산이 나온다. 이곳은 프랑스가 마다가스카르 점령 초기 군사 기지를 세우며 이름 붙인 곳이다. 산 입구에는 아단소니아 수아레젠시스라고 불리는 바오밥나무 몇 그루가 서 있는데, 놓쳐서는 안 되는 멋진 풍경이다. 몽딴데 프랑세 전망대는 시간이 허락된다면 꼭 들러볼 만한 곳이다. 길이 그리 가파르지 않아 걸어서 왕복 2시간 정도면 충분히 다녀올 수 있다. 정상에 오르면 눈 앞에 펼쳐지는 슈가로프의 풍경이 압도적이다. 드넓게 펼쳐진 전

경을 바라보며 탁 트인 마다가스카르의 자연을 온전히 느낄 수 있다.

이 산을 지나 제주도 느낌의 매끈하고 넓은 도로 끝까지 달리면 라마나 라는 작은 어업 마을이 나온다. 이곳은 아름다운 해변 덕분에 디에고의 대표적인 관광지로 부상했다. 그리고 라마나에서 보트를 타고 한 시간 정도 더 나가면 투명하고 아름다운 바다색으로 인해 '에메랄드 해'라고 불리는 조그만 낙원 같은 섬에 도착한다.

몽딴 데 프랑세 전망대 / 슈가로프

디에고는 윈드서핑을 즐기는 외국인들의 천국으로 알려져 있다. 전기도 들어오지 않는 외딴 숙소에서 몇 주간 머물며, 아침부터 해 질 때까지 잔잔한 바닷바람을 타며 자연과 하나가 되는 기분을 만끽할 수 있다.

디에고에서 꼭 방문해야 할 또 다른 명소로 꼽히는 '트와 베'는 그림 같은 해안선과 청록빛 바다로 유명하다. 트와 베 여행은 디에고 여행의

하이라이트라 할 만하다. 이곳은 사쿠알라, 푸몽, 두넬이라는 세 개의 만으로 이루어져 있으며 각각 고유의 매력을 가지고 있다. 사쿠알라 만은 백사장과 얕은 바다로 윈드서핑과 카이트서핑을 즐기기에 최적의 장소다.

푸몽 만 해변의 아름다움은 경이로울 정도다. 한적한 분위기 속에서 끝없이 펼쳐진 순백의 모래는 맑은 바다와 어우러져 감탄을 자아낸다. 잔잔한 파도 소리를 배경으로 펼쳐지는 자연의 아름다움은 마음의 여유와 평화를 찾고 싶은 이들에게 잊을 수 없는 추억을 선사한다. 두넬 만에서는 모래 언덕과 웅장한 해안 절벽이 어우러져, 저 멀리 윈드서핑을 즐기는 사람들을 바라보며 해변가 식당에서 점심을 즐길 수도 있다.

푸몽 만 ⓒ stefano

디에고는 해적과도 깊은 인연이 있다. 학자들은 17세기 후반 해적들이 세운 리버탈리아 공화국의 위치가 디에고 인근에 있었던 것으로 추정한다. 이 전설적인 해적들의 나라는 평등과 자유를 바탕으로 한 유토피아를 꿈꾸며 세워졌다고 전해지지만, 그 실체는 아직까지도 논쟁의 대상이다.

디에고는 제1차 및 제2차 세계대전에서도 중요한 역사적 의미를 지닌 곳이다. 특히 제2차 세계대전 중 연합군의 첫 번째 상륙작전이 성공한 장소가 이곳 안치라나나다. 일명 '철갑작전'을 통해 영국은 인도양과 태평양을 연결하는 항로를 확보하여 제2차 세계대전의 승리를 이끌 수 있었다. 디에고 시내에는 연합군과 프랑스군이 묻힌 공동묘지도 있어 방문해 볼 만하다.

디에고에서 약 30km 떨어진 곳에는 암브르산Ambre이 있는데, 이곳은 1958년에 국립공원으로 지정된 마다가스카르 최초이자 가장 오래된 국립공원이다. 암브르산에는 여섯 개의 화산호와 세 개의 폭포가 있다. 이곳에서는 세계에서 가장 작은 카멜레온과 여우원숭이를 포함한 마다가스카르의 풍부한 생물 다양성을 체험할 수 있다. 공원 입구에서 약 12km 떨어진 곳에는 '저주받은 곳'이라 불리는 호수가 있다. 20세기 초 이곳에서 프랑스와 세네갈 출신 병사 여섯 명이 목숨을 잃었기 때문이다.

카멜레온 ⓒ alexander

디에고에서 암브르산으로 가는 길은 봉우리들이 보이는 멋진 들판으로 이어진다. 흥미롭게도 암브르산으로 향하는 도로변 시장에서는 초목의 잎 다발을 짊어지고 가는 사람들을 쉽게 볼 수 있다. 또한, 무언가를 끊임없이 씹고 있는 사람들을 자주 목격할 수 있는데, 이는 마약 성분과 비슷한 자극적이면서도 진정 효과를 가진 캇Khat 잎이다. 2009년 쿠데타로 인한 경제 위기 이후, 캇 소비는 지속적으로 증가했다. 농민들이 쌀, 카사바, 커피 같은 농작물 대신 손쉽게 수익을 낼 수 있는 캇을 재배하기 시작했기 때문이다. 캇은 처음에는 쓴맛이 나지만, 몇 시간 동안 씹으면 환각제와 유사한 성분이 나와 기분을 좋게 만든다. 하지만 강한 중독성을 가지고 있다. 노동자들이 하루 종일 일해도 우리 돈으로 5천 원도 벌기 힘든 상황에서 캇을 판매하면 하루에 3만 원까지 벌 수 있어 캇 재배는 점점 늘고 있다. 정부는 캇 시장을 통제하려 애쓰고 있지만, 경제난 속에서 오히려 캇 농사의 인기는 더 높아지고 있다.

디에고에서 북쪽으로 불과 50km 거리에 위치한 붉은 칭기 또한 방문해 볼 만한 관광지다. 거리는 가까우나, 6번 국도에서 벗어나 20km에 달하는 비포장도로를 지나야 하며 우기에는 접근이 불가능하다. 붉은 칭기는 석회암으로 이루어진 베마라하 칭기와 달리, 라테라이트 토양의 붉은 색깔에서 그 이름이 유래되었다. 붉은 모래로 형성된 바위라고 보면 된다. 규모는 베마라하 칭기만큼 크지 않지만, 독특한 붉은 바위는 감탄을 자아낸다. 이 지형은 20세기 중반 화전농법 과정에서 우연히 발견되었다. 사암으로 이루어진 붉은 칭기는 바람에 의해 점차 침식되고 있으나, 동시에 협곡에 묻혀 있던 새로운 칭기가 서서히 모습을 드러내며 더욱 신비로운 장관을 만들어내고 있다.

디에고에서 남쪽으로 한 시간을 넘게 달리면 아니부라누 호수에 다다른다. 이 호수는 악어들이 서식하는 신성한 장소로 여겨진다. 전설과 미신을 믿는 말라가시인들에게 이곳의 악어들에게 제사하는 의식은 중요한 의미를 가진다. 아니부라누 호수에는 한 가지 전설이 전해진다. 한 여행자가 목이 너무 말라 마을 사람들에게 물을 달라고 요청했으나, 마을 주민들이 이를 거부했다. 그러자 여행자는 마을 사람들이 더 많은 물을 가지게 될 것이라며 저주를 남기고 떠났다. 곧이어 마을은 순식간에 물에 잠겨 버렸다. 오늘날 주민들은 호수에 서식하는 악어들이 옛 마을 사람들의 환생이라 믿으며 제사 의식으로 소를 바치고 있다.

인도양의 타히티,
노지베 섬

마다가스카르 북서쪽에 있는 화산섬, 노지베는 단연 마다가스카르 최고
의 관광지로 꼽힌다. 전 세계에서 지상 낙원을 찾아 헤매던 여행객들이 여
정을 멈추고 정지된 시간을 만끽하는 곳이다. 일랑일랑, 후추, 사탕수수, 계
피나무 등 매혹적인 향기가 감돌아 이 섬은 '인도양의 타히티', '향기의 섬'이
라는 별명을 얻었다. 말라가시어로 '노지'는 '섬'을, '베'는 '크다'라는 뜻
이다. 즉 '큰 섬'을 의미한다.

노지베 섬에 최초로 도달한
사람들은 인도네시아나 인도양
에서 배가 난파되며 표류한 이
들이었다. 10세기 초 아랍인들
이 노예 무역을 하며 이곳에 최
초의 무역항을 구축했다. 19세
기 초에는 라다마 1세 왕이 마
다가스카르 통일 왕국 건설을

노지베 섬 ⓒ pixabay

위해 보이나 왕국을 정복하면서 보이나 왕국 군주들이 노지베 섬으로 피신

했다. 이후 서부 사칼라바 왕국이 성장하며 사칼라바 종족들도 노지베에 정착하기 시작했다.

프랑스인들은 1839년에야 노지베 섬을 발견했다. 모리셔스의 포트루이스를 대체할 수 있는 군사 항구를 물색하던 프랑스는 노지베 섬을 프랑스의 보호 아래 두기 위한 정책을 세웠다. 사칼라바 여왕은 1841년 이 섬을 프랑스에 양도했으며 이후 노지베는 19세기 마다가스카르 서쪽 해안의 가장 번성한 항구 기지가 되었다. 당시 프랑스 군함의 함장이었던 파소Passot의 이름은 노지베의 가장 높은 봉우리 이름으로 남겨졌다. 노지베는 일찍이 프랑스의 식민지가 되어 마다가스카르의 그 어떤 지역보다도 프랑스와 외국 문물의 영향을 강하게 받았다. 말라가시와 프랑스 음식 전통이 혼합된 메뉴는 물론, 시내 중심가의 건축물에서도 프랑스 건축 양식이 드러난다.

노지베 공항에 도착하게 되는 순간, 이 섬이 왜 지상의 낙원이라 불리는지 알게 된다. 공항을 나오자마자 밝은색 드레스를 입은 여인들이 춤을 추며 합창하고 여행객 한 명 한 명에게 꽃을 건넨다. 노지베는 다양한 축제로도 유명하다. 음악 축제로 유명한 '도니아'를 비롯해 여러 축제가 열린다. 그중 가장 유명한 축제는 트룸바 축제다. 원래 사칼라바 지역에서 행해지던 트룸바 의식을 노지베에서 거행하는 축제로, 선한 영을 맞이하기 위해 춤과 음식, 노래가 어우러진다.

노지베에서는 특별한 활동 없이도 보드랍고 고운 모래 해변에서 해수욕을 즐기기만 해도 세상의 낙원 한가운데에 있는 듯한 느낌을 받을 수 있다. 해변에 드러누워 일랑일랑 아로마 향 오일로 마사지를 받는 황홀한 경험을 할 수도 있다. 안마사들은 일랑일랑 아로마를 작은 노란 병에 담아 들고 다니며 우리 돈으로 2천 원도 안 되는 가격에 판매한다. 병이 지저분해 보이지만, 일랑일랑 나무에서 갓 딴 꽃으로 만든 향이라 향이 깊고 오래 유지된다.

해변에서 종일 머무르는 것도 좋지만, 해안가를 떠나 섬 내부를 탐험하는 재미도 쏠쏠하다. '호수의 길'을 따라 사탕수수밭과 일랑일랑 나무가 드넓게 펼쳐진 들판을 지나면 '러시아만'을 감싸는 거대한 절벽에 다다른다.

이곳에는 헬빌 묘지가 있다. 이곳은 어두운 역사의 현장으로 남아 있다. 러일 전쟁 당시 마다가스카르 서해에 숨어 있던 러시아 선박 승무원들의 유해가 묻혀 있어 이 지역을 '러시아만'이라 부른다. 공격 명령을 기다리며 은밀히 숨어 있던 이 선박은 러시아 본부의 무관심 속에 잊혔고 전쟁이 끝난 사실조차 모른 채 승무원들은 장티푸스에 시달리며 이곳에서 비극적인 생을 마감했다.

노지베 섬 내의 호수들은 화산호이기에 더욱 신성한 장소로 여겨진다. 이 섬에서는 사칼라바 왕족들의 영혼이 깃들어 있다고 전해져 낚시는 금기 사항인 파디로 간주된다. 호숫가에서는 모자를 쓰거나 담배를 피우는 행위도 금지되어 있다.

노지베 섬에서 조금만 배를 타고 나가면 환상의 섬들이 펼쳐진다. 노지 이란자 Nosy Iranja 는 노지베를 방문한다면 절대 놓쳐서는 안 될 섬이다. 새하얀 백사장이 에메랄드빛 바다 위로 길게 뻗어 있으며, 그 길을 따라 걷다 보면 마치 바다 한가운데를 걷는 듯한 특별한 경험을 하게 된다. 인도양에서도 손꼽히는 절경을 자랑하는 이 섬은 말 그대로 천국 같은 풍경을 품고 있다.

반면, 노지 타니켈리 Nosy Tanykely 는 이름처럼 작고 아담한 섬이지만, 그 주변 바다는 전 세계

노지 이란자섬 ⓒ stefano

어디에서도 보기 힘든 투명함과 청량한 색감을 자랑한다. 이곳에서 스노클링을 즐기다 보면 형형색색의 물고기들이 사람을 경계하지 않고 유유히 춤추는 모습을 바로 눈앞에서 감상할 수 있다. 작지만 완벽한, 진정한 낙원의 섬이라 부를 만하다.

바닷가 ⓒ stefano

307

자연 그대로의 유토피아, 생마리섬

생마리섬

마다가스카르에서 가장 아름다운 섬으로 꼽히는 생마리섬은 1503년 배가 난파되면서 파도에 떠밀려온 포르투갈 선원들이 붙인 이름에서 유래했다. 그들은 성 마리아를 기리기 위해 이 섬을 산타 마리아 섬이라고 이름 지었다.

말라가시어로 생마리섬은 '노지 보라하 Nosy Boraha'로 불린다. 1592년, 네덜란드 선박의 함장이 물품을 조달하기 위해 이 섬에 정박했다. 그는 섬을 둘러보다가 현지인들이 자신들의 선조를 성경에 나오는 아브라함과 연결 짓는 이야기를 듣고 흥미를 느꼈다. 당시 이 지역에는 아랍 상인들이 드나들

며 자신들이 아브라함의 후손이자 셈족의 후손이라고 믿고 있었다. 함장은 이를 신기하게 여겨 섬을 '아브라함의 섬'이라고 명명했다. '노지 보라하'는 말라가시어로 '아브라함의 섬'을 의미하며 이 섬은 아랍인들의 유산이 곳곳에 배어 있는 독

생마리섬 ⓒ sandy

특한 장소가 되었다.

노지 보라하섬과 관련한 흥미로운 전설도 전해진다. 전설에 따르면, '보라하'라는 이름의 한 남자가 바다에 물고기를 잡으러 나갔다가 고래에 붙잡혀 몇 시간 동안 바다에서 표류했다고 한다. 그는 '소로카이'라는 물고기의 도움을 받아 다시 육지로 돌아올 수 있었고, 그가 도착한 섬에 '보라하의 섬'이라는 이름을 붙였다고 전해진다.

생마리섬은 전체 길이가 약 50km에 불과하며 약 3만 명의 인구가 거주하는 작은 섬이다. 섬의 크기는 작지만, 유럽인, 아프리카인, 난파선 생존자, 아시아계 상인들이 수 세기 동안 뒤섞이며 독특한 문화를 형성해 왔다. 다양한 인종과 피부색이 섞여 있어 아름다운 여인들로도 유명한데, 이 때문에 '노심 바비Nosim-Bavy', 즉 '여인들의 섬'이라는 별칭도 가지고 있다.

생마리섬은 17~18세기에 윌리엄 키드, 존 보웬과 같은 해적들이 살았던 섬으로도 유명하다. 해적들은 코코넛 야자나무와 정향나무가 자라고 단 하루 동안만 피는 신비로운 보랏빛 꽃의 향기가 매혹적인 생마리섬에 매료되었다. 단순히 세상으로부터 동떨어져 살기로 마음먹은 이들의 은신처였던 이곳은 해적들의 안식처로 변모했다. 바닷가에서 파도와 싸우며 약탈을 일삼던 해적들은 자연의 평온함이 넘치는 이곳에서 세상에 존재하지 않는 자신들만의 왕국을 세우기로 결심했다. 당시 해적 역사에 이름을 남긴 주요 해적들이 이곳을 드나들었다. 18세기 초 생마리에 정착한 해적의 숫자는 최대 1천 명에 이르렀다. 생마리섬 중심지와 북쪽에는 해적 묘비들이 세워진 해적 공원이 있어 해적 역사의 흔적을 엿볼 수 있다.

생마리섬에서는 7월에서 10월 사이에 고래 축제가 열린다. 코로나19 시기에는 관광객이 줄어들면서 한적해진 해안가에서 고래가 호텔 앞까지 다가오는 진귀한 장면이 목격되기도 했다. 고래 투어는 날씨가 흐릴 경우, 마치 숨바꼭질하듯 고래를 한참 뒤쫓다가 잠깐 스쳐 지나가는 고래의 꼬리를 보는 것으로 끝나는 경우가 많다. 나의 고래 투어는 아쉬웠지만, 공예품 장인이 만든 값이 제법 나갈 것 같은, 짙은 갈색 나무의 고래 꼬리 공예품을 산 것으로 충분히 만족스러웠다. 공예품은 기내 반입이 불가능하므로 반드시 수하물로 부쳐야 한다. 자칫하면 공항에서 추가 수하물 요금을 지불하는 낭패를 볼 수도 있으니 주의하는 것이 좋다.

생마리의 고래 ⓒ zac / 고래 꼬리 공예품

타나에서 생마리로 가는 방법은 1시간 정도 비행기를 타거나 차량으로 타마타브까지 15시간 거리를 이동한 후 배를 이용하는 것이다. 타나 사람들은 타마타브 해변에서 휴가를 즐기고 차를 항구에 세워두고 생마리까지 배로 이동한다.

비행기로 도착할 경우에는 활주로에 내리자마자 해변으로 둘러싸인 아름다운 공항의 풍경에 저절로 감탄이 나온다. 조그마한 붉은 열매를 맺는 잠바라카 나무들이 줄줄이 서 있고 비가 자주 오는 곳이라 구름이 낮게 깔려 있어 신비로운 느낌마저 든다.

만약 생마리섬에서 가장 유명한 호텔인 보라보라에 머물게 된다면, 소달

생마리 거리 © pixabay

구지가 이끄는 마차에 짐과 사람을 같이 태우고 가는 흥미로운 경험을 할 수 있다. 생마리섬은 전체 섬이 하나의 원형 도로로 연결되어 있다. 수도나 본토에 비하면 도로가 워낙 잘 정비되어 있어 자전거로도 섬 구석구석을 둘러볼 수 있다. 주요 명소 중 하나인 북쪽에 위치한 암보디아타파는 30m의 폭포가 하얀 모래 해변 위에 서 있는 고요한 장소로, 현지인에게 신성한 곳으로 여겨져 신발을 벗고 들어가야 한다.

생마리의 또 다른 명소는 화강암 지형이 만들어낸 특이하게 푹 파인 자연 풀장이다. 바다와 땅이 분리된 듯한 이곳은 천연 온천과 같은 독특한 모습을 하고 있으며, 울퉁불퉁한 절벽 아래 동굴에 해적들이 숨겨놓은 보물이 있을지도 모른다

보라보라 호텔 앞바다 © davidson

는 신비로움으로 사람들을 매료시킨다.

생마리 인근에는 낫트섬과 마담섬 등 작은 관광 섬들이 많이 있다. 생마리의 잔잔한 바다에서는 피로그를 타고 섬 구석구석을 둘러볼 수 있다. 피로그는 물 위에서 가장 편리한 교통수단으로, 낚시나 섬 간 이동 등 다양한

311

목적에 사용되는 나무로 만든 카누이다. 물이 얕은 낫트섬으로 갈 경우에도, 모터 없이 긴 막대기로 물을 밀며 가는 피로그를 타고 가는데 이 여정은 매우 낭만적이다. 맑고 투명한 바닷물 속에 오색 빛의 산호초와 은빛 물고기들이 선명하게 보

낫트 섬 ⓒ randrianarivelo

인다. 지구상 또 다른 세상에 온 듯한 기분을 선사하는 생마리섬은 언제든지 다시 돌아가고 싶은 마다가스카르 추억의 고향이다.

마다가스카르의
숨은 보물
여행지

마다가스카르 황야 ⓒ randrianarivelo

만타수 호수,
마다가스카르 최초의 산업단지

만타수 호수

만타수^{Mantasoa} 호수는 타나에서 약 70km, 차량으로 3시간 거리에 위치한 아름다운 호수이다. 그러나 이 호수가 인공호수라는 사실을 알고 있는 사람은 많지 않다. 심지어 말라가시인들조차도 타나 근교에서 가장 아름다운 휴양지로 꼽히는 이 호수가 인공호수라는 것을 모르는 경우가 많다.

만타수는 프랑스 개척자이자 최초의 프랑스 총영사였던 장 라보흐가 19세기에 건설한 마다가스카르 최초의 산업도시였다. 철광석, 도로와 석조 다리, 그리고 산업 번영의 상징이었던 이곳이 1937년 댐이 건설되면서 물에 잠기게 될 것을 그 누가 상상했겠는가.

장 라보흐는 만타수를 '불변의 아름다움'이라는 뜻을 가진 '수앗시마남피우바나^{Soatsimanampiovana}'라고 불렀다. 그는 라나발루나 1세 재임 기간 동안 마다가스카르 산업 부흥을 이끈 주역이었다. 그러나 라나발루나 1세의 반외세 정책으로 인해 모든 재산을 몰수당하고 레위니옹으로 피신해야 했다. 이후 라나발루나 1세가 사망하자 나폴레옹 3세는 마다가스카르에서의 공로를 인정해 그를 최초의 마다가스카르 총영사로 임명했다.

장 라보흐는 1837년, 안치라베 인근에 산업화 시설을 갖춘 마을을 건설하기 전, 이 호수를 구상했다. 그는 이쿠파 강의 흐름을 바꾸어 인공호수를 만들었고 이를 기반으로 댐을 세워 강물이 넘치지 않도록 했다. 덕분에 농업이 가능해졌으며 목공업, 제련소, 철근 제조, 도기 생산, 심지어 종이 제조까지 가능한 산업단지를 구상할 수 있었다.

그가 만든 이 2천 헥타르의 호수는 많은 이들에게 혜택을 주었으며, 노동자들은 산업단지를 중심으로 고용되어 엄청난 규모로 발전을 이룰 수 있었다. 라보흐가 세운 댐은 1937년에 프랑스 기업인이 건축한 댐의 기반을 형성했으며, 이 댐은 오늘날에도 여전히 6천 헥타르에 달하는 농경지에 용수를 제공하며 약 1억 2천5백만㎥의 물을 저장한다. 또한 수도 타나에 전력을 공급하기도 한다.

장 라보흐가 타나에서 멀리 떨어진 곳에 산업단지를 건설할 수 있었던 것은 라나발루나 1세의 강력한 의지가 있었기에 가능했다. 라나발루나 1세는 유럽의 간섭 없이 독자적으로 산업화를 이루고자 했고, 장 라보흐는 여왕의 전폭적인 지원을 받아 대규모 산업단지를 건설할 수 있었다. 그는 노동자들을 동원해 운하와 둑을 만들고, 석조건물을 세워 철, 총, 시멘트 등을 생산할 수 있는 단지를 구축했다.

라나발루나 1세는 만타수를 방문한 최초의 관광객이었다. 장 라보흐는 여왕을 위해 여름 별장을 지었고, 여왕은 종종 이곳을 방문해 수영장에 누워 공장에서 들려오는 작업 소리를 즐기곤 했다. 총리를 위한 숙소도 별도로 마련되어 있었다. 장 라보흐는 아프리카의 다른 나라들에서 수입한 동물들과 마다가스카르 고유의 동물을 함께 사육하며 동물원을 운영하기도 했다.

그러나 만타수 호수와 인근에 세워진 공장들은 장 라보흐가 1855년에 레위니옹으로 망명을 가게 되면서 폐허로 변했다. 이후 프랑스 식민지 시기에는 프랑스 군대 기지와 지역학교로 변모했지만, 대부분의 산업시설은 다시는 예전의 모습을 찾지 못했다. 오늘날 남아 있는 흔적은 1841년에 개장한 벽돌로 된 거대한 화로와 장 라보흐가 죽기 훨씬 전에 자신을 위해 만든 무덤뿐이다. 현재 장 라보흐의 집과 개인 무덤은 모두 공원으로 개방되어 있다. 장 라보흐는 망명 후 1878년에 마다가스카르에 묻혔는데, 그의 장례식은 라나발루나 2세의 뜻에 따라 성대하게 개최되었다. 이후 철광석이 고갈되면서 최초의 산업 도시는 쇠퇴의 길을 걷게 되었고, 이어 프랑스 회사에 의해 댐이 건설되면서 마을, 제방, 도로가 모두 물에 잠기게 되었다.

현재 만타수는 철광석 산업이 번영하던 산업 도시로서의 모습을 잃었지만, 수도 인근에서 가장 아름다운 관광 명소 중 하나로 자리 잡았다.

만타수 호수 © Chateau du Lac Mantasoa

이 역사의 현장이자 제네바 호숫가를 연상시키는 아름다운 호수, 만타수 호수로 가는 길은 타마타브로 향하는 2번 국도를 따라 이어진다. 그러나 만타수를 직접 운전해서 가는 것은 만만치 않은 도전이다. 바위와 높은 지형이 구불구불 이어져 타이어가 펑크 나거나, 움푹 팬 도로 틈에 차가 아예 멈춰 서는 것을 각오해야 한다. 오르막길을 한참 올라가야 하고 골짜기마다 바위가 있어 지형적으로 매복에 유리하다. 그래서 이 지역은 반란자들의 은신처로도 유명하다. 19세기 말 프랑스의 침공에 저항하던 메나람바, '붉은 숄'을 걸친 민족주의 전사들이 프랑스 군을 공격하기 위해 피난처로 사용한 동굴이 이곳에 있다.

마다가스카르의 관문, 타마타브

타마타브 ←

타마타브는 동쪽 해안에 위치한 마다가스카르 제2의 도시이자 최고의 항구도시이다. 유명한 관광지는 아니어서 방문을 망설일 수 있지만, 실제로 방문해 보면 왜 주저했는지 의문이 들 정도로 볼거리와 할 거리가 풍부하다.

타마타브까지 도로로 이동하는 것 또한 놓칠 수 없는 관광코스다. 2번 국도를 따라 울창한 숲과 덩굴식물을 지나 꼬불꼬불한 도로를 달리다 보면 중간중간 과일 상점이나 잡화상을 지나 타마타브에 도달한다. 하지만, 2번 국도는 곳곳이 움푹 파여 있어 고난의 연속이다. 특히 우기 시즌 동안에는 도로 이동을 피해야 한다. 곳곳이 파손된 데다 침식까지 진행되어 절벽 아래로 굴러떨어질 위험도 있기 때문이다. 만약 트럭이 도로 중간에서 넘어지면, 뒤따르는 차량들이 수십 m를 이어서 양쪽에서 대기하며 옴짝달싹 못 하고 서 있게 된다. 마

타마타브로 가는길 ⓒ randrianarivelo

지막 도시 브리카빌을 지나면, 바다 냄새가 나는 타마타브에 도착한다.

　타마타브 해변에는 안드리 라주엘리나 대통령의 야심작인 '마이애미 해변' 도로가 멋지게 정비되어 있다. 저녁과 낮을 불문하고, 젊은 연인들과 친구들, 가족들이 시간을 보내는 모습으로 가득하다. 마이애미 해변은 약 100m를 조금 넘는 길이에 불과하지만, 차량으로 해안 도로를 달리다 보면 마치 샌프란시스코에 온 듯한 기분이 들기도 한다. 공항에서부터 항구 입구까지 이어지는 약 10km의 멋진 라치밀라호 대로는 최고의 드라이브 코스로 주목받고 있다.

　마이애미 해변 바로 앞에 있는 긴 콘크리트 제방길을 시원한 바닷바람을 맞으며 걷다 보면 현지인들이 즐겨 먹는 구운 바나나와 쌀과자를 파는 상인들을 볼 수 있다. 또한 함께 걷는 연인들을 보는 재미도 쏠쏠하다. 바다를 바라보는 테라스에는 싱싱한 해산물과 피자, 아이스크림, 햄버거를 맛볼 수 있는 레스토랑들이 즐비하다. 해 질 무렵, 바다를 등지고 앉아 해변 도로를 지나가는 차량을 바라보며 석양이 지날 때까지 앉아 있는 것도 낭만적이다. 중국인, 아랍인, 이탈리아인 등 외국인들이 넘쳐나는 이곳은, 여느 지방 도시에서 보기 힘든 다양한 외국인들이 섞여 있는 비즈니스와 관광이 공존하는 도시다.

　타마타브는 마다가스카르 제1의 항구이지만, 항구 앞까지 정박하는 배는 보기 어렵다. 수심이 낮고 항구 처리 속도가 느리기 때문이다. 일본의 원조로 타마타브 항구 확장 사업이 진행 중인데, 공사가 완료되면 타마타브 항구는 관광지의 중심지가 될 것이다.

　제2의 도시답게 타마타브 시내에는 두 개의 거대한 시장이 있다. 인력거인 뿌스뿌스^{Pousse-pousse}를 타고 시장 두 곳을 한 번에 둘러볼 수도 있다. 거리마다 라피아 나무로 만든 모자, 가방 등 수공예 물품을 파는 상인들이 즐비하다. 여행객들이 자주 찾는 곳이라 상인들은 흥정도 잘하고, 여행객의 취향에 맞춰 여러 제안을 하기도 한다. 시장 곳곳에는 싱싱한 채소와 공예품들이 가득하고, 파스텔 색조의 밝은 색상으로 꾸며져 있어 어느 코너에서든 환한 색감으로 사진을 찍을 수 있다. 타마타브는 열대과일인 리치의 고향이어서 12월이 되면 수도 타나에서는 볼 수 없는 붉고 영롱한 리치를 놀랍도록 저렴한 가격에 구매할 수 있다.

타마타브에서 2시간 거리에 있는 풀포인트Foulpointe 해변은 매혹적인 바다 색깔만큼이나 생동감 넘치는 현지인들의 삶의 모습을 볼 수 있어 더욱 흥미로운 관광지다. 도로 상황에 따라 다르지만, 빠르면 타마타브에서 1시간이면 도착할 수 있다. 하지만 최근에는 도로 상태가 좋지 않아, 거의 비포장도로와 다름없는 길을 약 3시간 동안 힘겹게 운전해야 한다.

풀포인트는 마다가스카르에서 가장 인기 있는 해변 휴양지 중 하나다. 타마타브 시내에 있는 해변은 날카로운 산호로 덮여 있고 가끔 상어가 나타나 위험하지만, 풀포인트는 비교적 안전한 곳으로 수영을 사랑하는 이들이 이곳까지 와서 휴양을 즐긴다.

풀포인트 ⓒ 위키피디아

풀포인트에는 부산 해운대를 연상시키는 천막 부스가 줄지어 서 있다. 바다와 하늘이 그야말로 붙어 있는 것처럼 하늘이 낮게 보이기에, 수평선 끝까지 갈 수 있을 것 같은 느낌이 든다. 낮은 모래 언덕 뒤로는 끝없이 펼쳐진 해변이 있는데, 이곳은 가루처럼 고운 하얀 모래 해변을 자랑한다.

현지인이 노를 젓는 작은 돛단배를 타고 지평선 끝까지 나갈 수도 있다. 많아야 겨우 5명 정도가 탈 수 있는 작은 배를 타고 망망대해 한가운데로 끝없이 노를 젓는다. 멀리 나아가다 보면, 수평선 너머 해류 차로 너울성 파도가 일고 있는 곳이 보인다. 꼭 바닷가 절벽에 떨어질 것 같은 두려움이 슬슬 몰려오기 시작할 즈음, 바다 바닥이 맑게 보이기 시작한다. 가이드는 별로 위험하지 않다는 걸 보여주려는 듯 바닥 끝까지 노를 내려 보인다. 물 높이가 무릎만큼도 오지 않을 정도의 얕은 바다에 다다르면 가이드는 훌쩍 배에서 내려서는 한 손으로는 배를 잡고, 다른 한 손으로 바닷물을 뒤진다. 망망대해 한가운데에 불가사리, 성게, 해삼 등의 바다생물을 채취해 손에 올려준다. 호수처럼 잔잔한 바다 가운데에서 하늘과 내가 하나가 된 듯한 신비로운 아름다움을 온몸으로 만끽할 수 있다.

풀포인트 ⓒ davidson

프랑스인들은 18세기에 이곳을 발견하고, 동부 해안에서 가장 안전한 이 해변을 전략적으로 중요한 곳으로 생각했다. 그래서 원래의 이름인 '마하벨루나'라는 이름을 지우고, 풀포인트로 개명하고 이곳에 동부 해안 최초의 기지를 설립했다.

'마하벨루나'는 현지어로 '생명을 되찾은 곳'이라는 뜻이다. 전설에 따르면, 약 200년 전 시냇물과 바닷물이 갈리는 이곳에서 관습대로 한 시신을 장례식 전에 씻으려고 물에 담갔는데, 신기하게도 물에 잠기자마자 시신은 생명을 되찾아 벌떡 일어났다고 한다. 오늘날 이곳은 외국인들에게는 '풀포인트'라는 이름으로 알려져 있지만, 현지인들에게는 여전히 '마하벨루나'라고 불린다. 수도 타나와 접근성이 좋아 '타나 사람들의 해변'이라고도 불리며 현지인들에게 최고의 휴양지로 각광받고 있다.

풀포인트는 말라가시의 역사에서도 중요한 거점이었다. 19세기 자나 말라타의 혼혈 후손인 장 르네는 동부 해안의 가장 강력한 노예 무역상이었는데, 라다마 1세 왕에게 충성을 맹세하고 마하벨루나를 지키기 위해 외침을 성공적으로 막아내어 지금까지도 영웅으로 칭송받는다. 이곳에는 19세기 호바 요새의 흔적도 남아 있으며 라나발루나 여왕의 문양이 새겨진 대포도 볼 수 있다. 요새의 벽은 조개껍데기와 모래를 섞어 만들어 견고하게 지어져 있는데, 프랑스와 영국의 침공을 끝까지 막으려고 했던 처절한 노력을 엿볼 수 있다.

바닐라의 고향,
삼바바

삼바바 ◀

삼바바는 마다가스카르 최대의 바닐라 생산지로 유명하지만, 여행자들에게 널리 알려진 도시는 아니다. 그럼에도 불구하고, 마다가스카르의 대표적인 관광지인 노지베 섬, 디에고, 삼바바를 잇는 여행 루트는 마다가스카르 자연의 진수를 온전히 경험할 수 있는 경로로, 마다가스카르 여행 애호가들에게 꾸준히 사랑받고 있다. 이 루트는 최소 2주가 소요되며, 노지베에서 디에고까지는 선박으로 이동한 뒤 디에고와 삼바바까지는 차로 이동한다. 삼바바에서 다른 도시로 육로 이동하기는 쉽지 않아, 돌아올 때는 타나로 비행기로 돌아오면 된다. 특히 디에고에서 삼바바로 내려오는 일부 구간은 라주엘리나 대통령이 야심 차게 개보수한 도로로, 마다가스카르에서는 드물게 시속 100km로 주행할 수 있는 드라이브 코스다.

마다가스카르 북동부 해안은 이 나라 최고의 산림 지역으로, 자연 속에 자리 잡은 숙박 시설이 중간중간 마련되어 있다. 삼바바에는 '마호제지'라고 불리는 마다가스카르 최고의 산림보호구역도 위치해 있으며, 이곳은 여우원숭이, 카멜레온, 개구리 등 다양한 생물을 만나볼 수 있는 자연의 천국이다.

삼바바는 바닐라의 고소한 향기로 가득 찬 곳이다. 코로나19 대유행 중

일주일에 비행기가 한 번 운행될까 말까 하던 시기에도 삼바바행 비행기는 최소 이틀에 한 번은 운행되었다. 그만큼 바닐라 산업이 마다가스카르에서 차지하는 비중이 크다.

삼바바 공항에 도착하면 바닷가 특유의 냄새와 함께 후덥지근한 공기가 느껴지고, 온통 초록으로 물든 풍경이 싱그러움을 더한다. 삼바바에서는 바닐라뿐만 아니라 계피, 난초, 리치의 강렬한 향기도 느낄 수 있다. 공항에서 도심으로 이어지는 길 곳곳에는 코코넛 나무와 야자수 사이로 바닐라 덩굴이 자라고 있는 것을 쉽게 발견할 수 있다. 다만 길가에 보이는 바닐라 나무에 손을 대는 것은 금물이다. 모든 바닐라콩에는 주인이 따로 있으며, 무단으로 손을 대면 주민들이 즉시 신고해 경찰서로 끌려갈 수 있다.

삼바바를 방문하면 반드시 바닐라 농장을 둘러보길 권한다. 이곳에서는 바닐라 꼬투리를 어떻게 구별하고 채취하는지, 그리고 꼬투리들을 건조해 검게 변화시킨 후, 기름종이로 묶음 포장하는 과정을 직접 관찰할 수 있다. 작업실 안에는 달콤한 바닐라 향기가 가득해 마치 향수 공장에 온 듯한 느낌을 준다. 농장의 최고 전문가는 마지막으로 꼬투리를 검수하며 기생충에 감염되었거나 건조 과정에서 문제가 생긴 꼬투리를 일일이 냄새를 맡아가며 철저히 골라낸다. 꼼꼼한 선별 과정을 거친 바닐라는 포장되어 전 세계로 수출된다. 이처럼 바닐라는 석유에 빗대어 '검은 금'이라 불리며, 그 향기는 종종 '돈의 향기'로 표현되기도 한다.

삼바바에서는 바닐라 농업 외에도 어업이 중요한 산업으로 자리 잡고 있다. 어부들은 새벽마다 알록달록하고 선명한 색상의 카누를 타고 바다로 나가 전날 설치해 둔 그물에서 물고기를 수확한다. 현지에서 어부로부터 물고기를 바로 구입해 바닷가에서 그릴로 구워 먹는 것도 삼바바에서의 특별한 경험 중 하나다.

삼바바의 여인 ⓒ leontiev

삼바바를 방문할 때는 마호제지 국립공원도 꼭 들러야 한다. 이곳은 폴리네시아를 떠올리게 하는 울창한 숲의 자연 보호림이다. 삼바바에서 마호제지 공원이 위치한 안다파까지 100km 넘는 구간에서는 넓은 논과 계곡이 번갈아 나타나는 환상적인 경치를 즐길 수 있다.

이 지역은 마다가스카르에서도 비가 가장 많이 내리는 곳으로, 마호제지라는 이름도 '많다'라는 뜻의 'maro'와 '비와 구름'을 뜻하는 'jejy'가 합쳐진 말이다. 신기하게도 마호제지 국립공원에 들어서는 순간 비가 내리기 시작한다. 숲 입구에는 바닐라가 무성하게 자라고 있으며 접근을 금지하는 경고 팻말이 곳곳에 세워져 있다.

숲 안쪽으로 들어가면 높이 6m를 넘는 대나무와 잭프루트 나무 등이 빽빽하게 자라고 있다. 숲 깊숙이 들어갈수록 가파른 경사가 이어지며, 마호제지 국립공원의 이름에서 'jejy'의 또 다른 뜻인 '뾰족한 봉우리'가 눈 앞에 펼쳐진다. 이 톱날 같은 봉우리는 바람을 막아 주변 식생을 보호하며, 이곳이 생물 다양성의 보고로 자리 잡는 데 중요한 역할을 한다.

삼바바는 바닐라의 고향이라는 명성에 걸맞게, 인근 마호제지 국립공원의 거친 지형과 울창한 숲과 어우러져 경이로운 풍경을 선사한다.

마호제지 산 ⓒ sandy

　마장가는 잘 알려지지 않았지만, 빼어난 자연경관을 자랑하는 마다가스카르 북서부의 도시다. 마장가의 호텔들은 에메랄드빛 바다와 놀랍도록 아름다운 석양이 내려다보이는 숨 막히는 경치를 자랑한다. 뜻밖의 아름다운 경관에 많은 여행객들이 놀라움을 금치 못하는 곳이다.

　마장가라는 이름의 유래에 대해 여러 가설이 전해진다. 어떤 사람들은 마장가가 '꽃의 도시'를 뜻하는 스와힐리어 'Mji Angaia'에서 유래했다고 주장한다. 여기서 Angaia는 '상처를 치유하는'이라는 뜻을 가진 꽃의 이름이다. 또 다른 전설에 따르면, 18세기 보에니 왕국의 왕이었던 안드리아만디소아리보가 질병을 앓던 자신의 아들이 완전히 회복된 것을 기념하며 이곳에 '치유의 도시'라는 이름을 붙였다고 한다.

마장가 해변 ⓒ Pixabay

　마장가는 오랜 세월 바닷길

을 따라 흥망성쇠를 거듭해 온 무역항이다. 보에니 왕국의 시대부터 이곳은 아라비아, 아프리카, 아시아를 연결하는 중요한 교역로였다. 그러나 마장가를 진정한 번영의 길로 이끈 것은 메나베 왕국의 형제들에게 쫓겨난 안드리아만디소아리보 왕자였다. 그는 보에니 지역으로 피신해 사칼라바 왕국을 창건하고 북동쪽으로 세력을 확장하며 마장가를 중심으로 강력한 왕국을 일구었다. 마침내 1745년 마장가는 보에니 왕국의 수도로 자리 잡게 되었다. 이때부터 마장가는 아랍과 인도 상인들이 모이는 국제 무역항으로 급부상했다.

보에니 왕국은 동양에서 들여온 비단과 무기를 노예와 교환하며 노예 무역을 활성화했다.

마장가는 코모로섬과 가장 가까운 항구라는 지리적 이점을 활용해 코모로인들을 마다가스카르로 유입시키는 주요 관문이 되었다. 베치보카강에서 흘러든 모래로 인해 항구의 여건은 열악했지만, 아랍, 인도, 코모로 상인들이 이곳을 거점 삼아 활발히 무역을 이어가면서 마장가는 마다가스카르 서부를 대표하는 해상 무역의 중심지로 자리매김했다.

마장가 항구는 넓은 해변 대로와 연결되어 있으며 도시 한가운데에는 몇 세기가 지난 것으로 보이는 거대한 바오밥나무가 서 있다. 이 나무는 다양한 바오밥 종 가운데서도 유독 무성한 초록빛 잎사귀를 지녀, 과연 바오밥이 맞는지 의문을 불러일으킨다. 이 바오밥나무와 어우러져, 바다를 내려다보는 도시 중심부 정원에서의 풍경은 주변 경관을 더욱 돋보이게 한다.

마장가 공항은 마장가 인근에서 태어난 마다가스카르 최초의 대통령인 필리베르 치라나나를 기리기 위해 그의 이름을 따 '필리베르 치라나나 공항'으로 명명되었다. 치라나나 공항 인근에는 절벽으로 둘러싸인 마장가의 대표적인 절경, 암보로비 해변이 펼쳐져 있으며 이외에도 마장가 곳곳에는 숨겨진 보물 같은 명소들이 자리하고 있다. 프랑스인이 운영하는 '흰 땅의 오두막 Lodge des Terres Blanches'이라는 호텔은 경비행기로만 접근할 수 있는 외진 해변가에 위치해 있다. 치라나나 공항에서 차량으로 연결되는 도로는 없으며 경비행기 세스나를 타고 약 10분을 날아야 도착한다. 이곳에서는 매일 아침 에메랄드빛 바다를 바라보며 여우원숭이를 감상할 수 있는 데다가, 섬 내에서 다양한 여행 프로그램을 신청하는 것도 가능하다. 모든 비용이 포함된 가격을 고려하

돛단배 ⓒ davidson

면 숙박비는 그리 비싼 편이 아니다. 마장가 내륙으로 더 깊이 들어가면 이색적인 안조히베 동굴이 있다. 이곳은 60km 이상의 비포장도로를 지나야 도착할 수 있어 철저한 준비가 필요한 여행지다.

달콤한 굴의 향연이 펼쳐지는 곳,
포도팡과 베렌티 자연 보호림

포도팡과
베렌티 자연 보호림

남동쪽 해안의 끝단에 있는, 현지어로 '톨라나로'라 불리는 포도팡은 마다가스카르 최고의 해안 절경을 자랑하는 도시다. 프랑스와 초기부터 인연을 맺은 지역이기도 하다. 1642년 프랑스의 서인도 회사는 탐험가를 파견하여 마다가스카르를 점령하려고 했다. 파견된 탐험가들은 별 성과를 내지 못했지만, 프랑스는 그 이듬해에 '도팡 요새'라고 불리는 요새를 건설하기에 이르렀다. 그 이름은 당시 프랑스의 왕세자였던 도팡을 기리기 위해 붙인 이름이다. 포도팡은 이처럼 마다가스카르 초기 식민지 역사를 보여주는 곳이기도 하다.

언덕 위에 자리 잡은 포도팡 중심부를 조금만 벗어나면 아름다운 리바로나 해변을 볼 수 있다. 프랑스인들은 이 바람 많이 부는 절벽 아래 위치한 리바로나 해변이 마다가스카르에서 손에 꼽히는 해변이라고 칭찬을 아끼지 않는다. 폭풍우가 자주 몰아치는 이 해변에서는 말라가시 아이들이 거센 파도를 아랑곳하지 않고 마치 파도와 싸우기라도 하듯 지칠 줄 모르고 신나게 노는 모습을 볼 수 있다.

마다가스카르 남동부 지역 전체가 '케레', 극심한 가뭄으로 고통받고 있는 상황 속에서도, 해안 도시인 포
도팡에서는 푸른 풀잎들이 무
성하게 자라고 싱싱한 해산물
을 바닷가에서 바로 채취해서
먹을 수 있을 정도로 자연이 풍
요롭다. 포도팡에서 가장 유명
한 탈린주^{Talinjoo} 호텔은 절벽을
깎아 만든 호텔로, 포도팡의 상

해맑은 미소 ⓒ gemmmm

징이기도 하다. 호텔 수영장을 지나 절벽 계단 아래로 내려가면 꼬마 아이
들이 옹기종기 모여 낚시를 하고 있다. 외국인을 보면 금세 달려와서 손수
잡았다며 오징어, 새우, 조개를 늘어놓는다. 지금까지 본 적 없는 투명한 빛
깔의 오징어는 마치 살결 사이로 손가락이 스며들 것처럼 은은한 색을 띠고
있다. 고사리 같은 손으로 아이들이 직접 잡아 온 것이지만, 외국인 관광객
들이 별다른 관심을 보이지 않으면 아이들은 그 주변을 맴돌기만 한다.

현지에서 가장 유명한 식당인 '라히바지^{L'Arrivage} 포도팡'에서는 프랑스인들
이 열광하는 달콤한 굴의 향연이 펼쳐진다. 굴 특유의 비릿한 풍미는 전혀
나지 않는다. 굴이 한가득 나오는데 우리 돈으로 2만 원도 하지 않는다. 달
콤하면서도 바다 내음이 살짝 가미된 짠맛과 레몬즙의 상큼함이 어울려 입
에 넣는 순간 녹아버린다. 그래서 프랑스인들이 17세기에 포도팡의 아름다
운 매력에 빠져들었을 것이다.

조그만 소도시 포도팡에는 여러 개의 호텔이 있다. 프랑스인을 비롯한 유
럽인들이 여름이나 겨울 휴양지로 만든 별장들이 절벽 언덕길을 따라 즐비
하게 지어져 있다. 구불구불한 좁은 언덕길을 따라 수영장이 딸린 멋진 벽

돌집을 어떻게 지었을지 놀랍기 그지없다.

　마다가스카르 최고의 제부 농장 갑부도 포도팡에 여름 휴가지를 소유하고 있다. 그는 포도팡의 가장 외진 절벽 끝자락에 성처럼 웅장한 저택을 지어놓고 수도 타나에서 바닷바람이 그리울 때마다 전용기를 타고 포도팡으로 내려와 휴식을 즐긴다.

　남부 가뭄으로 고통받는 암부붐베 지역에 베렌티라고 불리는 거대한 사유 자연 보호림을 소유하고 있는 베렌티 가문 역시 포도팡에 호텔을 운영하고 있다. 이들은 베렌티 산림보호구역 내에도 호텔을 세웠다. 베렌티 보호구역은 마다가스카르의 숨겨진 보물 같은 여행지로, 매년 수백 명의 탐험가들이 대자연을 경험하기 위해 이곳을 찾는다. 이곳에서는 타나 근교에 있는 여우원숭이 공원보다 훨씬 많은 여우원숭이를 가까이에서 볼 수 있다. 아침에는 여우원숭이들이 나무에 매달려 나뭇잎을 먹는 모습, 한낮에는 여러 무리가 가부좌 자세를 취하며 햇볕 아래서 휴식하는 모습을 관찰할 수 있다. 밤에는 여우원숭이 야간 투어도 진행된다. 보호구역 한가운데 자리 잡은 베렌티 오두막 숙소는 여행자들에게 놀라운 경험을 선사한다.

여우원숭이 ⓒ pixabay

　베렌티 가문은 프랑스 식민지 초기에 거대한 베렌티 자연 수목림을 사유화하는 데 성공했으며, 1937년에는 이곳을 마다가스카르 최초의 자연보호구역으로 지정했다. 독립 후에도 베렌티 가문은 이 지역의 소유권을 유지하며 베렌티 재단을 설립했다. 어떤 이들은 독립과 함께 이 땅이 마다가스카

2장 마다가스카르의 숨은 보물 여행지

르 국민에게 반환됐어야 한다는 주장도 하지만, 베렌티 가문은 자연 보호에 집중하며 이곳을 여우원숭이의 천국으로 보존해 왔다. 또한 재단 예산으로 숲에서 밀려난 지역 주민들을 지원하고 남부 지역의 빈곤한 아이들에게 매일 같이 식사를 제공하는 봉사활동을 이어가고 있다.

베렌티 보호구역으로 가는 길은 생각보다 험난하다. 포도팡에서 움푹 패인 비포장도로를 10시간 가까이 달려야 도착할 수 있다. 도로는 포장돼 있지만, 우기마다 움푹 꺼지고 보수 공사가 제대로 이루어지지 않아 사실상 비포장도로와 다름없다.

베렌티로 가는 길은 아름다운 풍경이 끝없이 이어진다. 거친 사바나를 지나면, 초록빛 라피아 수풀림이 펼쳐진다. 황량한 사막처럼 보이는 지형 속에서, 저 멀리 푸른 바다가 보이는 듯한 착각을 불러일으키는 광경이 펼쳐진다. 가까이 다가가면 그 초록의 정체가 바로 라피아임을 알게 된다. 이 사막 같은 지형에도 간헐적으로 비가 내리면, 라피아 농장이 촉촉하게 젖고 안개가 자욱이 껴 신비로운 경관을 만들어낸다.

한참을 달려 푸르름에 익숙해질 즈음, 느닷없이 베렌티 자연보호구역의 표지판이 나타난다. 그 깊은 시골 산중에서도 따뜻한 물과 식사가 제공되고 깨끗한 하얀 침대보가 갖춰진 숙소를 만날 수 있다는 것은 마다가스카르 여행의 또 다른 불가사의라 할 수 있다.

톰 크루즈의 휴가지
– 노지 안카오 섬

디에고에서 3시간 보트를 타고 나가면 만나게 되는 노지 안카오 $^{Nosy\ Ankao}$ 섬에 톰 크루즈가 다녀간 리조트가 있다. 그곳은 타임 앤 타이드 미아바나 $_{Time\ and\ Tide\ Miavana}$ 리조트다. 남아프리카 태생의 기업가인 티에리 달래가 만든 완벽한 파라다이스인 이곳은 세계 억만장자들이 방문하여 휴양하는 곳이다. 이 섬은 천 헥타르의 코코넛 야자수와 2.4km 길이의 진주 같은 모래로 둘러싸여 있으며, 푸른 바다 너머로는 암브르 산이 보인다. 마다가스카르섬 전체에서 5성급 호텔은 타나에 있는 노보텔과 칼튼 호텔뿐이다. 두 호텔 모두 일반적인 5성급 시설에 비하면 턱없이 부족하지만 이렇게 외딴섬에도 대단한 시설을 갖춘 호텔이 있다는 것은 놀라운 일이다.

티에리 달래는 2009년에 해조류 농장을 지을 목적으로 이 섬을 탐방하고는 해초 생산에 완벽하다고 판단하여 섬을 구매했다. 그 후로 4년 뒤, 그는 워낙 뛰어난 섬의 풍경에 매료되어 농장을 고급 리조트로 바꾸기로 결심했다. 리조트는 2017년에 완공되었으며 건축에만 약 4천만 달러가 들었다는 소문이 있다. 하룻밤 숙박 비용은 한 사람당 최소 5천 불에 달하고 헬리콥터를 타고 여행할 경우, 시간당 2천5백 불이 소요된다. 게다가 상업용 배로 연결되지 않는 무인도에 위치해 있어 헬리콥터를 타고 호텔까지 가야 한다. 다행히 이 비용은 숙박 비용에 포함된다.

리조트의 14개 빌라는 모두 엄청난 크기를 자랑하며 수작업으로 잘라낸 돌과 대나무로 장식되어 있고 빌라 바로 앞에 있는 개인 풀 공간은 순백의 해변으로 이어진다. 이곳에서는 언제든지 바닷가재 요리부터 치킨 요리까지 다양한 음식을 주문할 수 있다. 그러나 이 호텔은 단순한 고급 휴양지가 아니다. 매년 30만 불을 기부하여 주변 지역의 환경을 정화하고 아이들의 교육을 지원한다. 이 모든 것은 말라가시인 직원들이 중심이 되어 지역 사회와 긴밀하게 협력하는 덕분에 가능하다.

톰 크루즈는 이 섬에 10명의 손님을 이끌고 와서 머물렀다. 그가 다녀간 이후 이 섬의 명성은 더욱 높아졌으며 마다가스카르 투자청이 이 호텔을 공식적으로 홍보하고 마다가스카르 관광객 유치를 위해 나설 정도로, 이 리조트는 마다가스카르의 대표적인 고급 휴양지로 자리 잡았다.

수도 타나에서 타마타브로 가는 길에는 중간중간 휴식을 취할 만한 관광지가 여러 곳 있다. 타마타브까지 10시간이 넘게 남은 시점에 만날 수 있는 무라망가는 한 번쯤 들러볼 만한 지역이다. 이곳은 암바토비 광산으로도 유명하다. 무라망가는 여유롭다는 뜻의 'Mora'와 파란색을 의미하는 'Manga'가 결합된 단어로, 이름 자체가 평화롭고 고요한 분위기를 연상시킨다.

무라망가의 역사적 배경을 알면 또 다른 해석이 가능하다. '망가'는 파란색 외에도 어두운 피부나 검은 피부를 지칭하는데 이는 마다가스카르의 강인한 남성들, 즉 전사들을 상징한다. 따라서 무라망가는 전사가 많은 지역을 의미하며, 이는 역사적으로 무라망가 남성들이 강인한 데다가, 피부가 검은 흑인들에게서 이들이 유래했기 때문이다.

그곳에서 만난 한 택시 기사는 "무라망가 남자들이 다른 말라가시 사람들에 비해 덩치가 크고, 검은 피부와 남성적 매력으로 유명하다."라며, "전통적으로 메리나 왕국의 여왕들이 자주 찾아 휴식을 취하던 곳"이라고 말을 전했다. 실제로 무라망가를 지나는 사람들의 풍채는 다른 지역 주민들보다 훨씬 강인해 보였다.

무라망가에는 관광객들에게 알려지지 않은 비밀의 명소가 있다. 바로 한국인들이 운영하는 마카다미아 농장인 '마막MAMAC 농장'이다. RN2 도로를 따라가다 무라망가 도심에서 왼쪽으로 빠진 후 비포장도로를 약 30분 달리면 도착할 수 있다. 농장 입구에 들어서기 전부터 펼쳐지는 풍경은 제주도의 목장을 연상케 한다. 이곳에는 동국제약이 마데카솔을 만들기 위해 사용하는 병풀도 곳곳에 풍성하게 자라고 있다. 농장에 들어서자마자 360도로 펼쳐진 하늘과 구름, 마카다미아 나무가 늘어선 대지가 어우러지는 광경은

그야말로 압도적이다. 밤하늘에는 별이 쏟아질 듯 빛나고 멀리 암바토비 광산이 불빛을 내뿜고 있다. 새벽에는 낮게 깔린 안개 속에 마카다미아 나무들이 줄지어 서 있는 풍경이 마치 영화의 한 장면처럼 신비롭고 환상적이다. 농장에는 방문객

무라망가 마막 농장

들이 쉬어갈 수 있는 숙소 시설도 갖추어져 있다. 코로나19 팬데믹 당시 오직 발품만으로 허허벌판에 이런 훌륭한 농장과 숙소를 건설했다니, 정말 놀라운 일이다.

무라망가의 광활한 평야에서 잠시 바람을 쐰 뒤 타마타브로 바로 갈 수도 있지만, 암바툰드라자카Ambatondrazaka 시를 들러보는 것도 추천한다. 이곳은 마다가스카르 최고의 곡창지대로, 인근에 위치한 알라오차 호수와 함께 독특한 매력을 선사한다. 알라오차 호수는 타마타브에서 북서쪽으로 약

암바툰드라자카 ⓒ andrianjaka

100km 떨어진 곳에 위치하며 면적이 182㎢에 달하는 거대한 호수다. '알라오차Alaotra'는 '큰 바다'라는 뜻이다. 이 지역에 정착한 주민들은 자신들을 '시하나카', 즉 '늪 주변을 헤매는 자들'이라고 부른다.

암바툰드라자카는 평탄한 지형과 알라오차 호수 덕분에 벼농사에 최적의 조건을 갖추고 있어 마다가스카르에서도 부유한 지역에 속한다. 전통적으로 말라가시 사람들은 조상의 땅에 대한 애착과 숭배심이 강해 벼농사를 소규모인 가정 단위로 경작했는데, 농기계와 대규모 농업 방식의 도입으로 벼농사 산업이 발전하면서 이곳은 평화롭고 부유한 동네로 자리 잡았다.

세계에서 가장 긴 운하
팡갈란 운하

팡갈란 운하

마다가스카르에 세계에서 가장 긴 운하가 있다는 사실을 아는 사람은 그리 많지 않다. 타마타브에서 남쪽으로 약 645km를 따라 내려가는 팡갈란 운하는 지금도 가장 긴 인공 운하 중 하나로 꼽힌다. 물론 기네스북에선 227km에 달하는 러시아의 운하가 세계에서 가장 긴 운하로 기록돼 있고 중국의 대운하는 1,776km에 달하는 것으로 알려져 있지만, 팡갈란 운하는 자연과 인공이 어우러진 독특한 형태로 연속적인 수로가 이어져 특별한 의미를 지닌다.

이 운하 주변은 베치미사라카 종족이 정착한 지역으로, 운하를 따라 이들의 전통 가옥을 쉽게 볼 수 있다. 팡갈란 운하를 건설한 이들의 후손들은 100년이 지난 오늘날에도 운하가 지나가는 강둑에 머물며 역사의 현장을 지켜가고 있다.

팡갈란 운하 ⓒ alexander

팡갈란 운하는 오랜 역사를 자랑한다. 16세기 메리나 종족은 산간 지역으로 고립된 동부 우림 지역을 연결하기 위해 자연적으로 형성된 수로를 서로 이어주기 시작했다. 산간 지역을 도보로 이동하기는 너무 힘들었고 인도양을 따라 배로 이동하는 것도 한계가 있었기 때문이다. 이후 19세기 후반 프랑스 식민지 초기에 갈리에니 총독은 기존의 흩어진 수로를 연결하고 확장하는 대규모 공사를 지휘했다. 처음에는 타마타브까지 보트를 이용한 운송 경로를 만드는 단순한 목표로 시작했지만 이후 그는 파나마 운하보다 최소 여덟 배 긴 운하를 만들겠다는 거대한 계획을 세웠다. 프랑스 정부는 이 야심 찬 프로젝트에 수백만 프랑을 투입했고 약 300명의 말라가시 노동자들과 값싼 노동력을 제공한 중국인들이 공사에 투입되었다. 아직도 당시 팡갈란 운하 공사를 위해 들어온 중국 이민자들의 후손이 말라가시인들과 동화되어 마다가스카르에 터를 잡고 있다.

공사는 삽, 곡괭이, 절단기 같은 간단한 도구만으로 진행되었으며 1896년에 착수해 1904년까지 약 8년에 걸쳐 완공되었다. 이후에도 1950년대까지 확장 공사가 지속되었다. 다만 아쉽게도 대규모 프로젝트였음에도 불구하고 1960년 마다가스카르가 독립하면서 프랑스가 기대했던 파나마 운하만큼의 주목을 받지는 못했다. 오늘날 팡갈란 운하는 여전히 지역 상권과 인도양을 연결하는 주요 수로로 이용되며 관광 경로로도 주목받고 있다.

팡갈란 운하는 700km에 걸친 구불구불한 수로와 라소베 호수, 암피타베 호수 등 동부 열대우림의 아름다운 풍경을 자랑한다. 가장 유명한 경로는 마남바투Manambato에서 시작해 '꿈의 둥지'라 불리는 안카니니노피Ankanin'ny Nofy로 이어지는 곳이다. 크루즈 프로그램은 라비날라와 여행자 나무의 성역인 보히볼라 숲 입구를 지나가며 바나나 나무, 코끼리 귀 식물, 갈대, 작은 논밭이 어우러진 풍경을 보여준다. 이곳은 인드리 여우원숭이와 흑백 여우원숭이가 은밀하게 서식하는 장소이기도 하다.

타마타브에서 팡갈란 운하길로 고속정을 타고 접근할 수 있는 팔마리움 Palmarium 호텔도 추천할 만하다. 고속정을 타고 약 2시간을 이동하면 자연 속에 위치한 호텔에서 여우원숭이를 감상하며 점심 식사를 즐길 수 있다. 오후에는 다시 배를 타고 돌아오는 일정도 가능하다. 운하를 따라 펼쳐지는 풍경은 말로 표현할 수 없을 정도로 마음을 탁 트이게 한다.

운하를 지나는 마을에서는 다양한 금기 사항, 즉 파디가 존재한다. 특히 보트를 타기 전에 손과 입을 반드시 헹구는 것이 중요한데, 이는 신성한 지역으로 들어간다는 상징적 의미가 있기 때문이다.

코끼리가 살지 않는 마다가스카르지만, 팡갈란 운하에서는 '코끼리 귀'라는 독특한 이름의 식물을 만날 수 있다. 야자수 라비날라 잎처럼 생긴 이 식물은 그 모양이 코끼리 귀를 닮았다. 코끼리 귀 식물은 맹그로브처럼 팡갈란 운하길을 따라 군집해 있다. 이 나무의 과일과 뿌리에는 독이 있어 특별한 요리법이 필요하다. 운하 강변에 사는 주민들은 사이클론이 지나가 먹을 거리가 부족할 경우에만 이 나무의 뿌리나 잎을 채취해 요리한다.

팡갈란 운하를 지나다 보면 미시시피강에서나 볼 수 있을 것 같은 제법 규모가 큰 배들이 강가에 녹슨 채 버려져 있는 것도 볼 수 있다. 또 다른 신기한 풍경은 깡마른 일꾼들이 강둑에 정박한 나룻배 안에 서서 모래를 퍼 올려 강둑으로 던지는 모습이다. 이들은 강바닥 깊이 잠수해 모래를 퍼 올린 후, 배에 가득 채운 다음 강둑으로 옮겨 건설사에 판매한다. 나룻배 한 척에 가득 실린 모래의 가격은 우리 돈으로 약 2천 원에 불과하며 하루에 두 번 이상 배를 채우는 것은 불가능해 일당이 5천 원을 넘기도 어렵다. 매일 할 수도 없는 중노동이다. 이처럼 모래와 물고기, 갈대와 같은 대자연의 보고인 팡갈란 운하와 매일 숨결을 같이 하는 이들에게 팡갈란 운하는 단순한 생계 수단 이상의 의미를 가진다.

타마타브뿐 아니라 남쪽의 마나카라와 파라팡가나 지역까지를 연결하는 이 운하는 상업적 운송의 중요한 축이다. 통나무를 가득 싣거나 라비날라 잎을 쌀 포대에 채워 운반하는 배들이 모터 소리를 내며 물살을 가르고 지나간다. 한편 나룻배처럼 작은 배에 홀로 앉아 쉬지 않고 노를 젓는 여인과 삶의 무게를 짊어진 채 땀을 흘리며 노를 젓는 사내들의 모습도 끊이지 않는다. 팡갈란 운하의 끝없는 물결 위에서 이어지는 그들의 고단한 삶은 여행자들의 눈에 잊을 수 없는 낭만적인 풍경처럼 새겨진다.

팡갈란 운하의 고독한 말라가시 ⓒ sandy

마다가스카르의 하늘 ⓒ andrianjaka

　마다가스카르와의 인연은 2016년으로 거슬러 올라간다. 프랑스에서 연수를 마치고 서울로 복귀하기 위해 샤를 드골 공항으로 이삿짐을 옮길 택시를 불렀다. 예약 시간에 맞춰 도착한 택시 기사는 구릿빛 피부에 친근한 미소를 지닌 사람이었다. 대화 도중, 그는 형제 10명과 함께했던 따뜻한 고향 이야기를 들려주었다. 그의 고향을 물어봤을 때, 그는 "마다가스카르"라고 답했다. 생애 처음으로 마다가스카르 사람을 만난 순간이었다. 특히 놀라운 점은 한 달 전, 본부로부터 마다가스카르 대사관 개설 요원으로 부임하라는 제안을 받았다는 점이었다. 그때 당시 나는 미지의 세계에 대한 두려움이 앞서 본부 복귀를 선택했었다. 그 만남은 단순한 우연이 아닌, 마치 운명처럼 느껴졌다.

　이틀 뒤 외교부 아프리카과 차석으로 발령받은 첫날 내게 주어진 임무는 마다가스카르 외교 장관의 방한 일정을 챙기는 일이었다. 마다가스카르 외교 장관과 함께 만찬을 하면서 마다가스카르에 부임해야 했던 것은 아닐까 하는 생각이 스쳐 갔다. 그 후, 캐나다 대사관에서도 마다가스카르와의 인연은 계속 이어졌고 어느새 마다가스카르는 더 이상 낯선 나라가 아니게 되었다.

　2020년 여름, 코로나19의 한복판에서 나는 마다가스카르 대사관에 부임하기로 결심했다. 두려운 마음도 있었지만, 한편으로는 설레기도 했다. 마다가스카르 국경이 폐쇄된 상황이라 캐나다 오타와에서 몬트리올, 파리, 에티오피아까지 민간 항공편을 이용했다. 하지만 아디스아바바에서는 민간 항공편이 없어, 긴급하게 세계식량계획WFP의 구호기를 타고 남아프리카공화국 요하네스버그로 이동한 뒤, 다시 마다가스카르로 향했다. 무려 1박 5일에 걸친 여정 끝에 마침내 마다가스카르 땅을 밟았다. 작고 소박한 국제공항을 나서자 푸른 하늘과 맞닿은 듯 끝없이 펼쳐진 들판이 내 시야를 채웠다. 마치 낙원에 발을 들인 듯한 기분이었다.

대한민국 외교관으로서 이례적으로 마다가스카르에서 4년을 보내며 그곳의 자연과 사람들, 그리고 문화를 사랑하게 되었다. 임기를 마무리하며, 이 아름다운 섬이 대한민국과 더 가까워지기를 바라는 마음으로, 처음 다짐했던 마다가스카르에 대한 글을 쓰기로 결심하고 남은 시간 동안 자료를 모으며 집필을 이어갔다.

마다가스카르에서의 시간을 값지게 만들어 주신 많은 분들께 감사드린다. 특히 첫 대사로서 짧은 시간 동안에도 많은 가르침을 주신 임상우 대사님과, 세심한 지도와 따뜻한 리더십으로 함께해 주신 손용호 대사님, 그리고 현재 현장에서 멋진 외교 활동을 펼치고 계신 박지현 대사님께도 특별한 감사를 전한다. 또한 마다가스카르 한인 사회를 이끌어주신 원현희 전 한인회장님, 황종연 현 한인회장님을 비롯해 한인 동포들과 대사관 가족들, 특히 이 책 집필에 도움을 준 가브리엘라에게도 고마움을 전한다.

부족한 글이지만 기꺼이 추천사를 써주신 최재천 교수님, 신미식 사진작가님, 황인경 회장님, 〈태어난 김에 세계일주〉 김지우 PD님, 한 분 한 분께 진심으로 감사드린다. 특히 최재천 교수님께서는 부친상을 당하신 어려운 상황에도 추천사를 써주셔서 깊이 감사드린다.

세심한 작업으로 책을 완성해 주신 이예나 팀장님을 비롯한 미다스북스 출판사에 감사드리며, 멋진 삽화를 그려준 사랑하는 조카 배현지에게도 고마운 마음을 전한다. 책 출간을 응원해 주신 김은정 아중동 국장님, 언제나 아낌없는 격려로 힘이 되어주신 서울 모자이크 교회 박종근 목사님, 그리고 이 책의 첫 독자로서 편집과 교정에 많은 도움을 준 나의 오랜 벗, 이은하에게도 감사의 마음을 전한다.

무엇보다도 사랑하는 남편 박준규 목사에게 고마움을 전하며 고난 가운데서도 늘 함께하신 주님께 영광 돌린다.

내일의 마다가스카르를 책임지는 청년들과 함께

참고 도서

공통

Marie-Hélène Paturel, 『Madagascar L'île Mosaïque』, Glénat, 2020.

Mathias Gabriel, 『Madagascar Guide de Voyage』, 2024.

Mervin Brown, 『A History of Madagascar』, Markus Wiener Publishers, 2016.

Noah Gil-Smith, 『Madagascar: Everything You Need to Know』, 2024.

최연호, 『이야기로 만나는 아프리카, 생물 다양성의 보고: 마다가스카르』, 한아프리카재단, 2019.

임상우, 『미션 마다가스카르』, 박영스토리, 2022.

1부 마다가스카르, 신비의 섬에 다가가다

1장 아프리카와 인도양이 만나는 곳

Adrian Room, 『Place names of the World』, McFarland Publishing, 1997.

Alain Clockers, 『Histoire des noms anciens de Madagascar:réévaluations et nouvelles hypothéses』, OpenEdition Journals, 2014.

Duncan Madden, 『Found in Translation: The Unexpected Origins of Place Names』, Chambers Harrap, 2023.

Grandidier, 『L'origine du nom de Madagascar』, Comptes rendus des séances de l'Academie des Inscriptions et Belles-Lettres, 1891.

Jared Diamond, 『Guns, Germs, and Steel』, W W Norton & Company, 2005

Marco Polo, 『Travels of Marco Polo』, Signet, 2004.

M.Henry d'Escamps, 『Histoire et géographie de Madagascar』, Firmin-Didot et Cie, 1884.

P.Vidal de la Blanche, 『L'origine des Malgaches, Annales de Geographie』, 1902

Sylvain Urfer, 『Histoire de Madagascar』, Foi & Justice, 2022.

Pierre Tomas Martin, 『L'Histoire de Madagascar:Un Voyage Captivant à Travers les Siècles』, 2023.

https://face2faceafrica.com/article/marco-polo-is-credited-with-naming-madagascarhttps://www.spectator.co.uk/article/exotic-and-endangered-madagascar-in-peril/

2장 생물 다양성의 천국

Andry Petignat, 『Baobabs de Madagascar-Les arbres à l'envers』, Carambole éditions, 2012.

Jean-Jacques Petter, 『Primates of the World:An Illustrated Guide』, Princeton University Press, 2013.

Steven M.Goodman, 『The New Natural History of Madagascar』, Princeton University Press, 2022.

https://www.nytimes.com/2024/01/03/travel/charles-darwin-cape-verde.html

https://www.zimeye.net/2021/11/26/one-of-the-worlds-oldest-finest-trees

노재현, 생태학자 최재천 교수, 마다가스카르 열대림 탐사, 연합뉴스, 2019.1.23.

3장 불가사의한 세계 5대 최빈국

Covell, M, 『Madagascar:Politics』, Economics and Society, Frances Printer, 1987.

Mireille Razafindrakoto, 『Francois Roubaud, L'Énigme et le paradoxe : Economie politique de Madagascar』, IRD Editions, 2017.

Sophie Cherer, 『La vraie couleur de la vanille』, EDL, 2012.

Song Jung-a, 『Christian Oliver and Tom Burgis, Daewoo to pay nothing for vast land acquisition』, Financial Times, 2008.11.20.

Billy Head, 『Deal brings many jobs, but at what price?』, The Guardian, 2008.11.22.

https://mstokensto.medium.com/the-millennium-sapphire-history-95ce2d67a827

2부 마다가스카르, 깊숙하게 살펴보기

1장 마다가스카르 왕국의 탄생과 몰락

Bernard Claverie, 『Angano:Contes et histoires de Madagascar』, Editions L'Harmattan, 2006.

Bernard Droz, 『Histoire de la décolonisation』, editions Point Histoire, 2009.

Bradt, M A, 『History of Madagascar』, UK Tunnacliffe, 1996.

Browning, Christopher R. 『The Origins of the Final Solution』, 2004.

Emile Blanchard, 『Madagacar:L'histoire de la grande Ile, Editions le Mono』, 2016.

Francis Koerner, 『Madagascar, colonisation francaise et nationalisme malgache』, L'Harmattan, 1994.

Gérard Naal, 『Abrégé d'hi stoire de Madagascar』, L'Harmattan, 2015.

Hilberg, Raul, 『The Destruction of the European Jews. New York』, New Viewpoints, 1973.

Michel Prou, 『Malagasy, le royame de Madagascar au XIX siecle』, L'Harmattan, 2004.

2장 평화를 품은 민족의 발자취

Andre Rasolo, 『Regards sur la vie politique de Madagascar』, L'Harmattan, 2023.

Tovina Ralambomahay, 『Comparatif Madagascar-Maurice』, L'Harmattan, 2013.

3장 18개 부족의 다채로운 풍경

Didier Nativel et Faranirina Rajaonah, 『Madagascar et l'Afrique』, L'Harmattan

Finlay Rogers, 『Madagascar Culture and Art』, Blurb, 2024.

LalaoRavoavy-Liounis, 『Les us et coutumes de l'Imerina Depuis la royaute a Madagascar』, 2018.

Loic Hervouet, 『Comprendre les malagaches』, Riveneuve. 2018.

Mathieu Pellerin, 『Islamisation à Madagascar』, IFRI, 2016.

Nathalie Kouame, 『Encyclopedie des historiographies: Afriques, Ameriques, Asies』, Presses de l'Inalco, 2020.

Oyvind Dahl, 『Signes & Signification à Madagascar』, Presence Africaine 2006.

Ruud, J, Taboo: 『A study of Malagasy Customs and Beliefs』, Oslo University Press, 1960.

Sylvain Urfer, 『Madagascar: idées reçues sur la Grande Ile』, Cavalier Bleu, 2021.

https://madagascar-tourisme.com/fr/madagascar-madagascan-malagasy-ou-malgache-une-histoire-dorigine-et-de-langues/

유재명, 『마다가스카르의 민담 3』, 경희대학교 아프리카연구센터, 2023.

3부 마다가스카르, 구석구석 탐방하기

Anthony Ham, 『Madagascar』, Lonely Planet, 2023.
Lorraine Bennery, 『Madagascar-Les clés pour bien voyager』, Glenat Livres, 2022.
Roland Drexler, 『Mes Six voyages à Madagascar』, 2022.
김선희, 『마다가스카르, 뮤직』, 신희재, 2023.

사진 출처 - 별도의 언급이 없을 경우, 저자